강한회사를 만드는 인사전략

강한 회사를 만드는 인사 전략

기업의 승패는 인사 전략에서 판가름난다!

• 홍석환 지음 •

기업에 입사하여 HR 업무만 담당한 지 벌써 30년이 흐르고 있다.

1986년 처음 삼성전기에서 인사 업무를 시작하면서 인사의 기본인 '사람 익히기'부터 배웠다. 그 이후 삼성비서실(인력개발원)에서 신입 사원 입문 교육을 진행하면서 철저하게 경쟁, 공정, 그리고 삼성인이라는 자부심을 심어주었다. 삼성은 전략 경영, 시스템 경영, 공정하고 투명한 인사, 무노조 경영, 인재 및 현장 중시, 체계적이고 지속적인 인재 육성 등이 회사 성장의 원동력이 되어왔다.

17년간의 삼성 생활을 뒤로하고 LG화학(현 GS칼텍스)으로 옮겨 8년을 근무했다. GS칼텍스는 신뢰를 기반으로 하여 유연과 도전, 탁월의 핵심 가치와 최고경영자의 전문성, 인적 자원의 우수성을 통해 세계 속 회사로 우뚝 설 수 있었다. 이 회사에서 HR 실무를 대부분 경험했다. 그리고 KT&G로 옮겨 5년째 근무하고 있다. 회사는 관공의 문화에서 민간 기업의 강한 DNA를 정착시키는 과정에 있다. 할 일이 많다. 조직, 사람, 인사 제도, 특히 문화의 틀에서 하나하나 경쟁력을 쌓아가는 중이다. 담배 사업이라는 독특한 특성이 인사 전반에 어떤 영향을 미치는가에 대해 많이 배우고 있다.

나는 지난 30년 동안 많은 기업을 컨설팅하고 연구회 활동 및 강의 등을 하면서 한국 기업에 맞는 인사 방향, 전략, 과제를 고민했다. 그 고민은 이 책을 출판하는 계기가 되었다.

나는 'HR 담당자는 온정과 냉정함을 동시에 겸비해야 하지만 사람을 좋아하며 기본적으로 마음이 따뜻한 사람이 되어야 한다'고 강조한다. 매일 사람 만나기를 즐기며 사람이 답이라는 생각으로 현장을 누비고 이슈를 찾아 해결하며 조직과 구성원의 경쟁력을 높여주는 사람이 되라고 한다.

HR 담당자는 다음 다섯 가지 관점을 가지고 일에 임해야 한다.

첫째, 사업의 본질과 회사의 재무 현황에 밝아야 한다. 회사의 현재와 중장기 방향과 전략 및 주요 과제가 무엇인가를 명확히 파악해야 한다. 또한 매출, 손익, M/S 등 재무 현황에도 재무 담당 못지않은 지식을 가지고 있어야 한다.

둘째, 조직에 대한 이해와 깊은 성찰이다. 회사 팀 이상의 조직 R&R과 강·약점을 명확히 인지하며 조직장이 적재적소에 배치된 최고의 적임자인가를 판단할 줄 알아야 한다. 또한 후임자를 선정한다면 누가 가장 적임인가에 대해 항상 안을 가지고 있어야 한다.

셋째, 회사를 이끌어 가는 사람에 대한 이해다. HR 담당자가 전 구성원을 다 알 수는 없다. 그러나 팀장 이상의 조직장에 대해서는 인사 카드에 적힌 내용 이상의 정보를 기억해야 한다. 또한 조직장 후계자가 될 사람에 대한 정보도 알아야 한다. 누가 경영자로 클 사람이며 누가 핵심 인재며 누가 핵심 직무의 최고 전문가인가를 파악해야 한다.

넷째, HR 제도에 대한 통합역량이다. 채용부터 퇴직에 이르는 HR 영역들(전략, 조직, 채용, 평가, 보상, 승진, 이동, 육성, 노사, 문화, 해외 인사, 임원 인사, e-HR, 퇴직)에 대한 연계가 자연스럽게 이루어져야 한다. 제도의 설계도 중요하지만, 어느 조직에서 운영하더라도 동일한 성과가 창출되도록 하는 현장 조직장의 관심과 일관된 참여가 매우 중요하다.

다섯째, 문화다. 대부분 대기업은 핵심 가치를 중심으로 문화 활동을 전개한다. 오래되고 나쁜 DNA는 없애고 미래지향적이며 현재 가지고 있는 강점을 더 강화할 수 있는 강한 DNA를 찾아 심거나 강화해야 한다.

*

이 책은 강한 회사를 이끄는 인사 전략과 이를 실행하는 기업의 사례들을 설명하였다. 인사 전략에서 출발하여 채용부터 퇴직까지의 HR 영역별로 주요 주제를 선정하여 HR 담당자와 일반 직장인 및 HR을 꿈꾸는 학생들에게 고민의 장을 열어주고 있다. 회사마다 업의 특성, 관습, 리더십이 다르므로 정답은 없다. 이 책의 HR 영역별 세부 주제에 대해 고민하고, 각 회사의 현실에 맞도록 토론하여 그 회사에 부합하는 해결책을 만들어가길 원한다.

*

집필을 하면서 고마운 분들이 많다. 삼성경제연구소, GS칼텍스,

KT&G 등 직장 생활을 하면서 30년간 HR에 종사하도록 도움을 준 상사와 선배님, 동료와 후배님들이 있다. 한 분 한 분 거명하지 못함이 죄송스럽다. 고려대학교 문형구 교수님과 문랩 식구들, 한국 HR포럼, 인사노무연구회, 한국형인사조직연구회 등의 회원님들, 한국능률협회KMA 이구수 상무님, IDIS 이규황 부장님, 『월간 인사관리』 구본희 편집장님, 『인재경영』 전성열 편집장님, 『월간 HRD』 엄준하 회장님과 김현지 선임기자님, 『HR 인사이트HR Insight』 정은혜 편집장님은 이 책이 출판되도록 항상 자극을 주고 지원해주었다. 주말에 집필에만 전념할 수 있도록 배려해준 아내, 두 딸 서진과 서영, 항상 든든한 언덕인 KT&G 인재개발원과 HR혁신실 가족, 출판할 수 있도록 배려해준 클라우드나인의 안현주 대표님에게 깊은 감사를 드린다.

2015년 7월
홍석환

CONTENTS

1장

인사 전략

HUMAN
RESOURCES

전략적 HR이란

　기업 경영 환경 전반이 변화함에 따라 HR에도 새로운 역할과 과제가 부여되었다. 기업을 둘러싼 환경이 안정적이고 경쟁이 심하지 않을 때는 전략을 잘 수립하여 계획대로 추진하기만 하면 충분했다. 이러한 시대에 HR은 경쟁력이라는 개념이 없었다. 구성원의 개인 기록을 관리하고 평가하고 급여를 주는 역할만 담당하면 되었다. 하지만 기업이 글로벌 무한 경쟁 속에 놓이면서 HR 부서의 존재 의미도 변모했다. '인사 관리 → 인적 자원 관리 → 전략적 인적 자원 관리'로 역할이 변화했으며 종속 조직이 아닌 독립 조직으로 그 기능을 수행하게 되었다. 현대 기업에서 HR은 영역별 개별 관리 차원에서 인적 자원을 개발하고 활용하고 사업 전략과의 적합성을 추구하는 전략적 역할로 변천한 것이다.

　극심한 저성장 환경에서 "사람이 경쟁력이다"라고 강조한다. 즉 기업의 생존과 성장의 원천이 인재임을 인정한다. 그래서 구성원들이 도전과 실행을 통해 더 많은 성과를 창출해주기를 기대한다. 이러한 인

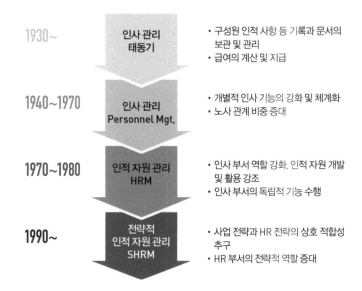

1930~	인사 관리 태동기	• 구성원 인적 사항 등 기록과 문서의 보관 및 관리 • 급여의 계산 및 지급
1940~1970	인사 관리 Personnel Mgt.	• 개별적 인사 기능의 강화 및 체계화 • 노사 관계 비중 증대
1970~1980	인적 자원 관리 HRM	• 인사 부서 역할 강화, 인적 자원 개발 및 활용 강조 • 인사 부서의 독립적 기능 수행
1990~	전략적 인적 자원 관리 SHRM	• 사업 전략과 HR 전략의 상호 적합성 추구 • HR 부서의 전략적 역할 증대

재를 선발하여 적재적소에 배치하고 육성하고 평가하며, 더 강하고 경쟁력 있게 만드는 역할을 담당하는 것이 HR이다. 경영 환경 변화에 따라 HR은 지적 자산의 핵심이 되었다. 무형 자산은 모방하기 어렵고 새로운 사업에서 중요한 역할을 담당한다. 따라서 HR의 우위가 성과 차이의 우위를 만드는 기반이 된다. HR 부서에 주어진 이런 중요한 역할을 잘 수행하고 있는가? 다음 질문에 답하며 점검해보자.

- 전략적 파트너 역할을 하고 있는가?
- HR은 회사 성과에 기여하는가?
- HR 조직장이 CEO가 될 수 있는가?
- HR 부서만의 전문성이 있는가?
- CEO가 HR에 원하는 것은 무엇인가?

- HR 기능별 주요 과제는 무엇인가?
- HR에 대해 구성원이 만족하는가?
- 조직 문화 개선과 혁신을 이끌고 있는가?
- HR 담당자는 어떤 역량을 가져가야 하는가?
- 최고의 HR 전문가를 육성하고 있는가?

당신은 당신 회사의 HR 부서가 조직과 구성원의 시장 가치를 향상시키고 CEO를 보완하고 전략적 파트너로서 역할을 다하고 있다고 자부할 수 있는가?

전략적 HR로 **변모해야 한다**

전통적 HR은 HR 담당자가 중심이 되어 내부 구성원의 채용-이동 및 승진-평가-보상-육성-노사-퇴직 등 담당 분야의 전문성을 강조하는 내적 영역의 적합성을 강조해왔다. 그러나 전략적 HR은 현장 조직장을 중심으로 조직과 구성원의 내·외적 경쟁력 강화를 목적으로

전통적 HR과 전략적 HR 비교

	전통적 HR	전략적 HR
HR에 대한 책임	HR 담당자	현장 조직장
초점	내부 구성원과의 관계	내·외부 고객과의 파트너십
HR의 역할	행정 전문가, 변화 추종자	전략 추진자, 변화 주도자
정체성	천천히, 반응, 분산	빨리, 선제적, 통합
핵심 투자	자금, 제품	사람, 지식
비용 관점	비용 부서	투자 부서
적합성	내부 적합성 유지	내·외부 적합성 추구

삼고 있으며 더욱 넓고 유연하다. 내부 HR 영역 간의 조정뿐만이 아니라 사업 전략과 외부 환경과의 적합성을 강조하고 있다.

전략적 HR이란 거시적인 관점을 가지고 전략의 수립과 실행에 HR이 주도적인 역할을 강조하는 새로운 흐름이라고 볼 수 있다. 이에 대해 슐러Schuler는 "조직의 전략을 세우고 실행하는 개인의 행동에 영향을 미치는 인적 자원 관리"라 했고 맥마한McMahan은 "조직이 그 목적을 달성할 수 있도록 하기 위하여 계획된 인적 자원 전개 및 활동들의 유형"이라고 정의했다. 또한 머서HR컨설팅Mercer HR Consulting에서는 전략적 HR을 "기업의 가치를 창출하는 조직의 성과 향상과 문화 형성을 위해 전략적 목표와 인사 기능을 연계·통합시키는 개념"이라고 정의했다. 전략적 HR의 핵심 요소는 크게 거시적 안목, 전략과의 연계, 성과 창출 주도로 볼 수 있다.

결론적으로 전략적 HR이란 내·외부 환경 분석, 회사의 비전·전략과의 외적 적합성, HR 각 영역 간 내적 적합성을 잘 조화시켜 나가는 과정이라고 볼 수 있다.

전략적 HR의 흐름

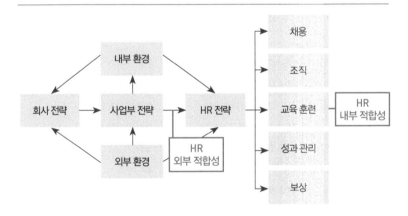

전략적 HR을 위한 **축이 필요**

전략적 HR을 추진하기 위해서는 HR 영역(채용~퇴직) 전반에 대한 분석 모델이 있어야 한다. 하지만 대부분 기업의 HR 부서 실태를 보면 분석 모델이 존재하지 않는다. 그 대신 전년도 실적과 반성, 금년도

전략적 과제 도출 모델 예시

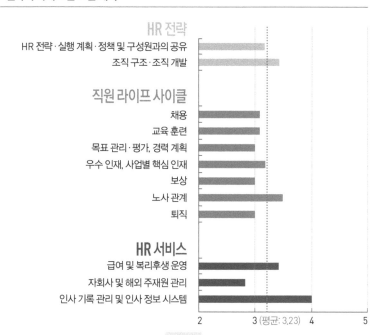

전략적 과제

- HR 일관성 확보(중장기 전략, 인사 제도 적용, 커뮤니케이션, 인력 운영 등)
- 핵심 인재 선정과 유지 관리
- 개인 맞춤형 육성 방안
- 리더십 모델 구축
- 직무 전문가 역량 강화
- 평가 공정성 제고
- 역할·성과 중심의 보상 차별화
- 도전과 실행의 문화 실현
- 전략적 퇴직 관리
- 전사 통합 HR 시스템 구축

전망과 과제 중심으로 계획을 수립한다. 추이 분석이 1년에 국한되어 있고 HR 영역 간 연계성도 매우 부족하다. 더욱 종합적이고 체계적으로 과거의 추세와 수준, 일정 기간 후에 나타날 바람직한 모습과의 차이를 보며 과제를 도출해야 한다.

분석 모델도 갖추어야 한다. 타워스왓슨, 머서, 헤이 등 선진 HR 컨설팅 기관을 방문하면 그들만의 차별화된 모델과 세부 자료들을 지원받을 수 있을 것이다. 중요한 것은 자신의 회사에 맞는 분석 모델과 분석 항목을 가지고 매년 지속적으로 진단하고 분석하여 과제를 도출하고 있느냐이다.

전략적 HR의 수행 과정

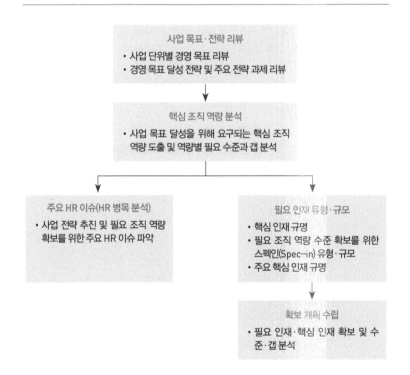

예컨대 CEO가 핵심 직무 전문가를 선발·육성하라는 지시를 내렸을 때 다음과 같은 사항들을 고려하면서 종합적 판단과 결론을 내리고 제시할 수 있어야 전략적 HR이 된다.

- 미래 일정 시점의 바람직한 목표 설정
- 현재와 미래의 사업 구조 비교
- 갭을 따라잡기 위한 전략과 과제의 도출
- 이를 수행할 핵심 역량과 HR 이슈 분석
- 필요 인력 파악 및 증원 계획 수립

성공을 위한 **제언**

『HR Champions』라는 책은 HR 담당자의 역할을 전략적 파트너, 변화 주도자, 행정 전문가, 구성원 옹호자 네 가지로 구분한다. 저성장 시대 글로벌 무한 경쟁에 놓인 기업 환경에서 HR은 전략적 파트너이자 변화 주도자가 되어야 한다. 즉 CEO의 핵심 참모로서 사업 전략과 연계하여 HR 전략을 실행함으로써 역할을 다해야 한다. 전략적 HR을 추진하기 위해서는 다음과 같은 조건이 필요하다.

우선, 현장 조직장의 의식을 바꿔주어야 한다. 현장 조직장이 먼저 자신을 CEO로 여기는 의식을 갖도록 해야 한다. 그런 바탕에서 자기 조직과 구성원의 경쟁력 강화를 위해 추구할 수 있다. 현장 조직장 중 경쟁력 있는 사람은 경영자로 키우고 다소 부족한 사람은 육성의 기회를 마련해주어야 한다. 그리고 아무리 노력해도 미동이 없는 사람은 가차 없이 다른 진로를 마련해줘야 한다. 현장은 조직과 구성원의 경쟁력을 강화시켜 주는 곳, 가치를 창출하여 성과로 평가받는 곳이 되어야 한다. 또한 현장이 중심이 되어 현장 완결형으로 과업을 수행할 수 있도록 조직장을 변화시켜야 한다.

또한, HR 담당 부서와 담당자의 역량이 강화되어야 한다. HR 담당자는 다음과 같은 자질과 능력을 갖추어야 한다. 첫째, 회사에 대해 정확하게 알아야 한다. 회사의 중장기 전략과 재무 현황을 설명할 수 있어야 한다. 둘째, 그 회사의 사람, 포지션, 직무에 대한 정보에 밝아야 한다. 셋째, 외부 HR 전문가와 폭넓은 네트워크를 유지해야 한다. 넷째, 전략과 연계된 제도를 현장에 반영하여 기획하고 수립하며 실시하고 평가해야 한다. 다섯째, 핵심 직무와 핵심 인재 풀을 구축하여 관리해야 한다. 여섯째, 적절한 아웃플로어 관리를 해야 한다. 일곱째, CEO 주관의 사업과 경영 회의에 HR 담당 임원은 반드시 배석하여 사업 후에 사람에 대해 논의가 이루어져야 한다. 여덟째, 활기차며 도전적인 문화를 구축해야 한다.

HR 담당자는 그러한 자질과 능력을 갖추기 위해 열정이 넘치고 부단히 자신을 연마하는 사람이어야 한다. '누군가는 하겠지' 하는 마음으로 아무 생각 없이 변화를 기다리는 사람이 되면 제 역할도 못할 뿐 아니라 회사를 망하게 한다.

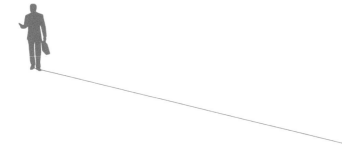

HR 원칙

기업이 비전을 달성하기 위해서는 경영 이념, 업의 본질, 인재상과 핵심 가치, 사업 전략, 조직 역량 등에서 체계를 구축하고 지속적으로 이끌어가야 한다. 많은 기업이 삼성 웨이, LG 웨이, SK 웨이 등을 외치며 HR 가치 체계를 정립하고 있다. 이러한 가치 체계 아래 HR 원칙이 존재한다. 예를 들어 '성과 중심의 HR'이라는 원칙이 있으면 그에 맞도록 제도와 문화 등을 조정해야 한다. 원칙은 '성과'인데 실제 운영되는 제도나 인식이나 문화가 '안전'이라면, 성과주의를 추진하기는 쉽지 않다. 다음 사례를 통해 구체적으로 살펴보자. 이 사례는 '비전과 핵심 가치를 고려하지 않는 집단의식'을 여실히 보여준다.

30년 넘게 장치 산업에 종사한 한 화학 회사의 이야기다. 이 회사를 방문하면 정문에 '안전제일'이라는 커다란 간판이 걸려 있다. 회사에 들어서면 곳곳에서 '안전'을 볼 수 있다. 공장 사무실에서도 근로자들이 쓴 안전모에서도 쉽게 찾을 수 있다. 커다란 파이프라인으로 이루어진 공장의 생산품은 화학 물질이기 때문에 안전사고는 제품 불량의 차원을 뛰어넘는다. 자칫하면 도시 하나가 파괴될 수 있는 엄청난 위험이 있다. 이 때문에 정부에서도 특별 감독한다. 이 공장에 근무하는 사람들이 가진 안전에 대한 자부심도 대단하다. '내가 우리 회사, 나아가 우리나라의 안전을 지키는 리더'라는 인식이 강하다.

이러한 공장의 본사는 대부분 서울에 있다. 공장과 본사 인력의 교류 차원에서 실시하는 직무 순환 제도의 영향으로 본사 전략팀에도 공장 기획팀에 근무하던 사람이 올라와 근무한다. 공장의 생산기획팀에도 본사 전략팀의 과장이 근무한다. 어느 순간 이들에게는 안전에 대한 강박관념이 생겨나고 다른 사람들에게도 전파된다. 의사 결정을 할 때 가장 중요한 요인은 안전이다. 안전에 저해되는 일을 추진하는 것은 불가능하다. 인력 조정도 안전사고의 위험이 있다면 진척되지 않는다. 혁신 프로그램을 도입하여 교육하고 싶어도 "안전이 우려되어 자리를 비울 수 없다"는 말 한마디로 예외가 된다.

회사는 기존 사업에서 벗어나 신규 사업으로 전환해야만 하는 시점에 서 있다. 기존 사업으로는 부가가치를 창출하기 어려운 상황이다. 대표이사는 뭔가 비전을 다시 설정하고 핵심 가치를 정해 구성원들의 동참을 이끌어내고 싶어 했다. 비전은 대표이사가 결정했고 구성원 의견을 취합하여 핵심 가치를 정하면 되는 단계였다.

사무국은 처음에 4개의 핵심 가치를 생각했다. 도전, 열정, 창조, 신뢰였다. 신뢰를 기반으로 창조적 사고로 열정을 다해 도전하여 새로운 문화를 이끌고 싶었다. 하지만 구성원 설문을 통해 나온 결과는 전혀 달랐다. 의도하지 않은 한 가치에 무려 구성원 80퍼센트가 몰렸다. '안전'이었다. 그들에게는 신규 산업이든 기존 산업이든 안전만이 최고라는 인식이 뿌리 깊게 자리하고 있었다. 안전을 이야기하지 않고 도전하라는 말은 그들에게는 '더 큰 사고의 가능성'을 높일 뿐이었다.

사업 환경이 변해서 기존 사업으로는 생존할 수 없다는 것을 알면서도 옹고집이 되어 타협하지 않는다. 주변을 보지 않고 자신만의 울타리 안에서 고집스럽게 나아간다. 한번 정착된 문화와 가치는 바꾸기 어렵다. 이를 바꾸고 더 미래 지향적이고 전략적인 핵심 가치, 문화, 제도 운영 원칙을 도입하기 위해서는 체계적이며 지속적이고 강한 피드백을 줄 수 있는 실질적인 방안을 추진해야 한다.

HR 원칙을 위한 틀 구축

회사마다 상황은 다르지만, HR의 원칙은 크게 다음 네 가지 축으로 살펴볼 수 있다.

첫째, HR의 지향점
둘째, 가치 창출의 원천
셋째, 운영 방식의 원천
넷째, 실행의 기본 사고

이러한 축은 경영 환경과 사업 전략의 변화에서 오는 시사점, HR 영역에 이르는 현실과 기대 수준의 차이에서 오는 시사점을 중심으로 구체화되어 원칙이 정해진다. 예를 들어 HR의 궁극적인 지향점은 구성원의 역량 강화를 통한 회사의 성과 창출일 것이다. 가치 창출의 원천은 팀워크를 바탕으로 구성원의 창의와 자발적 실천, 운영 방식은 성과 중심, 현장 중심이 되고 실행의 기본 사고는 공평한 기회 제공, 장

가치 창출의 원천

| 팀워크를 바탕으로 한 개인의 창의와 자율 | 팀워크를 바탕으로 한 개인의 창의와 자율이 가치 창출의 원천이다.
팀워크를 바탕으로 개개인이 창의력을 충분히 발휘할 수 있도록 개성과 다양성을 중시하고 자율을 존중한다. |

운영 방식

| 능력 중시 → 역량 중시 | 역량이 성과 창출의 원동력이다.
조직이 필요로 하는 역량을 기준으로 확보·육성·보상 활동을 전개하고 요건과 절차를 수립하여 운영한다. |

| 성과에 따른 보상 → 기여에 따른 보상 | 기여에 따른 보상이 동기 부여의 핵심이다.
역량과 실현된 성과는 공정하게 평가하고 개인별·조직별 기여도에 따라 보상한다. |

| 구성원 참여 | 구성원 참여는 인사 및 조직 운영 성패의 기초다.
인사 관련 의사 결정 및 운영 시 구성원들과 원활한 의사 소통을 한다. |

| 조직별 특성 반영 | 조직별 특성 반영은 인사의 기본 운영 방식이다.
인사 관련 의사 결정 및 운영 시 조직 특성을 고려하여 유연하게 추진한다.
또한 현업에 의한 인사 제도 운영을 기본으로 한다. |

실행의 기본 사고

| 공평한 기회 제공 | 공평한 기회 제공이 신뢰의 기반이다.
구성원의 능력과 자질에 따라 공평한 기회를 제공한다. |

| 장기적 관점 | 장기적 관점이 인사와 조직 운영의 기본 사고다.
인사 관련 의사 결정 및 활동을 장기적 관점에서 일관되게 추진한다. |

지향점

| 구성원 역량 성장을 통한 회사 발전 추구 | 구성원 역량의 성장이 곧 회사의 영속적 발전의 기초다.
구성원 역량의 성장을 통한 회사의 영속적 발전 추구는 모든 인사 관련 의사 결정과 운영의 궁극적 지향점이다. |

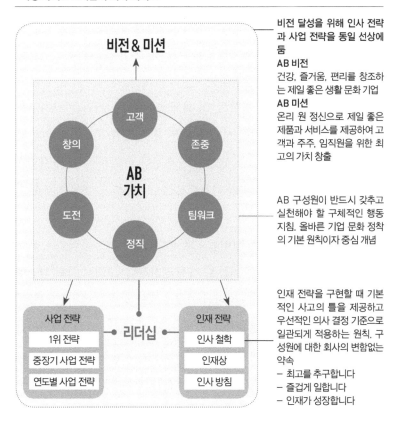

비전 달성을 위해 인사 전략과 사업 전략을 동일 선상에 둠
AB 비전
건강, 즐거움, 편리를 창조하는 제일 좋은 생활 문화 기업
AB 미션
온리 원 정신으로 제일 좋은 제품과 서비스를 제공하여 고객과 주주, 임직원을 위한 최고의 가치 창출

AB 구성원이 반드시 갖추고 실천해야 할 구체적인 행동 지침. 올바른 기업 문화 정착의 기본 원칙이자 중심 개념

인재 전략을 구현할 때 기본적인 사고의 틀을 제공하고 우선적인 의사 결정 기준으로 일관되게 적용하는 원칙. 구성원에 대한 회사의 변함없는 약속
– 최고를 추구합니다
– 즐겁게 일합니다
– 인재가 성장합니다

기적 관점 등으로 설정할 수 있다.

업의 본질부터 살펴야 한다

업의 개념이란 사업의 기본적 속성이다. 사업의 기본 철학이며 시간과 환경을 초월하여 변함없는 사업의 존재 의의다.

A그룹에서는 업의 개념을 정의하면서 신용카드업은 외상 대여업

으로 화폐, 외상, 이자의 본질을 연구해야 한다고 강조한다.

시계 사업은 시간을 알려주는 시계 그 자체의 업의 개념으로 볼 때와 전자 사업, 나아가 패션 사업으로 바꾸어 인식했을 때 나타나는 결과는 판이하다. 시간을 알려주는 단순 기능만을 강조한다면 정밀 기계 산업이다. 그러나 더 정확히, 더 싸게, 더 편하게 시간을 알려주는 역할을 강조한다면 디지털 시계와 같은 전자 산업으로 인식된다. 하지만 위신, 자부심, 여러 개 갖고 싶은 욕구를 유발하는 패션 사업으로 인식된다면 엄청나게 비싼 가격으로 소량 생산되는 제품으로 탈바꿈한다.

에스원의 업의 개념을 경비업으로 본다면 사람이 중심으로 되어 3조 2교대와 같이 지키는 역할이 가장 중요하다. 그러나 사회 안전업이라고 정의한다면 사람과 장비의 연계로 보안 장비가 울리면 사람이 출동하는 시스템으로 전환된다. 만약 사회 시스템업이라고 정의하면 이제 보안의 개념이 아닌 인류의 안정과 행복 추구를 위한 사회 시스템이 중요시된다. 밤에 일정 장소에서 지키거나 출동하는 사람의 일이 아니라 국가 시스템으로 좌우되는 큰 영역으로 확장된다.

결국 구성원이 업의 본질을 올바르게 이해하고 정의하고 있느냐가 시장에서 성패를 좌우한다.

업의 개념 정립 방안

업의 개념을 정립할 때 가장 중요한 점은 구성원들이 같은 개념의 인식을 공유하는 것이다. 업의 본질을 알고 업무를 하면 성과가 높고 효과적이라는 사실은 모두가 알고 있다. 문제는 어떻게 업의 개념을 정의하고 중점 관리 방안을 정해 업무에 활용하느냐에 달려 있다. 업의 개념을 정립하고 실천할 때에는 '업의 분석' '업의 개념 정립' '내재화와 실천' 3단계를 거친다. 각 단계를 살펴보자.

첫 단계인 업의 분석을 위해서는 다음과 같은 질문에 답한다.

- 업이 출연한 배경이 무엇인가?
- 사업을 영위하는 사회적 존재 의의(책임)는 무엇인가?
- 이 사업은 어떻게 발전해갈 것인가?
- 무엇이 핵심 기술이며 향후 추이는 어떻게 될 것인가?
- 시장의 환경은 어떻게 변하며 경쟁 상황은 어떠한가?
- 사업의 경쟁력을 좌우하는 핵심 자원은 무엇인가?
- 경쟁력을 좌우하는 핵심 프로세스는 무엇인가?
- 성장과 이익을 좌우하는 제품이나 서비스는 무엇인가?
- 경쟁력을 결정하는 제품이나 서비스의 특성은 무엇인가?
- 선진 경쟁사에 비해 경쟁력은 어느 수준인가?

두 번째 단계는 업의 개념 정립이다. 이 단계에서는 미래 지향적인 사업의 존재 의의를 수립하고 미래 경영 환경과 경쟁 분석을 바탕으로 업의 특성을 정한다. 예를 들어 항공 산업의 특성은 인간과 생명과 관련된 안전 산업, 대규모 투자를 하는 장치 산업, 100만여 개의 부품의 조립 산업, 첨단 기술 집약 산업, 정부 규제 산업, 막대한 개발이 소요되는 장기 연구 개발 산업으로 살펴볼 수 있다. 이 단계에서 가장 중요한 것은 가장 경쟁력 높은 수준이 되기 위해 어떠한 핵심 성공 요인을 정하는가이다. 항공 산업을 예로 들어 막대한 개발비가 소요되는 장기 연구 개발에 차별화된 경쟁력을 지니고 싶다면 전문성을 갖춘 우수 개발 인력, 재원을 안정적으로 투자해줄 자본가, 최첨단 R&D 센터 등이 중점 관리 포인트가 될 것이다.

마지막은 구성원에게 업의 개념을 내재화하고 업무에 활용하여 실천하게 하는 단계다. 이 단계에서 가장 중요한 과정은 본부-팀-개인의 업무와 업의 본질이 연계하는 데 있다. 구성원들에게 업의 본질에 맞게끔 전략과 직무의 중점 관리 항목들을 선정해 교육하고 업무에서 실천하도록 해야 한다. 구성원에게 전파하는 역할은 인재 개발(교육) 부서가 아닌 현장 임원 또는 조직장이 담당해야 한다. 중점 관리 항목을 평가 지표로 선정하여 최소한 분기별로는 점검하고 평가해야 한다. 업의 본질은 설정이 중요한 것이 아니다. 업무를 통한 실천이 중요하다.

성공을 위한 **제언**

경영층이 HR의 본질과 원칙을 망각하고 사업을 펼치거나 업무를 추진하다 보면 결국 망할 수밖에 없다. 이러한 HR 가치 체계는 신입 사원부터 철저하게 체질화해야 한다. 물론 경영층의 솔선수범이 바탕이 되어야 한다. 자신들은 하나도 지키지 않거나 제도는 완벽한데 운영을 편법으로 하여 혼동을 일으킨다면 곤란하다. 또한 경영에 순서를 정하는 것은 매우 중요하다. 제한된 자원으로 무엇을 선택하여 집중했느냐는 기업 성패에 결정적 원인이 된다. 그리고 과거의 성공 요인 또는 가치가 현재와 미래의 성공을 보장해주지 않는다.

HR 원칙도 결국 환경 변화 속에서 바뀌어야 한다. 이를 정확히 파악하여 길을 제시하는 사람이 리더이며 조직장이다.

HR의 주요 트렌드 이슈

SHRM과 **주요 역할**

SHRM은 '인적자원관리학회The Society for Human Resource Management'의 약자다. 1948년에 설립된 세계 제일의 인사 전문 기관으로서 HR 발전과 혁신을 위한 선도적 역할을 하고 있다.

전 세계의 인사 담당자 20만여 회원들에게 HR 관련 교육과 정보 서비스, 컨퍼런스와 세미나, 미디어 교육, 온라인 서비스, 출판 업무 등의 분야에서 혜택을 제공하는 활동이다.

SHRM의 미션은 "21세기를 향한 인사 전문인을 대변하고 개발하며 리드한다"이다. SHRM 컨퍼런스는 SHRM이 주관하는 연차 대회로 매년 장소를 바꾸어 열린다.

SHRM 컨퍼런스는 세션 중심으로 운영되며, 전 세계 HR 담당자들이 모여 정보 교류와 최신 HR 관련 기법 토론 등을 즐긴다. 우리나라

에서도 한국능률협회컨설팅KMAC과 액센추어 등의 교육 전문 기관이 중심이 되어 매년 많은 인원이 이 컨퍼런스에 참석한다.

　　SHRM의 토론 이슈들은 해를 더할수록 다변화되고 있다. 최근에는 기업 환경의 급속한 변화와 IT 기술 발전에 따른 업무 프로세스 변화, HRM에 대한 혁신 요구, 사업 전략과 HR 전략 연계 강화, 보상 개념의 변화, 사업 M&A, 리더십과 임원 관리, 성과급의 효율성, SNS의 영향력, 임직원과 문화 이슈에 대한 전략적 대응 등이 주제가 되었다.

SHRM을 통해 본 HR의 주요 변천

이런 SHRM을 통해 짐작해본 HR의 큰 이슈는 다섯 가지로 요약된다.

　　첫째, 2000년 이후부터 비즈니스 파트너 역할이 지속적으로 강조되고 있다. HR이 조직의 비즈니스 파트너로서 제 역할을 하기 위해서는 기존의 반복적이며 일상적인 업무 영역을 전자 시스템화e-HR, 아웃소싱, 라인 관리자에게 이관 등을 통해 줄이고 전략적이고 장기적인 관점에서 가치를 창출하는 업무를 수행해야 한다는 내용이 많다.

둘째, 우수 인재의 확보와 유지이다. 이것은 여전히 뜨거운 이슈다. 벤처 열풍이 가라앉으면서 우수 인재들의 이직률이 상당히 줄어들었다. 하지만 우수 인재들의 확보·유지는 기업이 경쟁력을 갖추고 성과를 내는 데 중요한 문제로 앞으로도 계속 강조될 것이다.

셋째, 금전적인 보상만으로 우수 인재를 확보·유지하는 데 한계가 있다는 시각이다. 우수 인재들이 회사를 선택하거나 떠나는 이유로 금전적인 문제보다는 회사의 문화와 근무 환경(하고 싶은 일, 상사 및 동료와의 관계)이 자신이 실현하고자 하는 가치를 얼마나 뒷받침해줄 수 있는지가 중요해졌다. 이와 관련된 주제들이 늘어났다.

넷째, 개개인의 특성이나 가치를 고려하는 것에 대한 중요성이 강화되고 있다. 성과를 내는 것을 HR 시스템이나 제도로 통제하기보다는 개개인들에게 동기 부여함으로써 생산성을 높이려 노력하는 내용이 많이 소개되는 추세다.

다섯째, HR 프로페셔널로서 리더십 브랜드 확보의 중요성이 강조되고 있다. HR이 변화해야 하고 이 변화하는 환경에서 HR에 요구되는 역할을 효과적으로 수행하기 위해 스스로 리더십 브랜드를 확보해야 한다.

이것을 시대순으로 나누면 다음과 같다. 2008년 이전의 SHRM 주요 이슈는 전략적 HR, HR 영역의 전략적 이슈, 고령화 대책과 리더십이 주축을 이루었다. 그러나 2008년 세계 금융위기 이후 위기 극복을 위한 불황기 HR의 전략적 역할이 강조되었다. 이에 따라 인재 유형별 관리, 인건비의 효율, 위기 극복을 위한 리더십, 구성원의 사기 진작을 위한 조직 문화의 중요성이 주요 이슈로 대두되었다.

2010년 이후의 SHRM에서 나타난 이슈들은 다음과 같다.

첫째, HR 관리자의 역량 강화다. HR 담당자는 개인의 역량을 기반으로 제도 수립, 운영, 프로세스, 고객 관리를 통해 궁극적으로 재무 성과를 창출하도록 요구받고 있다. 단순 지원 조직에서 전략·수익 창

2005~2009년 SHRM 중요 이슈

2005
- 고령화 및 다양성 관리 필요성 증대
- 전략적 HR이 본격적으로 대두
- HR 법률적 리스크
- HR 리더십, 커뮤니케이션, 갈등 관리
- 총체적 보상: 건강보험, 연금, 복리후생 강조

2006
- 고령화 및 다양성 관리
- 인재 부족에 따른 유지 전략
- 글로벌 HR
- 조직 문화 활성화
- 높은 의료 비용

2007
- 전략적 파트너
- 몰입
- 혁신
- HR 리더십
- 총체적 보상: 복리후생, 일과 삶의 균형

2008
- 직원 수 유지를 위한 비금전 보상 강조
- 법 수준을 넘는 조직 가치 내재화
- 회사의 이미지 제고를 위한 고용자 브랜딩
- 국제적 HR 이슈: 글로벌 인재 확보 및 유지, 글로벌 컨피턴시 발굴, 본사의 글로벌화
- 복리후생 비용 절감 노력: 인력 고령화에 따른 헬스케어 비용 증가
- 인적 자원 투자 수익률: ROPI

2009
- 경영과 HR 전략 연계 강조
- 호황기를 대비한 핵심 인재 확보 및 유지 전략
- 변화 중개자로서 HR 담당자의 역량 제고
- 위기 극복을 위한 혁신의 리더십 구축
- 불황기 HR의 전략적 역할(HR 매트릭스 구축, 계수화)

출 조직으로 거듭나야만 한다. HR 관리자는 'HR 역량 → HR 제도와 시스템 → 인력의 성공(능력, 기술, 자세) → 프로세스 성공 → 고객의 성공 → 궁극적인 성공'의 과정이 이루어지도록 노력해야 한다. 스탠퍼드대학교 제프리 페퍼 교수는 좋은Good 기업과 위대한Great 기업의 차이는 생산성에 있으며 그 차이는 30~40퍼센트라고 했다. 그런데 임직원 만족도가 20퍼센트 상승하면 경영 성과는 42퍼센트 상승한다고 말한다. 또한 하버드 비즈니스 스쿨의 연구에 따르면 조직의 목표를 이해하고 있는 직원이 그렇지 않은 직원보다 성과를 24퍼센트 더 낸다고 한다. 그만큼 HR 담당자 역할의 중요성이 강조되고 있다.

둘째, 전략적 HR의 체계적 추진이다. HR은 '사업 전략 → HR 전략 → HR 기능'의 구도로 정립되어야 함이 갈수록 강조되고 있다. 이를 위해서는 제품과 서비스 중심의 고객 관리에서 구성원의 역량과 자발적 참여를 이끄는 HR로 바뀌어야 한다. 또한 HR 기능(채용, 평가, 보상, 교육, 경력) 간의 조정을 통해 한 방향으로 가는 것도 중요하게 고려해야 한다.

셋째, HR 메트릭스 개발과 HR 측정 시스템의 활용 다변화다.

넷째, 혁신, 리더십, 창의성 등과 같은 소프트 역량을 조직 문화적 영역으로 정착시키기 위한 HR의 역할이 강화되어야 한다.

HR 관리자의 도전 과제

SHRM의 최근 동향과 이슈들을 분석해보았다. 이 속에서 한국 기업이 처한 세 가지 딜레마를 생각해보자. 이는 한국 기업의 HR 관리자들이 부딪혀야 할 도전 과제다.

<table>
<tr><td>**21세기
환경 변화 요인**</td><td>**HRM
핵심이슈**</td><td>**핵심역량**</td></tr>
<tr><td>• 글로벌화
• 기술
• 변화
• 지식 자본
• 속도
• 비용 통제</td><td>• 지식 자본의 가치
• HR 플랜의 중요성
  인식 및 가치 증대
• 교차 훈련
• 성과 평가 방법 필요
• HR 분야 활동과 전략
  글로벌 연계</td><td>• 인사 기술
• 사업에 대한 이해
• 신뢰
• 리더십
• 변화 추진
• 컨설팅
• 상호 신뢰
• 비전 추구</td></tr>
</table>

첫째는 가치 체계와 HR 관리 간 불균형이다. 회사의 업의 특성, 임직원의 인식이 관습처럼 굳어진 상태에서 환경 변화에 따른 새로운 제도, 문화 등의 접목과 구성원의 참여를 이끌어가는 것에 대한 한계다.

둘째는 사업 전략과 HR 전략의 불균형이다. 3년 후를 바라볼 수 없는 치열한 경쟁 환경 속에서 HR이 사업의 방향과 전략을 숙지하고 전략적 파트너로서 역할을 수행하는 데에서 오는 한계다.

마지막으로 성과주의와 구성원의 인식 간의 불균형이다. 시대는 차별적 성과를 요구하는데 구성원은 일과 생활의 만족, 공평의 논리, 차별에 대한 저항 등을 지향한다. 이러한 인식 차이에 따라 회사 특성에 맞는 맞춤형 성과주의를 이끌어가기에는 한계가 존재한다.

중장기 HR 전략 수립

"여기서 어디로 가야 하는지 제발 가르쳐주세요."

앨리스가 묻는다. 그러자 고양이 체셔가 대답한다.

"그건 네가 어디로 가기를 원하느냐에 따라 크게 다르지."

『이상한 나라의 앨리스』에 나오는 한 장면이다.

CEO로부터 갑작스럽게 HR 중장기 전략을 수립하라는 지시를 받으면 어떤 프로세스로 일을 추진할 것인가? 이것은 쉽게 추진할 수 없는 큰 과업이다. 그러나 큰 틀에서 어떤 프로세스로 진행하느냐에 따라 CEO가 원하는 HR 중장기 전략을 수립할 수 있다.

전략의 큰 틀을 생각하라

중장기 전략의 시작은 왜 그 일을 하는가? 그 일을 통해 얻고자 하는 바가 무엇인가? 그 일을 수행한 결과 회사와 구성원의 무엇이 달라지는가에 대한 깊은 성찰이 필요하다. 통상적으로 중장기 전략을 설계할 때는 여섯 가지 질문을 통해 전략적 목표 설정과 실행 전략을 수립한다. HR 중장기 전략을 작성하면서 흔히 범하는 큰 잘못은 중장기 전략을 HR 관점에서만 바라본다는 것이다. HR 관점으로 보면 조직, 사람, 제도, 문화적 측면만을 강조하게 된다. 그러나 중장기 전략은 그 위에 사업과 경쟁의 관점이 있어야만 한다. 사업의 관점에서 내·외부 환경을 면밀히 분석해야 한다. 그리고 경쟁의 관점에서 회사의 현 위치와 앞으로 도달할 지향점에 대한 설정이 명확해야 한다. 이 바탕 위에서 구체적인 실행 계획을 추진할 수 있다.

양식1 전략 작성의 주요 질문과 구성 요소

전략적 의문	전략 계획의 구성 요소	
왜 이 사업을 하고 있는가?	비전, 미션, 동인	전략 목표 설정
어떻게 사업을 하고 있는가?	가치, 문화, 현재의 전략	
현재 어디에 서 있는가?	환경 및 경쟁사 대비 현 위치 분석	
어디에 서 있고 싶은가?	전략 목표 설정	
어떻게 그곳에 도달할 것인가?	실행 전략 (전략 행위 및 수단)	실행 전략 수립
어떻게 도달한 것을 알 것인가?	전략 평가와 성공 지표	

이러한 전략적 질문을 바탕으로 크게 세 가지 측면에서 전략 수립의 큰 틀을 살필 수 있다.

첫째, 전략 환경 분석이다. 거시 분석$_{EN}$은 거시 환경의 변화, 시장과 고객의 니즈, 산업 구조와 정부 정책의 방향 등을 면밀하게 파악해야 한다. 경쟁 환경 분석$_{CE}$은 선진 회사 또는 경쟁사의 전략, 강·약점, 경쟁 수준, 경쟁 패러다임 변화 등에 민감해야 한다. 내부 니즈 분석$_{IW}$은 최고경영자의 경영 철학, 방침, 구성원의 니즈, 비전, 핵심 가치 등 조직 문화를 분석해야 한다.

둘째, 현 위치와 갭 분석이다. 전략 환경 분석 결과, 거시 분석, 경쟁 환경 분석, 내부 니즈 분석뿐 아니라 경영 환경(성장성, 안정성, 수익성, 생

양식 2 전략 수립의 틀과 프로세스

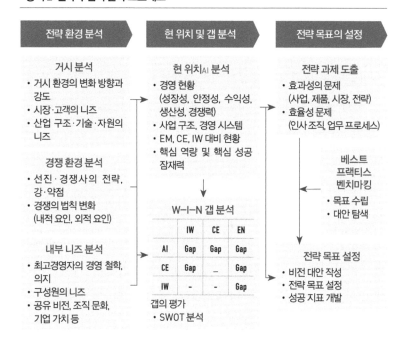

산성, 경쟁력 등)과 사업 구조, 경영 시스템, 핵심 역량 등에서 가야 할 방향과 현재의 위치 사이의 명확한 갭 분석을 해야 한다.

셋째, 전략 목표 설정이다. 효율성과 효과성의 측면에서 주어진 과제들을 분석하고 선진 회사가 세운 전략이나 제도를 참조하여 자신의 회사에 맞는 비전과 전략을 수립해야 한다. 이를 기초로 나아가 최적 안을 도출하고 성공 지표와 추진 계획을 작성해나가야 한다.

HR 중장기 전략의 **원칙과 중심축에 집중하라**

20년 전 내가 속한 기관에서는 삼성전자의 HR을 컨설팅했다. 그때 가장 우선적으로 추진했던 것이 방향과 전략성이었다. 당시 컨설턴트들이 생각한 방향은 크게 다섯 가지였다. 회사와 개인 간 성장 비전의 조화, 조직과 제도의 유연성 제고, 디지털 컨버전스 인력 확보와 양성, 규모의 이점 발굴과 실천, 디지털 커뮤니티 실현이다. 이러한 다섯 가지 방향에 따라 결정된 중장기 전략 과제는 디지털 핵심 역량 확보, 인사·조직 체계의 혁신, 디지털 기업 문화 창조였다. 그 당시는 아날로그에서 디지털로 바뀌기 이전이었다. 하지만 삼성전자는 발 빠르게 인재와 제도 그리고 구성원의 의식을 디지털에 집중시킴으로써 타 기업보다 빨리 기회를 선점할 수 있는 굳건한 토대를 구축했다.

중장기 HR 전략의 방향, 전략, 과제를 보여주는 또 다른 사례로 삼성생명을 들 수 있다. 이 회사는 글로벌 기업 진출에 따른 경쟁 첨예화와 수익성 악화로 경영 환경과 구성원 사기가 급격하게 저하되는 위기에 봉착했다. 회사는 중장기 HR의 기본 방향을 책임 경영형 조직 구축, 직무 중심 인사 체계 수립, 기업 문화 재정립으로 정하였다. 추진

전략으로는 조직별 손익 관리 강화, 성과 지향형 평가 관리, 보상 체계 유연화, 탄력적 인력 운영을 정하고 현장 중심의 인사 관리를 강화해 나갔다. 삼성생명이 중장기 HR 전략을 추진한 궁극적인 목표는 직무 중심·성과 지향형 인사 정착이었다.

실행 계획은 하고자 하는 바가 명확할 때 더욱 구체적으로 수립될 수 있다. 중장기 전략 작업을 하면서 느끼는 점은 그 과정에서 방향이나 전략에 대한 최고경영자와의 공감대 형성이 절대적이라는 사실이다.

중장기 전략 작업을 1년 이상 수행할 회사는 없다. 최근 경영 환경

삼성생명의 HR 전략 수립

지향목표	직무 중심·성과 지향형 인사 관리 체계 구축			
	현장 위주 인사 관리 강화			
추진전략	**조직별 손익 관리 강화**	**성과 지향형 평가 관리**	**보상체계의 유연화**	**탄력적 인력 운용**
	· 사업 단위별 인풋, 아웃풋 명확화 · 현장 관리자의 인사 예산권 강화	· 직무 중심의 평가 기준 구체화 · 평가운영체계 강화 　- 평가 기법 다양화 　- 평가권자 역량 강화 　- 평가 운용 시스템화	· 직무가치와 보상 연계 　- 직군별 처우 차등화 · 연봉제 확대·심화 　- 성과급차등확대 · 집단 보상 활성화	· 본부별 인력 관리 체계 구축 · 직무 중심의 인력 운용 　- 적정 인력 T/O 　- 인력 포트폴리오(신분, 구조) · 사내 노동 시장 활성화
기본방향	**책임 경영형 조직 구축**	**직무 중심 인사 체계 수립**	**기업 문화 재정립**	
	· 환경 변화에 대응이 유연한 사업 구조로 전환 · 철저한 사업중심유닛 설정	· 직무 기술서 구체화 · 직군별 인사 관리 차별화 · 중장기적 직무 가치 반영	· 새로운 기업 문화 비전 설정 · 회사 가치 정립 · 변화에 대한 적극적 참여 유도	

이 급격하게 바뀌고 경쟁이 치열해져서 CEO가 기다릴 여유가 없다. 중장기 HR 전략은 그룹 차원의 작업이 아닌 개별 기업 차원에서 추진되는 과제라면 길게 잡아도 3개월 이내에 추진 내용과 일정이 확정되어야 한다.

중장기 HR 전략이 실행되기 위해서는 그 기초가 되는 방향과 전략에 대해 최고경영자와의 공감대 구축이 최우선 과제다. 이후 확정된 전략을 바탕으로 구체적인 추진 과제를 선정하여 다시 한 번 전략과 과제에 대한 의사 결정을 받아야 한다. 이때 필요한 자료가 과제별 현위치와 가야 할 모습 사이의 갭과 추진 방법이다.

중장기 HR 전략이 실패하는 이유는 대부분 최고경영자와의 공감대 부족, 전략과 현안 과제의 불일치, 과제 추진의 절박성 부족, 그리고 과제는 옳게 설정하였으나 추진 방법이 잘못된 경우다. 중장기 HR 전략은 내부 전담팀을 구성하여 단기간에 추진하는 것이 바람직하다. 다만 필요할 때 HR 전문가 자문이나 컨설팅 업체의 지원을 받으면 보다 객관적이고 깊이 있는 실천안을 작성하는 데 도움이 된다.

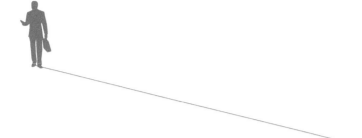

HR 기능 간의 조정

사례 1 현업 조직장의 입장을 고려하지 않은 경우

A회사의 인사 조직은 크게 4개 팀으로 구성되어 있다. 인사 전략과 관리자 이상의 인사를 담당하는 인사기획팀, 사원들의 채용부터 퇴직까지 인사 운영을 직접 담당하는 인사지원팀, 구성원의 육성을 지원하는 인재육성팀, 그리고 조직 문화와 노사 업무를 수행하는 노사상생팀이 있다.

각 팀장은 각 파트에서 다양한 경험을 쌓고 팀장이 되었다. 인사기획팀장이 가장 선임으로 인사 담당 임원과 함께 중요 인사 전략과 제도의 개선을 주관한다. 중요한 인사상 이슈들은 인사위원회에서 결정되고 참석 자격이 있는 사람은 인사기획팀장이다. 인사기획팀장은 회의 내용을 간략하게 정리하여 인사 조직 내 각 팀장의 개인 메일로 공유하였다.

인사 담당 임원은 현장의 조직장들로부터 항의를 들었다. 인사지원팀에서 운영하는 면접관 교육 날짜와 인재육성팀에서 요청하는 사내 강의 날짜가 겹쳐 조정해달라는 내용이었다. 설상가상으로 타 부서 임원으로부터 왜 이렇게 일하냐는 질책까지 받았다. 전자 전공자로 신입 사원 또는 경력 사원 5명을 급히 채용해달라고 했는데 "회사의 중장기 인력 운영 계획에 반영되어 있지 않아 선발할 수 없다"는 영혼 없는 회답만 받았다고 한다. 급히 추진되는 프로젝트고 프로젝트 성격상 1~2년 안에 마무리될 수 없는 메가 프로젝트였으므로 몇 번이나 간절하게 요청했다. 하지만 대답은 언제나 "안 된다"였다고 한다. 전략 담당 임원은 요즘 인사가 정신이 없다고 한다. 회사는 중국 내 공장을 신설하고 투자를 늘려나가는 중장기 전략을 수립하여 추진 중이다. 그런데 채용 인력은 전원이 국내 사업을 위한 자원들이고 중국 지역 전문가에 대한 채용 공고는 보지도 못했다고 한다.

이 회사는 사업 따로 인사 따로이고 인사 내에서도 자기 부서 일만 잘하면 된다는 의식이 팽배해 있다.

사례 2 도대체 무엇을 위한 제도인가?

B회사는 설립한 지 40년이 넘었고 직원 2,000명이 연간 1조 5,000억 매출을 올리는 제조 업체다. 제조업의 특성상 같은 라인에서 10년 이상 근무한 사람들이 대부분이며 전원이 사택에서 생활한다. 이 회사는 국내 1위의 독점 기술을 바탕으로 굳건한 기반을 구축했으나 최근 경쟁사의 대두와 해외 시장 축소로 매출이 급감하는 추세다.

CEO는 타개책의 하나로 평가와 보상 제도를 매우 엄격하게 하였다. 평가를 상대화하고 평가 결과에 따라 성과급의 차등을 주었다. 그런데 제도 시행 2년이 채 지나기 전에 현장에서 불만의 목소리가 날로 높아졌다. "목표 설정도 안 된 평가가 평가인가?" "승진을 앞둔 사람에게는 평가가 너무 후하다." "평가 등급이 낮지만 보상 수준은 높은 역차별도 있다." 등이 불만의 내용이었다.

평가 등급과 비중도 조직마다 차이가 컸다. 평가 결과가 보상, 승진, 후생, 이동 등에 반영되지 않다 보니 평가 무용론이 늘어났다. 보상의 차별화는 조직장 자율 권한이어서 최고 평가 등급과 최하 등급 간의 비율은 성과급이 1,000퍼센트라면 30퍼센트 수준으로 관대하기 이를 데 없었다. 역차별도 많았다. 이동 역시 평가와 무관한 연공 개념이 되었다. 오래된 사람이나 부서장과 친한 사람은 거의 이동이 없었다.

이 회사는 인재 중시를 표방하지만, 실제로 인재 육성을 위한 교육은 하지 않는다. 그러니 중장기 인력 운영 계획이나 올바른 성과 관리 제도가 없다. 채용부터 퇴직까지 규정은 있으나 그 규정을 지키지 않는다. 왜 규정화했는지 이해할 수 없다.

HR 각 기능을 어떻게 **연계할 것인가?**

중소기업의 경우, HR 부서가 한 개 팀으로 운영되는 경우가 많다. 1~2명이 HR 전략, 채용, 평가, 보상, 승진, 육성, 노사 관계, 퇴직 업무를 담당한다. 혼자 또는 적은 인원이 담당하다 보니 일의 중요성에 따라 자신의 일정을 조정한다. 따라서 자연스럽게 HR 기능 간 일정한 원칙이 실현된다. 그러나 개인의 철학이나 그때그때 상황에 따라 의사결정이 이루어질 가능성이 높다. 그래서 임직원들에게 사람에 따라 HR 제도가 달라진다는 불평의 소리를 듣기도 한다.

대기업의 경우, 통상 4개 팀으로 HR 조직이 세분화되어 있다. HR 전략팀, HR운영팀, 인재개발팀, 노사협력팀이 대표적 형태다. 팀이 세분화되다 보니 가장 중요한 이슈는 소통이다. 원칙 없이 각 팀의 주장만 강조하면 현장에서는 무엇을 해야 할지 난처해지기도 한다.

HR 각 기능이 연계되기 위해서는 그라운드 룰Ground Rule이 있어야 한다. HR 각 팀이 주 단위 업무 협의를 통해 일차적 교통정리가 이루어져야 한다. 또한 HR 원칙이 수립되어 갈등 상황이 발생했을 때 의사 결정 기준이 되어야 한다. 각 기능 간 업무 프로세스를 정립하여 어느 과제가 완료되면 다음 과제로 자연스럽게 넘어가야 한다. 이 핵심이 바로 평가다.

평가 체계를 명확하고 체계적으로 설계해야 한다. 평가가 공정하지 못하거나 또는 매년 제도가 바뀌어 기존 평가 결과를 신뢰하지 못하면 인사의 공정성은 확보될 수 없다. 평가 결과는 보상과 연계되어 기본급과 성과급에 직접적인 영향을 준다. "성과 있는 곳에 보상이 있다"는 말은 직장인 사이에서는 당연하게 받아들여진다. 이 성과를 측정하는 것이 평가다. 평가를 제대로 하지 못하면 내가 1년간 고생하여 얻은 성과를 도둑맞는 것과 다름없다.

평가는 육성에도 절대적이다. 최근의 육성 트렌드는 '될 사람을 엄선하여 집중하자'다. 기업에서 전 직원에 대한 평준화 교육은 오래전에 사라졌다. 특정 직무, 특정 직책에 가장 적합한 사람을 선발하여 더 질 높은 교육 과정을 운영한다. 승진과 퇴직에서도 평가는 절대적이다. 승진 포인트 제도를 운영해 승진 예정자군을 확정하고 일정 기준(승진율, 경영진의 판단 등)에 의거해 승진이 결정된다. 퇴직의 경우에도 자발적 퇴직이나 정년퇴직이 아닌 비자발적 명예퇴직의 근거는 최

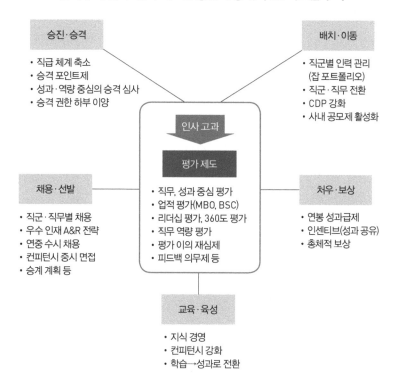

성과주의 인사: 평가 시스템 중심의 총제적 HR 시스템 구축

승진·승격
- 직급 체계 축소
- 승격 포인트제
- 성과·역량 중심의 승격 심사
- 승격 권한 하부 이양

배치·이동
- 직군별 인력 관리 (잡 포트폴리오)
- 직군·직무 전환
- CDP 강화
- 사내 공모제 활성화

인사 고과

평가 제도
- 직무, 성과 중심 평가
- 업적 평가(MBO, BSC)
- 리더십 평가, 360도 평가
- 직무 역량 평가
- 평가 이의 재심제
- 피드백 의무제 등

채용·선발
- 직군·직무별 채용
- 우수 인재 A&R 전략
- 연중 수시 채용
- 컨피턴시 중시 면접
- 승계 계획 등

처우·보상
- 연봉 성과급제
- 인센티브(성과 공유)
- 총제적 보상

교육·육성
- 지식 경영
- 컨피턴시 강화
- 학습→성과로 전환

소 3개년 평가다. 저성과자에게 무한정 관용을 베푸는 기업은 없다.

HR 기능 간 연계를 위해 고려할 점

먼저 HR 연간 캘린더를 중심으로 현업 조직장이 언제 무슨 일이 있는가를 알게 하라. 연말 경영 계획을 작성하면, HR 부서는 조직장과 팀별 차석이 모여 내년도 월별 주요 과제를 중심으로 다음 해의 HR

캘린더를 작성한다. 이 캘린더에는 시기별, HR 기능별 과제를 중심으로 언제 시작해서 언제 경영층에 보고하는지 그 일정들을 체계적으로 정리한다. 현업 조직장이 언제 무엇을 준비해야 하는가를 일목요연하게 설명할 수 있다. 필요하다면 연초에 'HR 설명회'라는 이름으로 각 본부 조직을 돌면서 그해 HR이 강조하거나 바뀐 중요한 과제에 대해 설명하면 된다. 이때는 현장 구성원에게 HR 전반에 대해 소개하고 최근 3개년 HR 지표와 전년도 평가 결과를 중심으로 얼마큼 개선되었는가를 살펴 그 조직에만 피드백해주면 된다.

연간 캘린더는 HR 조직장과 종사자에게도 일련의 체계화된 판단의 근거가 된다. 갑작스럽게 수명 교육 과정을 수행하더라도 그달의 중요 과제가 있다면, 그 조직장과 협의하여 일정을 조정하면 된다. 반대로 조정이 안 되어 모든 공문을 현업 조직장에 전달하면 혼란과 미수용에 따른 갈등을 일으킬 수도 있다.

연간 캘린더 작성 예

업무		1/4분기											
		1월				2월				3월			
		1	2	3	4	1	2	3	4	1	2	3	4
채용	인력 운영 계획	■	■	■	■		★						
	하계 인턴 제도 보고 및 선발												
	상·하반기 대졸 채용												
	채용 프로세스 개선	■	■	■	■	■	■	■	■			★	
비정규직 관리	계약직 보상 체계 검토 및 개선												
	본사 도급 운영 검토 및 개선					■	■	■	■	■	■	■	■

★는 CEO 보고 일자

HR 지표를 통한
중장기 경쟁력 관리

회사의 **조직 문화 지표 관리**

조직 문화를 담당하는 홍길동 팀장은 갑작스러운 경영전략본부장의 지시에 몹시 당황스러웠다. 지금까지 GWP~Great Work Place~를 위한 핵심 가치, 내부 개선 활동, 좋은 문화 만들기, 소통의 축으로 조직 문화를 이끌었다. 그런데 경영 지표와 같은 조직 문화 지표를 만들어 지속적으로 관리하고, 잘하는 조직과 못하는 조직을 평가하여 보고하라는 지시가 내려졌기 때문이다. 회사는 BSC~Balanced Score Card~ 평가 체계를 운영하고 있었다.

홍길동 팀장은 조직 문화를 측정할 수 있는 여러 지표를 찾아보았다. 하지만 구체적이며 지속적으로 측정할 수 있는 도전할 수준을 명확하게 정량화시킬 수 있는 지표를 찾지 못했다. 결국 홍 팀장이 선택한 것은 포괄적인 HR 관점의 지표였다.

BSC 평가 체계

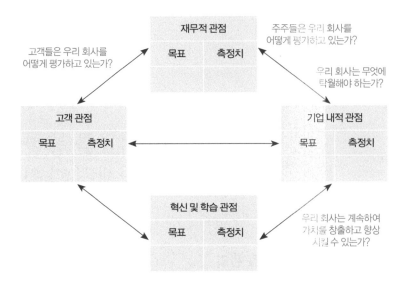

구분	목표 영역	지표
재무적 관점	• 수익성 • 성장성 • 주주의 이익	• 매출액 • 현금흐름 • 영업이익률 • EVA • M/S 등
고객 관점	• 고객의 실질적 만족 요인 – 품질, 시간, 원가, 서비스 등	• 신제품 매출 비율 • 공급자 선호도 순위 • 고객 만족도 • 적시 공급률 등
기업 내부 관점	• 경쟁 우위적 핵심 역량 및 고객 만족 을 위한 내부 활동	• 수주–출하 리드 타임 • 수율 • 단위 원가 • 특허 건수 등
혁신 및 학습 관점	• 혁신·개선 능력(장기적 능력)	• 차세대 제품 개발 기간 • 종업원 만족도 • 정보화 정도 등

HR 지표는 무엇이 있으며 **어떻게 운영할 것인가?**

HR 관련 업무를 하다 보면 종종 HR과 관련한 벤치마크 조직을 정하고 조사해 오라는 요구를 받게 된다. 이때 난감한 점이 무엇을 조사해 자사와 비교하는가이다. 특정 회사로 한정하는 것은 회사마다 고유의 조직 문화적 특성이 존재하기 때문에 곤란하다. 그리고 HR 제도 역시 각 영역과 제도별로 우수한 면과 부족한 면이 있기에 일괄적으로 파악하다가는 낭패를 보기 십상이다. 보통 HR 벤치마크 조직은 목적과 필요에 따라서 국내 동종 회사나 주요 회사 중심으로 2~3개사를 선정하고, HR 영역별 자료도 영역별 우수 조직 3개사 내외의 평균을 활용한 지표를 만들어 분석하는 것이 바람직하다. 이러한 지표는 외부 컨설팅 회사(휴이트, 타워스 왓슨, 헤이, 머서 등)나 언론사(「포춘」 등)의 조사 자료를 활용하면 된다.

HR 관점에서의 지표를 큰 틀에서 보면 다음 도표처럼 살펴볼 수 있다. 전반적인 생산성, 조직 측면, 비용 관리, 조직 구조, 리더십과 핵심 인재 관리, 채용, 교육 훈련, 보상, HR 효율성과 전문성 영역에서 회사에 맞는 세부 지표를 선정하여 가중치와 측정 방법을 구체화하고 지속해서 실천해나가는 것이 중요하다. 지표를 설정해놓고도 분기 또는 월별 모니터링과 조직별 지표 추세 관리를 하지 않아 사장되는 기업들도 많다. HR 부서가 잘 운영되는 기업의 공통점은 일관성 있게 현업과의 조화를 이루며 제도를 기획·실행한다는 점이다.

전체 생산성
- 종업원당 매출
- 영업이익, 종업원당 당기순이익
- 공헌이익, 종업원당 가치증가
- 신사업 비중(매출, 세전 이익, 당기순이익)
- 파업 일수

조직적 집중
- 조직 역량 조사 결과
- ESI 조사 결과
- 부서별 이직률
- 경영 만족도
- 핵심 가치 실천도 지수

원가 관리
- 총인건비 비율
- 총인력 비율
- 총인건비, 총운영비
- 종업원당 인건비
- 인건비당 당기순이익

교육 훈련
- 교육 만족도
- 인당 교육 시간
- 인당 교육 비용
- 교육 참가율
- 외주 비율
- 직무 순환율
- 내부 시설 활용률

보상
- 협약 인상률
- 변동급 비율
- 직접 급여 비율
- 경쟁사 대비 경쟁력
- 임금 차등률

**HR 효율
HR 전문성**
- HR 운영
- HR 1인당 구성원
- 임단협 소유 기간
- 6시그마 지수
- e-HR 사원 만족도
- 디지털화 지수
- HR 1인당 교육 일수

조직 구조
- 스태프 비율
- 직위별 인원 비율
- 평균 연령/근속
- 비정규직 비율
- 인력 교체율
- 여성 인력 비율
- 50세 이상 비율
- 경영자당 종업원 비율

리더십과 인재 관리
- 리더십 지수
- 후보자 선임률
- 핵심 인재 이직률
- 저성과자 이직률
- 내부 충원율
- 목표 대비 핵심 인재 확보율
- 핵심 인재 조직장 선임률

채용
- 해고당 비용
- 충원 시간
- 신입 사원 이직률
- 타깃 인재 유치율
- 기본 구성 성공율

사례 1 B회사의 조직 문화 혁신 지표

조직 문화 인덱스 구조

[국내 기준]

관리 항목 (70%) 인력 관리	인재 확보(10)	우수 인재 확보
	인재 육성(30)	육성 평균 점수 CB-HRD 실행률 지식 공유 인당 교육 시간 외국어 향상률
	리더십(5)	후계자 승계율
	인력 유지(10)	핵심 인재 퇴직률 사무직 퇴직률
	일과 삶의 조화(15)	재충전 휴가 이용률 지원 일수 절감률 특근 일수 절감률

개선 과제 (30%) 문화	과제 선정	• 조직 진단, 솔루션 패키지 • 개선 과제 도출 및 선정 (W/S)
	실행	• 개선 과제 수행
	평가	• 개선 활동 평가 – 발표 및 인터뷰 • 평가 결과 점수 산출

+

전사 기여도 (+10%)	• 신규 조직 우수 인력 지원 • 타 조직 인력 육성 • 저성과자 관리 등

HR 영역별 갭 분석 모델과 항목

갭 분석을 위한 **진단지는 있는가?**

사례: 우리 회사 인사 제도의 현 수준과 과제를 도출하여 개선하라

인사기획팀 홍길동 차장은 팀장의 다급한 지시에 곤혹스럽기만 하다. 회사의 인사 제도가 어느 수준인지, 제대로 운영은 되고 있는지, 무엇이 집중 과제인지를 파악하여 개선안을 보고하라고 했기 때문이다. 홍 차장은 이 업무를 어떻게 시작하여 어디부터 어떻게 접근해야 할지 막막하다. 팀에 돌아온 홍 차장은 인사기획팀 구성원에게 해결책을 요청하였다. 많은 방안들이 제시되었지만, 홍 차장이 '이것이다' 하며 공감할 내용은 없었다.

현재 제도가 합리적으로 설계되었고 현업에서 제대로 운영되는가를 구성원 인터뷰로 파악하는 데는 한계가 있다. 구성원들이 기획 단계부터 깊숙이 참여하지 않았고 HR 업무를 맡고 있는 것도 아니다. 따라서 개인 생각 범위에 제한된 이야기를 들을 수밖에 없다. 문제를 정확하게 인식하지 못할 뿐만 아니라 어느 방향으로 가야 하는지 제시할 수도 없다.

따라서 이런 문제는 진단 모델과 항목을 중심으로 체계적이고 철저한 진단이 필요하다. 이를 위해 가장 중요한 것은 진단 모델이다. 채용, 평가, 보상, 교육, 노사, 인프라, 전략, 퇴직에 이르는 HR 기능별 진단지가 있어야 한다. 진단지는 5점 척도로 만들거나 한 질문의 만점을 100점으로 하고 질문별 세부 문항의 합으로 계산하는 방법이 있다.

분석 틀

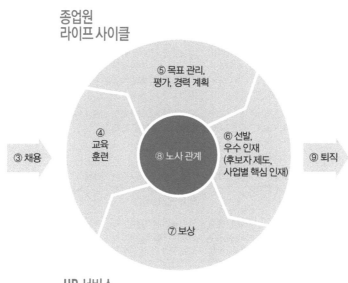

HR 전략
① HR 전략, 실행 계획, 정책 및 커뮤니케이션
② 조직 구조, 조직 개발

종업원 라이프 사이클

⑤ 목표 관리, 평가, 경력 계획

④ 교육 훈련

⑧ 노사 관계

⑥ 선발, 우수 인재 (후보자 제도, 사업별 핵심 인재)

③ 채용

⑨ 퇴직

⑦ 보상

HR 서비스
⑩ 급여 및 복리후생 운용
⑪ 자회사 및 해외 주재원 관리
⑫ 인사 기록 관리 및 인사 정보 시스템 운용

5점 척도의 방법은 쉽게 설문이나 인터뷰를 할 수는 있으나, 그 기업 구성원의 인식 수준의 정도에 따라 지나치게 관대하거나 비관적으로 나올 가능성이 있다. 질문하고 문항별 합이 100이 되게 하는 방식이 복잡하긴 하지만 원인 분석을 더 정교하게 할 수 있다는 강점이 있다.

　HR 기능별 구성원과 담당자의 현재와 미래 수준에 대한 진단이 끝나면 이를 기반으로 하여 전략적 이슈를 도출하는 과정을 진행한다.

채용 항목과 레벨 수준 양식

요소	지원자 확보 및 감별	인터뷰와 선택	제안, 피드백, 클로징, 확정	팀간 조정
레벨 1	제한된 몇 가지 자격 요건만으로 캠퍼스나 출판물에 광고함	훈련받지 않은 인터뷰어가 지원서를 기반으로 인터뷰함	응답하는 데 많은 시간이 소요됨. 즉흥적인 제안	노력이 중복됨
레벨 2	광고, 이력서, 책자와 채용 회사를 이용하는 단계	교육된 인터뷰어가 있음. 각 직위에 필요한 스킬들이 잘 정의되어 있는 단계	비인적, 정형화된 응답	대화가 없음
레벨 3	광고, 이력서, 책자와 채용 회사, 단기의 자격 요건 증명이 있는 내부 추천 등을 이용함	후보자를 평가할 적절한 경력, 경험을 가진 인터뷰팀이 있음	빠른 응답	일부 사업 단위와 지리적 지역에 따라 별도의
레벨 4	레벨 3+캠퍼스 리쿠르팅에 참가함	레벨 3+장기적인 잠재력 평가에 초점을 맞춘 추가 기준이 있음	개별화된 응답, 빠른 응답	전체적으로 조정된 전략
베스트 프랙티스	레벨 4+캠퍼스 행사 참여를 통한 타깃 리쿠르팅, 전문 협회나 동문 네트워크를 이용, 장기적 관점에서의 성공적 업무 수행을 위한 명확한 자격 요건 제시	인터뷰어는 일관된 회사 이미지를 표현함, 필요한 정보의 양과 수준에 적합한 프로세스가 존재(사례 해결, PT, 테스트 등)	즉각적이고 개별적인 응답, 결정과 상관없이 선의를 유지함, 제안 후에 계속 회사를 세일즈함	채용의 연속성으로 전사적 접근이 이뤄짐

초보

월드 클래스

직원 라이프 스타일

구분	채용
지향	• 고용 형태별 중장기 인력 운영 계획 수립 및 운용 • 전사적 관점의 일관성 유지 방향에서 조직별 특성에 맞는 채용 전략의 보유 및 실행 　– 다양한 소싱 활동(광고, 캠퍼스 리쿠르팅, 동문 네트워크, 채용 회사 등) 　– 다양한 평가 툴(사례 해결, 프레젠테이션, 검사 등) 　– 전문 인터뷰어 양성 • 채용 평가 툴의 타당성 검증 시스템 • 인재의 선 확보 시스템 구비(인재 DB 등) 및 응시자에 대한 지속적인 선의 유지(신속하고 개별화된 피드백 등)
현재 ├──┼──┼●─┼──┤	• 단기 인력 운영 계획 수립 및 운영, 비정규직 인력 운영 계획 수립 중 • 전사적 관점의 일관성을 유지하고 있으나 조직별 특성에 맞는 채용 전략 미보유 • 채용 평가 툴의 타당성 검증 시스템 미비 • 인재의 선 확보 시스템 구축 예정
전략적 이슈	• 중장기 인력 운영 계획(총액 인건비 vs 목표 인력 관리, 고용 형태별 인력 계획) • 신입 사원 채용 단위(직군별, 직무별, 조직별, 전사) • 신입 사원 채용 방법 전환(인턴제를 통한 검증된 인재 채용) • 채용 평가 툴의 타당성 검증 시스템 구축 • 비정규직 문제

한국형 HR의 방향

한국 실정에 맞는 **한국형 인사 운영이 필요**

●　　　　　　　　　　2011년부터 대기업 HR 담당 임원,
대학교수, HR 전문 기관의 박사급 인력 50여 명이 모여 '한국형인사
조직연구회'를 설립하였다. 우리나라에 맞는 우리만의 인사 제도를
찾아 전파하여 성과를 창출하자는 취지였다. 그래서 회원 회사와 국
내 강한 중견 기업을 방문하며 우리 문화에 맞는 우리만의 인사 제도
를 소개받고 있다.

　하지만 우리에게 맞는 문화를 독자적으로 설계하기란 무척 어렵다.
특히 중견 기업은 CEO가 오너일 가능성이 높다. 오너가 있는 기업일
수록 오너의 주장이 강한 편이다. CEO의 "이 교육은 정말 필요한 교
육이냐?"는 말 한마디에 교육 과정이 통째로 사라지기도 한다. 직원
한 사람이 자신에게 인사하지 않았다는 이유로 전 임직원에게 예절
교육을 하기도 한다. 이런 회사일수록 CEO와 임원 계층 간 '소통 단

절'이 심각하다.

기업은 무슨 일이 있더라도 성과를 창출해야 한다. 그것도 일회성 단기 성과가 아닌 지속적인 장기 성과를 창출해야 한다. 그러므로 소통 단절 문제를 해결하고 회사의 업의 특성과 임직원의 문화에 맞는 한국형 인사 제도와 실행해야만 한다. 한국형 인사는 크게 네 가지 방향에서 살펴볼 수 있다.

첫째, HR 전략을 중심으로 조직을 어떻게 이끄는가?

둘째, HR 영역의 제도 설계의 원칙, 기능 간의 연계, 현장에서의 실행을 어떻게 할 것인가?

셋째, 한국인의 속성을 이해하고 강·약점을 고려한 HR을 하고 있는가?

넷째, 문화의 특성은 무엇이며 버려야 할 문화, 계승·발전시켜야 할 문화, 도입해야 할 문화가 무엇인지를 알며 중장기 전략하에서 지속적으로 추진하는가?

한국형 인사의 시작은 HR 전략을 기반으로 한
조직 설계가 최우선

한국형 인사는 한국인의 심리 상태와 한국 기업의 속성을 이해하지 못하면 성과를 창출하기 어렵다. 이해하기 어려운 것 중 하나가 '신바람 문화'다. 월드컵 때의 붉은 악마처럼 한순간에 전 임직원이 한마음이 되어 똘똘 뭉친다. 특유의 '깡다구' 기질이 나타나며 믿기 어려운 실적을 낸다. 불가능하다고 생각했던 일들이 가능 그 이상으로 전개된다. 다 함께 발등의 불을 끄는 심정일까? 이와 같은 한국인만의 경이로운 특성이 있다. 이것은 서양의 합리적 경영으로는 이해할 수 없는 집단 문화다. 하지만 이 특성이 전부 긍정적 방향으로 가는 것은 아니다. 중앙대학교 심리학과 최상진 교수는 『한국인의 심리학』이라는 책에서 '한'과 '체면' 등 한국인의 독특한 의식에 대해 설명했다. 이러한 속성을 사업 전략에도 반영해야 한다.

사업 전략을 중심으로 한 HR 전략은 단기적 시각에서 설계해서는 안 된다. 중장기 사업 전략과 연계된 HR 전략을 수립해야 하고 그에 따라 조직을 설계해야 한다. 많은 기업이 확정된 기구 조직표를 중심으로 기존 조직과 인력을 가지고 조직을 개편한다. 하지만 사업 전략의 변천에 따라 조직 형태와 직무 분장 및 책임 범위가 달라져야 한다. 예를 들어 A사업이 70퍼센트, B사업이 20퍼센트, C사업이 10퍼센트인 회사가 5년 후에 A사업은 50퍼센트 이내, B사업은 40퍼센트, C사업이 10퍼센트가 된다면, 조직 개편은 이를 반영해야 한다.

회사는 A사업의 조직은 축소해나가고 B사업의 조직은 확대하는 방향으로 설계해야 한다. 그러나 회사 대부분은 사업 전략에 따른 조직 개편을 선행하지 못한다. 항상 꽁무니를 쫓는 형국이다. 이러다 보니 선행 관리가 안 된다. 해당 사업본부장이 큰 의사 결정을 하지 못하고 CEO에게 의존하게 된다.

조직은 그 회사의 제품군과 영업권을 중심으로 기능 조직이나 매트릭스 조직 등으로 다양하게 설계할 수 있다. HR 부서가 조직과 관련하여 관심을 두어야 할 사항은 크게 세 가지다.

첫째, 조직의 역할과 책임$_{R\&R}$이다. 회사의 비전과 목표를 달성하기 위해 각 조직이 어떤 역할과 책임을 수행해야 하는지를 분명하게 명시해야 한다. 둘째, 조직의 강·약점을 정확하게 파악하고 있어야 한다.

현재 수준과 미래 수준의 차이를 알고 있어야 한다. 또한 미래 수준을 따라잡기 위해서 무엇을 언제까지 어떻게 추진해나갈 것인가에 대한 로드맵을 그리고 있어야 한다. 셋째, 조직장의 역량이다. 조직을 이끌며 성과를 창출할 만큼의 리더십, 직무 지식, 품성을 갖추고 있는지를 알고 적재·적소·적임의 조직장을 인선해야 한다.

HR 제도 설계의 원칙과 기능 간의 연계, **현장에서의 실행**

한국형 인사 제도의 큰 원칙은 다음 세 가지를 심도 있게 고민하여 추진해야 한다.

첫째, 공정과 공평이다. 어느 제도는 철저히 공정의 개념에서 해야 한다. 하지만 어느 제도는 공평의 논리에서 해야 한다. 집단 인센티브와 개인 인센티브의 병합 운영이 대표적 예다. 삼성그룹은 과거 개인 인센티브 차등 폭을 매우 넓게 두었지만 갈수록 집단 인센티브 비중을 늘리고 개인 인센티브 비중을 줄이는 하이브리드 방식을 채택하고 있다.

둘째, 본사와 현장 인사의 조화다. 과거에는 본사 중심의 일방적이고 지시적인 HR 제도의 설계와 지침이 하달되었다. 하지만 현재는 현장의 의견을 수렴하고 타 부서와의 연계를 통해 HR의 방향과 전략을 수립하는 추세다. 또한 궁극적으로 실천되는 곳이 현장이기 때문에 수시로 현장 조직장과의 면담을 통해 조율해나간다. HR 부서가 수시로 현장 부서를 찾아가 의견을 듣거나 '본부 담당제' 등을 통해 현장 인사가 구현되도록 해야 한다.

셋째, 성과 중심의 제도 설계 및 운영이다. 기업에 성과가 없으면 망할 수밖에 없다. 기업이 지속적으로 성과를 내기 위해서는 구성원이 자신의 업무에서 더 적극적으로 성과를 내야 한다. 이를 위해 가장 중요한 사람이 바로 현장 관리자다. 이들이 움직이지 않으면 현장 경영의 갈 길은 요원하다. 항상 현장에 답이 있다는 생각으로 소통을 나누며 매진해야 한다.

한국인의 속성을 이해하고 강·약점을 고려한 HR

IBM, GE, P&G, 3M 등과 같은 글로벌 기업이라면 국가 특성에 맞는 현지화 전략을 통해 다양성을 추구해야 한다. 현지 관행에 맞도록 전략이나 제도를 차별화해야 한다. 예를 들어 노동조합이 강한 나라에서는 노동조합을 엄격하게 규제하기보다는 노사가 상생하는 전략을 펼치는 게 바람직하다. 실제로 글로벌 기업들은 한국에 정착하기 위해 한국인의 특성에 맞는 다양한 복리후생과 문화 제도를 도입하여 본사와는 다르게 차별적으로 운영하고 있다.

한국 기업은 국내와 해외 진출의 전략이 달라야 한다. 국내에서 생산, 마케팅, 관리를 하는 기업이라면 철저하게 토종 기업으로서 역량을 쌓아야 한다. 서구식의 완전 차별화된 성과주의식 인사 제도로는 한국인의 집단주의 강점과 폐해를 해결할 수 없다. 국내 기업 중 가장 차별화된 성과주의를 실행하는 삼성그룹도 집단과 개인의 성과를 구분하고 적정 수준의 개인차를 인정하고 있다. 성과주의에서 오는 폐해를 극복하려는 진일보한 인사 전략 수정이다. 한국인의 속성에 맞지 않는 제도를 운영하는 것은 옳지 않다. 초기 구성원이 수용할 수 있는 범위 내에서 실시하다가 적응하여 내성이 생기면 조금씩 확대해나가는 것이 더 바람직하다. 강점과 기회 요인은 철저하게 살리고 약점과 위협 요인을 줄여나가는, 길게 멀리 보는 경영이 필요하다.

문화의 이해와 **반영**

훌륭한 HR은 '문화'를 제대로 이해한다. 문화의 특성은 무엇인지, 버려야 할 문화는 무엇인지, 도입해야 할 문화가 무엇인가를 알아야 한다. 그리고 이를 중장기 전략하에서 추진해야 한다.

그 시대의 상황에 맞는 의사 결정, 그 시대의 중심이 되는 제품 경쟁력, 고객들의 생각을 선점하는 기업이 곧 승자다. 이런 경쟁력을 가지려면 조직 문화가 바탕이 되어야 한다. LG유플러스 이상철 부회장은 한 회사의 위기는 화장실을 가보면 알 수 있다고 했다. 직원들이 사용하는 화장실이 더러우면 직원들 마음이 회사에서 떠났음을 알 수 있다고 한다. 애사심은 조그만 일에서 묻어난다.

선배에 의해 후배가 육성되는 좋은 문화가 계승 발전되어야 한다. '한다고 했으면 반드시 마무리하는' 끈기가 있어야 한다. 더 큰 목표를 향해 과정 하나하나도 세심하게 배려해야 한다. 반대로 핑계를 대거나 실수를 연거푸 하며 의욕도 없는 직원들의 공통점은 무기력이다. 누군가가 구해줄 것이라는 생각에서 기다릴 뿐이다. 이런 문화는 빨리 개선해야 한다.

아울러 더욱 빠르게 직원들의 마음속에 열정을 불러일으켜 줄 비전, 미션, 원칙, 직장 이미지EVP: Employee Value Proposition 등을 만들어 심적이나 물적인 갈등 상황이 일어나지 않고 전 구성원이 한 방향을 향할 수 있도록 노력해야 한다.

2장

채용

우리는 적합한 인재를 뽑고 있는가

최고의 경영자들은 인재 채용과 육
성을 강조한다는 공통점이 있다. 그 이유는 무엇일까? 이 질문에 대한
대답은 글로벌 컨설팅 전문 기업 액센츄어의 빌 그린 회장의 한마디에
서 찾을 수 있다.

"최고 기업의 서비스는 베껴도 인재는 베낄 수 없다."

우리 회사는 최고의 인재를 최적의 시점에 채용하여 최선의 배치
를 하고 있는가? 우리 회사의 채용 경쟁력은 무엇인가?

최고경영자의 **질문**

뛰어난 인재를 뽑고 싶어 하는 CEO의 마음은 간절하다. 그 심정이
채용 과정에 녹아들어야 한다. 최근 대기업 채용 경쟁률은 매우 높다.
채용 인원 대비 입사 지원자는 1:300이 훨씬 넘는다. 지원자들의 스
펙을 보면, 면접관조차 '내가 지금 자격으로 입사 지원서를 낸다면 합

격할 수 있을까?' 하는 생각이 들게 할 정도로 화려하다.

서류 전형과 인·적성검사를 거쳐 면접까지 올라온 지원자들은 모의 면접 스터디로 단련되어 어떠한 상황에서도 당황하지 않고 자신감 넘치게 면접에 응한다. 면접관이 옥석을 가리기는 갈수록 어려워진다. 인원이 많고 면접 프로세스가 다양해지다 보니 채용 담당자도 제반 준비와 진행에 치이게 된다. 이런 과정에서 회사에 적합한 인재를 뽑는 것은 자연스럽게 면접관의 몫이 되어버린다. 이렇듯 업무에서 벗어나지 못하는 채용 담당자인 당신에게 CEO가 아래와 같이 질문하면 어떻게 대답하겠는가?

- 우리 회사에 어떤 인재가 채용되어야 하는가?
- 채용 담당자로서 당신의 역할은 무엇인가?
- 채용 규모는 어떻게 결정하며, 왜 이 시점에 신입 사원을 뽑아야 하는가?
- 인재 선발 프로세스는 원하는 인재를 선발하고 있는가?
- 선발된 인재가 적합한 인재였다고 설명할 방법은 무엇인가?

당신은 이러한 질문에 자신 있게 대답해야 한다. '내가 미래 우리 회사의 최고경영자를 뽑는다. 내가 내 회사에 맞는 가족을 뽑는다'는 마음으로 채용 전략과 업무 프로세스를 정립하고 면접관을 육성해야 한다. 인사 부서만의 업무가 아닌 현업과의 협업으로 처음부터 함께 준비하고 진행해야 한다. 회사가 채용 경쟁력을 갖추기 위한 필수 조건은 다음 여섯 가지로 살펴볼 수 있다.

첫째, 회사의 인재상과 핵심 가치에 부합하는 인재를 채용하는가?

둘째, 채용 프로세스는 체계적이며 실제적으로 추진되는가?

셋째, 핵심 역량에 기반을 둔 구조화된 면접이 이루어지는가?

넷째, 면접관 선발과 준비는 철저히 점검되고 운영되는가?

다섯째, 최고경영자는 채용 단계에 어느 정도 관심을 두고 참여하는가?

여섯째, 채용 전반을 지원하는 전산 프로그램은 구축되어 있는가?

회사의 인재상과 핵심 가치에 부합하는 **인재를 채용하는가?**

인재를 채용하기에 앞서 우리 회사가 어떤 인재를 원하는지를 알아야 한다. 무턱대고 '스펙이 좋은 사람'을 원한다면 국내 3개 대학의 우수학과 졸업생만 뽑으면 된다. 그 대신 신입 사원이 조직에 부적응하고 적성에 맞지 않는 직무로 힘들어하는 결과를 각오해야 한다. 스펙만 본다면 처음부터 회사에 맞지 않는 인재가 입사할 가능성이 높다. 그러므로 채용의 기본에서 출발해야 한다. 우리 회사에 필요한 '인재상'을 정립하고 내부 구성원에게 내재화하며 그에 맞춰 채용이 진행되는 것이 바람직하다.

GS칼텍스의 인재상은 "조직 가치를 바탕으로 전략적 사고와 실행을 통해 탁월한 성과를 창출하는 사람"이다. 회사는 이 회사는 '신뢰, 유연, 도전, 탁월'의 조직 가치를 지니고 있다. 서류 전형을 통과한 전원에게 '조직 가치 부합도' 평가를 실시한다. 이를 통해 필요한 인재를 선발한다.

채용 프로세스는 체계적이며 실제적으로 추진되는가?

통상적인 채용 프로세스는 다음과 같다.

서류 심사 → 인·적성 검사 → 1차 면접 → 2차 면접 → 신체 검사 → 최종 합격자 통보

삼성그룹은 인력관리위원회를 통해 면접관 선정, 대상자 관리, 면접 운영, 최종 합격자 통보 등을 체계적으로 한다고 정평이 나 있다. 이런 회사에서 시행하는 면접에 가면 담당자의 일사불란함에 지원자가 긴장하게 된다고 한다. 비록 떨어지더라도 자신의 귀책 사유라 생각하며 다시 도전하고 싶어 한다. 반면 프로세스별 연결이 매끄럽지 않거나 검사와 면접에서 엄격함 속의 배려가 느껴지지 않으면 자신의 지원에 의문을 품을 수도 있다.

채용 담당자와 면접관 입장에서는 하나의 행사지만 지원자에게는 자신의 인생을 건 순간이다. 그러므로 채용 프로세스가 정교하게 정립되고 한 치의 오차 없이 매끄럽게 진행되어야 회사에 적합한 인재를 뽑을 수 있다. 채용 담당자의 열정과 정성이 지원자에게 전해져야 한다.

핵심 역량에 기반한 구조화된 면접이 이루어지는가?

채용에서 면접은 지원자의 거짓 정보를 판별하고 지원자의 자질과 인품을 판단하는 등 기업이 원하는 인재를 직접 본다는 차원에서 갈수록 중요성이 커지고 있다. 면접은 크게 세 가지로 나뉜다.

집단 면접 평가표 예시

문제 상황 (예시)	집단 주제 토론의 주제 '우리 기업의 소통 문화'에 대하여 20분간 토론하고 5분간 토의 결과를 발표하십시오								
평가 항목	평가 포인트	가중치	평가 단계	평가 점수					특이 사항
				S	A	B	C	D	
업무 조정 및 협상력	• 적절한 대목에서 다음 단계로 토론을 진행시키는가? • 자신과 다른 관점을 가질 수 있다는 것을 인정하는가? • 타인의 의견을 종합하여 합리적으로 결론을 이끌어내는가? • 제한된 시간에 결론을 도출하기 위해 효과적인 자원을 배분하는가?		아주 좋음						
			좋음						
			보통						
			나쁘지않음						
			나쁨						
커뮤니케이션 능력	• 자신의 의견을 논리적으로 타인에게 전달하여 관철하는가? • 타인의 비논리적인 의견도 핵심을 파악하여 이해하고 공유하는가? • 토의 중 충돌이 발생할 경우 그 상황을 잘 해결하는가? • 토의가 중단하지 않도록 적절한 의견을 제시하는가?		아주 좋음						
			좋음						
			보통						
			나쁘지않음						
			나쁨						

첫째, 기본 인성을 평가하는 개별 면접

둘째, 의사소통 능력과 조정력을 평가하는 집단 토론

셋째, 문제 해결력과 기획력을 평가하는 프레젠테이션 면접

중요한 것은 이러한 면접 과정 중에 무엇을 물어보고 평가하느냐다. 기본 인성은 공통 역량, 집단 토론은 리더십 역량, 프레젠테이션 면접은 직무 역량으로 구분하여 질문과 체크리스트를 사전에 마련하여 평가에 활용해야 한다. 또한 일반적인 면접이 아니라 자신의 회사에 최적화된 맞춤형 면접이 되도록 사전에 구조화해야 한다.

면접관 선발과 준비는 **철저히 점검되고 운영되는가?**

면접 장소에 참여한 면접관이 일반적인 질문이나 중복된 질문을 하거나 입사 지원서도 읽지 않은 듯한 인상을 준다면 어떨까? 지원자의 실망도 크겠지만, 회사의 이미지에도 나쁜 영향을 주게 된다.

삼성에서는 자신이 면접관으로 선정되면 이것을 큰 명예라고 생각한다. 그러나 대부분 회사에서는 면접을 요청하면 "바쁘다.""내가 왜?"라고 하며 거절한다. 심지어는 "인사에서 알아서 하고 사람만 보내달라"고 말하기까지 한다.

채용에서 면접관의 영향력은 지대하다. 적합한 인재를 선발하기 위해서는 평가하는 면접관이 최고여야 한다. 이들은 회사를 대표하는 얼굴이기에 마음가짐과 자세가 남달라야 한다. 면접관들이 회사에 꼭 필요한 인재를 객관적이고 공정하게 평가하고 뽑기 위해서는 사전 교육이 철저히 진행되어야 한다.

철저하고 명확한 기준에 따라 면접관을 선발하고 선정된 면접관에게 자세와 기법에 대한 교육을 시행한다. 그리고 실습을 통해 이수 여부를 엄격하게 관리해야 한다. 면접관 교육을 이수하면 임명장을 주어 자부심을 높여주는 것도 좋다. 아무나 면접관이 될 수 없다는 인식을 사내에 깊게 각인시켜야 한다.

최고경영자는 채용 단계에 **어느 정도 관심을 두고 참여하는가?**

CEO가 아무리 바빠도 채용 최종 면접에 반드시 참석하는 회사와 채용은 인사 부서의 업무라 여기고 한 번도 참석하지 않는 회사는 어떤 차이가 있겠는가? 어느 한 지원자는 최종 면접에서 그가 그토록 그리던 최고경영자를 만났다며 기뻐했다. 그는 비록 떨어졌지만, 그 회사를 칭찬한다. 대중매체에서나 볼 수 있었던 CEO를 직접 보며 그 회사가 얼마나 인재를 소중히 여기는지 알리는 효과도 창출한다.

CEO 입장에서는 '내 회사의 가족을 내 손으로 뽑겠다'는 의지를 표명한 셈이다. 직원들도 CEO가 채용에 직접 참여하여 선발하는 것에 큰 가치를 두며 자랑스러워 한다. 물론 당신이 채용 담당자라면 CEO가 참석하면 일정도 조정하고 의전도 해야 하는 등 여러 어려움을 감수해야 할 것이다. 그러나 채용 규모를 산정할 때, 면접관 임명식 때, 그리고 최종 면접에는 반드시 최고경영자가 참여하도록 제도화하는 게 바람직하다.

채용 전반을 지원하는 전산 프로그램은 구축되어 있는가?

몇 년 전만 해도 채용 시즌이 되면 채용 담당자는 항상 야근이었다. 입사 지원서를 복사하는 일만 해도 엄청난 노력과 시간이 소요되었다. 그러나 지금은 면접관에게 전달되는 입사 지원서는 종이가 아닌 경우가 대부분이다.

면접관이 노트북 PC로 사내 인트라넷 채용 사이트에 들어가면 자신이 면접할 대상자의 입사 지원서뿐만 아니라 면접 질문, 체크리스트, 평가 양식 등이 채용 프로세스별로 체계적으로 구축되어 있다. 면접관은 면접 시 노트북 PC만 들고 들어간다. 자신의 평가와 관찰 사항을 해당란에 입력만 하면 된다. 입사 지원서부터 인·적성검사, 면접, 평가 집계, 대상자 분류, 합격·불합격 통보 등 모든 업무가 전산 프로그램으로 이루어진다.

채용은 타이밍 업무다. 조금만 늦으면 우수한 인재가 경쟁사 또는 타사로 가게 된다. 최대 효율을 꾀하기 위해서 채용 전반을 전산화하는 작업은 비용이 아닌 투자로 보아야 한다.

적합한 인재를 선발하는 최고의 공신은 채용 담당자다. 채용 담당자가 자신의 일에 사명 의식을 갖고 불타야 한다. 30년 전 군대에 복무할 때의 일이다. 한 회사의 채용 담당자가 확보한 인력에게 어렵게 전화하며 격려해주고 제대하는 날 찾아와 축하해주는 모습을 보았다. 이렇듯 한 사람의 인재를 선발하기 위해 채용 담당자가 영혼을 쏟는 몰입을 할 때 채용에 참여하는 면접관 등 모든 사람이 집념에 불타게 된다.

02

취업 키워드

직장을 구하는 사람은 자신의 역량을 더 잘 보이기 위해 소위 스펙 쌓기에 열중이다. 그러나 정작 그회사가 자신을 채용하는 이유에 대한 고민은 얕다. 스펙보다 더 중요한 포인트는 회사가 나를 뽑지 않으면 안 되게끔 이끄는 방법이다.

뛰어난 인재를 뽑고 싶어하는 마음이 간절한 것은 모든 회사가 같다. 당신이 입사 지원자라고 가정해보자. 면접관이 만약 다음과 같은 질문을 하면 어떻게 대답할 것인가?

- 회사가 필요로 하는 인재는 어떤 사람인가?
- 회사에서 당신의 역할은 무엇인가?
- 왜 당신을 뽑아야 하는가?
- 당신이 적합한 인재라고 어떻게 설명하겠는가?

최근 몇 년 동안 전국 대학생들을 대상으로 취업 특강을 하면서 느긴 점이 하나 있다. 취업 준비가 너무나 막연하다는 것이다. 예를 들어 여름 방학을 이용하여 친구 2명과 3박 4일 중국 여행을 간다고 해보자. 그럼 이를 위해 어느 정도의 시간을 들여 준비하겠는가? 아무리 못해도 2일 이상의 시간이 필요할 것이다.

그런데 자신의 인생에 큰 영향을 주는 기업과 직무를 선택하는 중요한 과정을 소홀히 하는 대학생들이 뜻밖에 많다. 막연히 '입사하면 좋고' 하는 식으로는 계획과 준비가 부족하다. 대학교 3학년이 되어서도 자신이 무엇을 하고 싶은지 결정하지 못했다고 말하는 학생이 있다. 상황이 이렇다 보니, 어느 기업에 가고 싶은지 물어볼 수도 없다. 그들에게는 절박감과 악착이 없다. 취업 설명회가 열린다니까 아쉽고 궁금해서 참석해본 수준이다. 설령 그들이 강한 자극을 받았다 해도 뭔가 지속할 것이라는 믿음이 생기지 않는다. 취업을 준비하는 대학생들이 이래서는 곤란하다. 그래서 내가 현장을 돌면서 느낀 취업 키워드를 일곱 가지로 정리해보았다.

키워드 1. 먼저 자기 내면이 원하는 평생의 직업을 찾아라

아직도 일류 직장을 찾아 일단 합격하고 보자는 식으로 도전하는 젊은이를 수없이 볼 수 있다. 입사하여 2년 이내에 심각한 고민에 빠지고 결국은 세월이 지나 이러지도 저러지도 못하는 것을 보면서 안타까움이 많이 생긴다. 자신의 적성과 성격에 맞는 즐거운 직업이 우선이다.

키워드 2. 갈 곳과 할 일이 정해졌으면 적극성을 보여라

원하는 곳과 하고 싶은 일이 정해졌다면, 그곳을 방문해라. 인턴이나 아르바이트도 좋다. 그 회사에 종사하는 분을 소개받아 멘토링을 받아도 된다. 그도 아니라면 그 회사에 관심을 두고 스크랩이라도 해야 한다. 내가 만난 사람 중 가장 적극적인 지원자는 면접 자리에서 회사와 자신의 부서가 적힌 명함을 가지고 인사한 학생이었다. 이는 자신감의 표현이라기보다는 내가 이 회사를 이만큼 좋아한다는 의지를 보여주는 것이다.

키워드 3. 혼자가 아닌 여럿이 준비하라

혼자는 한계가 있다. 타 대학 학생들과 가고 싶은 회사 취업 동아리를 만들어 정보도 얻고 모의 면접 등을 해봐야 한다. 가능하다면 그 회사에 근무하시는 분을 초청하여 채용 프로세스, 취업 요령, 조직 문화 등에 대해 듣는 것도 좋은 방법이다.

키워드 4. 면접의 달인이 되어라

기업은 개별 면접, 집단 토론, 프레젠테이션 면접 등 면접 유형을 활용하여 자기 기업 특성에 적합한 맞춤형 면접을 진행하기 위해 질문과 체크리스트를 만들어 사전에 철저히 준비한다. 입사 지원자는 이런 기업 면접의 성격을 꿰뚫고 정통한 달인이 되어야 한다.

키워드 5. 자신을 차별화시켜라

판에 박힌 듯한 자기소개서, 다 똑같은 스펙, 면접에서 보여주는 똑같은 행동으로는 절대 300:1의 장벽을 넘을 수 없다. 자신만의 강점을 중심으로 하나하나 차별화해야 한다.

키워드 6. 중장기 경력 계획을 갖고 임해라

입사만을 준비하지 말고, 그 회사에서 자신의 꿈을 설계하고 구체적인 성장 로드맵을 갖고 면접에 임해야 한다. 언제까지 최고경영자가 되기 위해 이러 이러한 단계로 자신을 이끌겠다는 꿈이 있는 사람의 두 눈은 빛난다.

키워드 7. 합격한다는 확신을 가져라

최선의 준비를 했다면, 나를 뽑지 않으면 이 회사는 뛰어난 인재를 잃는다는 생각으로 임해라. 확신에 찬 사람의 표정과 말은 확실히 다르다. 어느 회사든 이런 자신감이 넘치는 신입 사원을 원한다.

인력 계획과 적정 인원 산정

●   "기업은 곧 사람이다"라는 말은 아무리 강조해도 지나치지 않다. 그러나 정작 이 중요한 '사람'에 대해 잘 짜인 인력 운영 체계를 수립한 기업이 많지 않다. 매년 엄격한 심사 기준을 갖고 세운 인력 운영 계획을 토대로 인재를 채용하여 육성하고 체계적으로 성장켜야 한다. 그런데 대부분은 단기적 관점에서 당해 연도의 인력 수급 현황만 파악하고 채용을 감행한다.

상황이 이렇다 보니, 어렵게 채용한 인재가 자신이 원하지 않는 부서에 배치되는 경우도 있고 지금 당장 인원이 필요한데 1년을 기다려야 하는 상황도 발생한다. 3~5년의 중장기 전망을 살피지 않고 채용 전략을 가져가다 보니 생기는 문제다. 어느 해는 너무 많은 인력을 채용하거나 어느 해는 인력을 채용하지 않아 10년이 지난 후에 문제가 되는 경우가 발생한다.

적정 인원 산정도 마찬가지다. 사업 방향에 따른 중장기 인력 운영 차원에서 산정해야 한다. 그런데 그때그때 사업 환경에 따라 비체계적으로 인력을 운영하다 보니, 사업이 조금이라도 어려워지면 감원을 통한 인건비 절감에 초점을 둔다. 그러다 사업이 활성화되면 급히 많은 인력을 채용하여 운영하다 보니 적정 수준의 인력 운영 안이라는 것이 유명무실하다.

우리 회사는 현재 인력이 적정 수준인가? 최고의 인재를 최적의 시점에 채용하여 최선의 배치를 하고 있는가? 우리 회사의 인력 운영의 경쟁력은 무엇인가? 이것들은 최고경영자가 항상 가지는 의문이다. 인력 계획과 적정 인력 산정을 위한 필수 조건은 다음과 같이 정리할 수 있다.

첫째, 중장기 사업 환경과 연계된 중장기 인력 운영 계획

둘째, 인력 운영 모델에 의한 중장기 조직 및 인력 산정

셋째, 중장기 인력 운영하의 당해 연도 적정 인원 및 인력 운영 계획

넷째, 인력 운영 계획에 따른 채용 프로세스

다섯째, 채용 인력의 배치 기준 수립 및 운영

여섯째, 여유 인력의 활용 방안

일곱째, 인력 운영 계획 수립 및 운영에 대한 구성원 커뮤니케이션 전략

중장기 사업 환경과 연계된 중장기 인력 운영 계획

채용 전략은 회사의 사업 전략과 연계되어야 한다. 현업 부서에서 사람이 필요하다고 해서 무턱대고 채용부터 하는 회사는 없다. 물론 본부장이 책임 경영을 하며 총액 인건비 범위에서 인력 운영을 하는 상황이라면 이야기가 다르다. 하지만 본부장의 자율적인 인력 운영은

여러 측면에서 현실적 시행이 어렵다. 따라서 기업들 대부분은 중장기 인력 운영 계획에 따라 그해 채용 규모를 결정하고 관련 업무를 추진한다.

이런 중장기 인력 운영 계획은 회사의 사업 계획에 따라 수립해야한다. 만약 앞으로 5년 후 현 매출액 2배를 달성하겠다는 사업 목표라면 이것을 달성하기 위한 사업 구조 변화를 모색하고 필요 직무 역량을 분석할 필요가 있다. 어떤 역량을 갖춘 인재를 어떤 시점에 얼마나채용할 것인지 구체적인 로드맵을 수립하여야 한다. 그리고 이 로드맵은 회사 재정 상황 등을 고려해야 한다.

중장기 인력 운영 계획을 수립할 때는 먼저 본부별로 현재 인력, 목표 연도의 인력, 증감되는 이유, 올해 인력 규모와 상세 내역 등을 취합

HR 프로세스 플로우

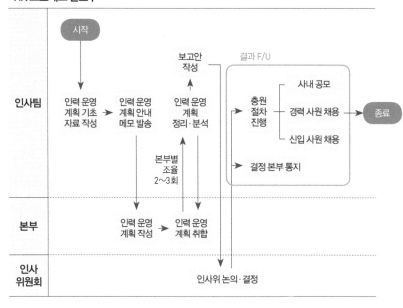

한다. 이후 전사 인력 운영 계획을 작성하고 이것을 바탕으로 CEO가 참석하는 인사위원회에서 결정하는 게 바람직하다.

당해 연도 적정 인원 및 **인력 운영 계획**

CEO로부터 핵심 인력을 뽑아 사업 경쟁력을 확보하라는 지시를 받고 외부에서 좋은 스펙을 보유한 인력만을 뽑았다가 조직과 구성원에게 큰 부담을 준 사례를 본 적이 있다. 이런 일을 방지하기 위해서는 중장기 인력 운영 계획에 필요한 사업, 원하는 스펙, 필요 인력 수와 필요 인력을 뽑는 시기 등을 명확하게 명시해야 한다.

특히 핵심 인력은 외부 헤드헌팅 업체에 의뢰하여 채용하는 방법과 내부 전문가 집단의 적극적인 구인 활동을 통해 채용하는 방법이 있다. 중장기 인력 운영 계획하에 당해 연도 적정 인원과 인력 운영 계획의 산정은 다음과 같은 방식으로 진행할 수 있다.

- 본부 중장기 인력 계획하의 당해 연도 현 인원 통보 및 연말 인원 작성 요청
- 본부별 증원 가이드라인 제시(결원 충원, 해외 사업 파견 관련 증원, 설비 증설 관련 증원, 아웃플로어)를 전제로 가능한 한 증원을 적게 하되, 기타 업무 증가에 따른 증원 등은 원칙적으로 불가하다.
- 본부별 당해 연도 인력 계획에 대한 논의(인사 위원회를 통해 당해 연도 목표 인원, 현재 인원, 증원 및 감원 인원 규모 결정, 당해 연도 말 인원에 대한 본부별 취합 자료를 중심으로 논의한다.)

인력 운영 계획에 따른 **채용 프로세스**

채용 프로세스는 인력 운영과 동일 선상에서 검토되어야 할 과제다. 인력 증감 사유가 발생하면 증가에 따른 적합한 인재가 적합한 시기에 적합한 곳으로 배치될 수 있도록 채용 프로세스를 추진해야 한다. 따라서 당해 연도 인력 계획은 매년 2월 안에 결정해 상·하반기 채용 또는 경력 사원 채용으로 이어지도록 한다. 이때 현업의 인력 증가 인원에 대해서는 현업에서 필요로 하는 인력의 구체적 스펙을 인사 부서에 제시해야 한다. 경력 사원의 경우, 현업과 인사 부서가 공동으로 인력 채용을 추진하는 것이 더 효율적이다.

채용 인력의 배치 기준 **수립과 운영**

인사 부서의 채용 인력 배치 기준도 현업의 인력 운영에 큰 영향을 미친다. 신입 사원은 보통 현장 체험이 중요하다는 경영층의 판단하에 현장 체험 교육이 길게는 1년 정도 이루어진다. 조직장 입장에서는 당장 사람이 필요하여 요청하지만, 선발 과정을 거쳐 요청 인원이 최종 부서에 배치되기까지는 1년 6개월 이상 소요되는 곳도 있다. 회사는 신입 사원 채용을 원칙으로 정했지만, 현업 조직장이 신입 사원 채용보다는 경력 사원 채용을 희망하는 것은 이런 이유 때문이다.

직무별 채용이 이루어지지 않고 직군별 채용이 이루어지는 경우도 마찬가지이다. 직군별로 뽑다 보니 선발된 신입 사원들이 직군 내 기획 또는 전략 부서만 희망하고 현장 부서를 꺼리는 경향이 있다. 배치 면담을 통해 기획이나 전략 부서로 가지 못한 신입 사원들이 현장 부서에 배치되면 바로 이직하는 일도 있다. 현장 조직장 입장에서는 인원 충원이 가장 힘든 일이 되기도 한다. 그렇다 보니 현장 부서의 기존 구성원이 경력 개발을 위해 다른 부서로 이동을 신청해도 조직장이 승인하지 못하는 일이 발생한다.

인력 운영 계획 및 운영에 대한 **구성원 커뮤니케이션**

인력 운영 계획 수립 및 운영에 대한 인사 부서의 구성원 커뮤니케이션 전략은 매우 중요하다. 인력 산정, 적정 인원 산정 원칙과 기준, 프로세스에 대해 현업 조직장과 합의하고 소통하는 일은 인사 신뢰의 기본이다.

인력 운영 계획 없이 채용이 이루어지면 조직 안에서 비공식적인 위계가 생긴다. 즉 조직장의 영향력에 따라 비공식적인 위계가 결정되고 운영되는 폐단을 낳는다. 아웃플로어의 경우 그 폐단은 더욱 심각하다. 채용을 실시할 수밖에 없는 이유가 명확해야 한다. 또한 실시에 따른 절차가 투명하지 않으면 소송 등으로 회사가 몸살을 앓게 된다.

인사 부서는 중장기 인력 운영 계획을 사업 전략과 연계하여 현업 중심으로 이루어지도록 수립해야 한다. 물론 총액 인건비 관리는 인사 부서가 총괄하여 운영하는 것이 옳다. 인력 계획과 적정 인원 산정 역시 현업 조직장에게 원칙과 프로세스를 명확하게 제시하여 시기를 놓치거나 소외되지 않도록 지원해야 한다.

04

채용 후 신입 사원들의 정착

왜 신입 사원의 정착이 중요한가

1970~1980년대 초까지 젊은이들은 '입사만 하면 좋겠다'라고 생각하곤 했다. 그 시절에는 대학을 졸업하고 군대를 다녀왔으면 부모의 곁을 떠나 한 명의 사회인으로 독립해야 한다는 인식이 지배적이었다. 가족은 남편이 부양해야 하며 아내가 직장에 다니는 것을 그리 곱게 보지는 않았다.

세월이 흘러 지금은 몹시 풍요로워졌다. 아르바이트하며 학비를 벌던 시절에서 대부분 부모에 의존하는 식으로 대학 생활도 변했다. 신입 사원들의 기본적인 역량 역시 30~40년 전과는 비교가 되지 않는다. 30년 전에는 모든 품의서를 손으로 작성해야 했다. 글씨가 예쁘지 않은 사원은 죽을 맛이었다. 지금은 IT 스킬, 어학 능력, 사회 활동, 해외 여행, 취미에 이르기까지 어느 하나 모자람 없이 갖추었다. 취업에 대한 의식도 많이 달라졌다. 어느 회사인가도 중요하지만, 자신이 하고 싶은 직무를 해야 한다는 의식도 강하다. 요즘 젊은이들은 자녀 수가 적은 가정에서 집안의 귀여움을 독차지하며 자랐다. 이러다 보니 자신의 수준에 맞지 않는 회사는 다닐 수 없다고 생각한다. 한마디로 절실함이 부족하다.

한국경영자총협회의 보고서(2012년 11월)에 따르면, 대기업 입사 포기율은 6.2퍼센트, 1년 내 조기 퇴직률은 8.6퍼센트이다. 중소기업은 심각한 수준이다. 입사 포기율은 25.1퍼센트이고 1년 내 조기 퇴직률은 무려 30.6퍼센트에 이른다. 퇴직 이유는 조직 및 직무 적응 실패(43.1퍼센트), 급여 및 복리후생 불만(23.4퍼센트), 근무지와 근무 환경 불만(14.2퍼센트)이다. 입사한 기업에 뼈를 묻는 각오로 일했던 아버지 세대와는 판이한 양상을 보인다.

30년 전에는 외출은 물론 통화조차 안 되는 23박 24일간의 입문 교육에서 이탈하는 사원은 한 명도 없었다. 지금은 기간도 단축되고 매주 금요일 귀가하여 일요일 저녁에 복귀하는데도 통제받기 싫고 힘들다는 이유로 퇴직하는 사원들이 있다고 한다.

신입 사원들의 인식 속에는 내 역량이면 어디든지 갈 수 있다는 자부심이 강하다. 회사에 대한 로열티가 회사의 경영진이 생각하는 것에 비해 많이 떨어진다. 절실하지 않기에 언제든 떠날 수 있다고 생각한다. 이들이 1년 이내에 퇴직하면 회사와 개인 모두에게 손실이다.

'신입 사원이 미래의 경영자'라는 철학과 방향이 있는가?

A회사에 근무했을 때의 일이다. 신입 사원 교육이 5주에 걸쳐 진행되었다. 교육은 오전 9시에 시작하여 오후 6시에 끝났다. 교육이 끝나

면 회사 선배들이 신입 사원을 데리고 저녁을 함께하거나 신입 사원 끼리 삼삼오오 무리를 지어 자연스럽게 소주 한 잔을 했다. 시간이 지나 친숙해지자 9시 교육에 늦는 사람이 나타났다. 입문 교육 프로그램에는 예절 교과목이 없었다. 이들은 선배나 회사를 방문한 그 누구에게도 인사를 하지 않았다. 신입 사원이라는 명찰도 없고 복장도 자유롭다 보니 신입 사원이 기존 사원이라고 해도 어색하지 않을 수준이었다. 나는 이것을 보고 관리자가 되어 네 가지를 바꿨다.

첫째, 5주의 집합 교육을 합숙 교육으로 하고 교육 장소로 산속의 독립된 연수원을 택했다. 둘째, 외모를 통한 변화도 이끌었다. 산속이라 신입 사원밖에 없었지만, 교육 기간 내내 정장을 입게 하였다. 주말에 나가 1주일 입어야 할 옷과 속옷 등 개인 필수품을 준비하도록 했다. 셋째, 기업의 역할, 직장인의 자세, 직장 예절 교육을 포함하여 기본부터 가르쳤다. 넷째, 가장 열정에 불타는 핵심 인재를 교육 담당자로 선정하여, 5주간 함께 합숙하며 상담과 진행을 담당하게 하였다.

무슨 변화가 일어났겠는가? 이들이 5주의 입문 교육을 거쳐 현업에 배치된 후 현업 조직장들의 반응이 달라졌다. "이번 신입 사원들은 다르네." "신입 사원답다"란 칭찬의 말들이 이어졌다. 5주의 시간은 기존 직원을 변화시키기에 넉넉한 시간이 아니다. 그러나 신입 사원을 변화시키기에는 충분한 시간이다. 신입 사원 입문 교육은 백지에 그림을 그리는 매우 중요한 시기이기 때문이다.

어떻게 하면 신입사원이 회사에 애착을 품고 정착할까?

댐이 붕괴되거나 어떤 문제가 발생했을 때 앞단에서 막아야지 뒷단에서 막기는 매우 어렵다. 신입 사원이 회사에 애착을 품고 정착하기 위해서는 채용 단계부터 올바른 인재가 선발되어야 하며 관심을 갖고 이들을 제대로 육성해야 한다. 이를 위해 세 가지가 꼭 필요하다.

첫째, 올바른 인재 채용을 위한 회사의 인재상과 그 선발 기준에 부합하는 채용 절차가 존재해야 한다. 내가 근무하는 KT&G의 인재상은 "끊임없이 도전하는 인재" "성과를 내기 위해 노력하는 인재" "상호 협력하는 인재"다. 이러한 인재상이 바탕이 되어 인재를 선발할 때부터 선발의 기준이 지켜져야 한다. 회사의 인재는 어떤 역량과 자질을 보유해야 하는가? 직무 지식을 우선할 것인가? 아니면 기본 행동 능력을 우선할 것인가? 선발의 기준을 명확히 하여 채용부터 원하는 인재가 입사하도록 만들어야 한다.

둘째, 10년 후에 신입 사원들이 어떤 인재가 되어야 하는가에 대한 비전을 키워줘야 한다. 이를 위해서는 중장기 교육 계획과 개인별 경력 개발 계획이 수립되어야 한다. 어느 부서에 들어가더라도 경영자가 되기 위해 밟아야 할 경력 경로Carrer Path가 있다면 자연스럽게 목표가 생기고 동기 부여가 될 것이다.

셋째, 회사의 인재 육성 단계와 조기 전력화 방향이 잘 연계되어 실행되어야 한다. 인재 육성의 단계는 양성 단계-전문성 심화 단계-전문성 활용 단계의 전문가 경로와 관리자를 거쳐 경영자로 양성되는 경영자 경로가 있다. 조기 전력화에서부터 명확히 인식시키고 그 기초를 닦도록 해야 한다.

기업 사례: KT&G

KT&G는 매우 안정적이고 근무 환경이 좋아 중도 퇴직이 없기로 정평이 난 회사다. 그럼에도 2010년 입사한 신입 사원의 1년 이내 조기 퇴직률이 16.3퍼센트까지 솟은 적이 있다. 그래서 회사는 다양한 노력을 펼쳤다. 신입 사원 채용 프로세스를 정립하고 입문 교육을 강화하면서 조직 전력화의 중요성을 부각시켰다. 그리고 지도 선배 제도를 도입하고 집중적인 교육 프로그램 운영, 회사 비전과 핵심 가치를 내재화하는 교육 등을 진행했다. 그 결과 신입 사원 퇴직률을 1.5퍼센트로 낮출 수 있었다.

비결 1. 올바른 인재를 뽑기 위한 채용 프로세스 구축과 철저한 검증

KT&G에 입사 지원서를 제출했다면 역량 기술서 작성이 매우 힘들다는 느낌이 들게 마련이다. 1장 이상의 분량에 도전, 협력, 성과 역량에 관한 자신의 생각을 기술해야 한다. 회사에서는 과장 이상의 현업 관리자가 이 역량 기술서를 면밀하게 점검하여 적합한 인재를 선발하여 면접에 올린다.

면접도 타 회사와 좀 다르다. 1차로 1박 2일의 합숙 면접을 진행하고 그 과정에서 지원자를 확정 인원의 3배수 인원으로 조정한다. 지원자들이 1박 2일 동안 여러 단계의 면접 코스를 돌며 자신이 보유하고 있는 모든 역량을 발휘하게 하는 것이다. 그리고 관찰자를 통해 품성이나 언행이 올바른 지원자를 선정한다. 최종 면접은 항상 CEO와 경영층이 참석한 가운데 개별 면접 형태로 진행되어 회사에 부합하는 인재를 선발한다.

비결 2. 3개월에 걸친 엄격한 입문 교육

KT&G의 입문 교육은 총 3개월에 걸쳐 실행된다. 2개월의 집합 교육은 핵심 가치 중심의 가치관 교육과 직무 기초에 관한 내용으로 이루어진다. 1개월의 영업·제조 현장 교육은 조직장과 지도 선배의 1:1 OJT에 방식의 과제 수행 중심으로 이루어진다. 매월 평가에 따라 기준 점수(80점) 이하를 받은 신입 사원들은 퇴소 조치가 취해진다.

이 3개월 동안에는 현장에서 실무를 경험한 3년 차 수준의 지도 선배가 교육 담당과 함께 신입 사원들을 면담하며 바람직한 행동을 이끄는 멘토가 된다. 함께 생활하며 함께 고민하고 함께 해결책을 마련하면서 팀워크를 다지고 KT&G인으로서 한 사람 한 사람을 육성시키는 것이다.

비결 3. 1년간의 현장 체험 실습과 멘토링

KT&G에 정착하기 위해서는 현장을 알아야 한다. 현장의 문화·업무 프로세스·고객 관리·관리자들을 모르면 대화가 되지 않는다. 회사는 1년 동안 현장 체험 실습과 멘토링 제도를 운용하며 신입 사원들이 현장 업무를 철저히 수행하도록 지원하여 기초 체력을 튼튼하게 해준다. 멘토는 철저히 현장 선배 중심으로 운영하며 육성 계획에 따라 매월 점검한다.

또한 변화혁신실에서 추진하는 월별 이벤트 행사(영화 감상, 여행, 상호 편지 쓰기 등)에도 참석하게 한다. 매월 멘토링 결과는 소속 조직장에게 전달되며 월별 우수 멘토와 멘티를 선정하여 시상하며 이를 전사적으로 공유한다. 신입 사원들은 멘토가 있어 회사 생활의 애로사항에 대한 조언을 받았고 멘토의 인맥과 경험 및 지식으로 일 처리에 큰 도움을 받았다고 이구동성으로 칭찬하고 있다.

비결 4. 회사 비전과 핵심 가치 내재화

회사 비전과 핵심 가치는 신입 사원 입문 교육으로 마무리되지 않는다. 인재개발원에서는 현장을 돌면서 KT&G의 비전과 핵심 가치를 교육하고, 부(팀) 단위 조직은 8주에 걸쳐 '밸류데이Value Day'를 실시한다. 또한 실 단위 조직에서는 핵심 가치를 실천할 과제를 선정하여 1년 동안 지속해서 추진해나간다.

신입 사원의 지속 근무를 정착시키기 위해서는?

어렵게 채용한 신입 사원이 1년도 되지 않아 퇴직한다면, 퇴직한 사원도 시간적·정신적 손해를 입겠지만 기업의 피해도 만만치 않다. 채용과 육성에 따른 비용뿐 아니라 신입 사원이 배치된 조직에 미치는 부정적 영향이 더욱 크다. 남은 직원들 사이에서 '우리가 무엇을 잘못했나?' '우리는 못나서 이렇게 남아 있나?' 등의 부정적 정서가 형성되는 등 부작용에 시달린다. 어렵게 뽑은 신입 사원이 역량이 강화되고 조기 전략화되어 '제 몫 이상의 성과를 내며 장기적으로 근무하게 하는 회사'가 좋은 회사'다. 이를 위한 네 가지 대책을 소개하겠다.

첫째, 인재 육성에 대한 최고경영자의 강력한 철학이 기반을 이루어야 한다. 둘째, 장기적 인력 육성 체계 아래 1년간의 집중 육성 방안을 체계적으로 수립하고 지속적으로 실천해야 한다. 셋째, 공정한 평가 체계를 구축해야 한다. 넷째, 인사 부서와 현장 부서의 협업 체계구축이 중요하다.

인사 부서는 신입 사원을 채용해 입문 교육을 한 후 현업에 배치하는 것으로 끝내서는 안 된다. 우리가 할 일은 다했다며 나 몰라라 하면 곤란하다. 현업 부서도 마찬가지다. 이제부터는 우리 인력이기 때문에 더는 인사 부서가 간섭하지 말라는 식으로 처신하면 안 된다. 이것들은 모두 신입 사원을 떠나게 하는 원인이 된다. 인사 부서와 현업 부서가 협력해야 한다. 적어도 1년은 육성과 정착의 기간이라 생각하고 구체적 계획에 따라 집중 관리하며 역할 분담을 해야 한다. 이때 인사 부서는 방향, 기준 정립, 모니터링, 피드백을 담당한다. 그리고 현업 부서는 지침을 체계적이고 강하게 실천해야 한다.

궁극적으로 신입 사원들이 "내가 이 회사에 입사한 것은 축복이며 자랑스럽다"고 이야기하도록 만들어야 한다. '근무하면 할수록 정체되지 않고 성장한다'고 느끼게끔 해야 한다. 나아가 선배에 의한 후배 육성이 문화로 정착되는 게 바람직하다. 신입 사원이 퇴직하지 않고 미래 경영자로 성장해가게 하는 것이 가장 이상적인 모습이다.

면접관 교육

　면접관은 회사의 얼굴이다. 채용 여부에 중대한 영향을 끼치는 의사 결정자 역할을 한다. 따라서 면접관이 되는 것은 매우 부담스럽다. 신경 쓸 것이 한두 가지가 아니다. 어떤 질문을 할 것인가도 이슈지만, 내가 뽑은 사람이 중간에 퇴사하거나 회사에서 문제아가 되면 곤란해진다. 떨어진 지원자 중에 지인과 관계가 있는 사람이 있어도 곤혹스럽다. 또한 떨어뜨린 사람에게는 인간적 미안함도 생긴다. 면접관은 면접이 진행되는 내내 긴장할 수밖에 없다.

어떤 지원자를 선발할 것인가?

　한 기업의 신입 사원 선발 성격을 진단한 결과 특이한 현상이 나타났다. 면접관과 선발된 신입 사원의 성향이 일치한 것이다. 이 회사 면접관들의 성향은 차분하고 꼼꼼하고 깊이 생각하는 전형적인 내성적 스타일이었다. 결과론이지만 이들이 뽑은 신입 사원 중 90퍼센트도 비슷한 유형이었다. 시끄럽고 활동적인 지원자는 전원 탈락했다. 튀는 지원자도 기피 대상이었다. 이 회사는 업의 특성과 조직 문화에 적합한 스타일을 선호한 것이다. 결과적으로는 이것이 회사의 문화를 바꾸지 못하는 원인이 되었다.

사람마다 자신의 기준에 맞추어 채용하다 보면 각양각색의 신입 사원이 입사하게 된다. 회사는 이들을 한 방향으로 정렬시켜야 한다. 원칙 없이 채용하면 나중에 미치는 영향이 매우 크다. 1년이 되지 않아 내가 생각했던 그런 회사가 아니라며 이직하는 신입 사원도 늘게 된다. 모든 기업에 성과 평가가 있고 이러한 평가에는 기준이 존재한다. 채용도 마찬가지이다. 채용 목적에 맞는 채용 프로세스와 그 프로세스별 원칙과 기준이 있어야 한다. 더 중요한 것은 면접관들이 개인의 성격을 떠나 이러한 목표와 프로세스에 적합한 인재를 제대로 선발하는 것이다. 밥 잘 먹는 사람, 운동 잘하는 사람, 목소리 큰 사람을 뽑는 시대는 지났다. 적합한 인재를 뽑기 위해서는 면접관부터 제대로 교육해야 한다.

면접 시 2시간이 안 되는 시간 동안 신입 사원들의 특징을 다 살펴볼 수 없다. KT&G와 같은 회사는 합숙하면서 면접을 한다. 또 다른 회사는 지원자와 함께 운동하거나 소주 한잔하는 자리를 만들고 여기에 면접관인 조직장이 참석하여 이런저런 이야기를 나눈다. 공식적인 면접의 틀에서 벗어나 자유롭고 편한 상태에서의 면접을 진행하는 것이다. 조직장들은 자신과 함께 일할 사람을 선발하기 위해 자기 시간을 투자하는 걸 꺼리지 않는다. 조직장 한 사람이 조직의 모든 성과를 다 낼 수 없다. 함께 일하는 사람들과 같이 성과를 달성하게 마련이다. 그러므로 이 과정에 함께할 사람을 선발하는 과정에 참석시켜서 결정을 내리도록 하는 것이다.

4단계 면접관 교육

1단계 면접관 선발

면접관은 면접 프로세스에 따라 다르게 뽑는다. 인성 면접은 주로 경영자를 중심으로 선발한다. 이때 같은 성향의 관리자나 높은 직책의 경영자로만 면접관이 구성되지 않도록 주의해야 한다. 프레젠테이션 면접은 직무 담당 관리자급에서 면접관을 선발하여 지원자가 일의 개념과 개략적인 흐름을 얼마나 이해하는가 평가하게 한다.

면접관은 사내에서 상위 30퍼센트 이내에 속하는 사람으로 상대방을 잘 이해해주며 소통이 원활한 사람으로 선정하는 게 바람직하다. 그리고 업무에 무리가 되지 않는 범위에서 적절하게 선정한다.

2단계 면접관 교육

면접관 교육은 반드시 면접 1주일 전에 하는데 공통 교육과 면접 유형별 교육으로 나누어 실시한다. 공통 교육에서는 면접 시 바른 자세, 질문과 평가 요령, 평가 후 조치 등을 다룬다. 면접을 진행하다 보면 면접관들이 서로 유사한 질문을 하거나 너무 동떨어진 질문을 함으로써 지원자를 당황스럽게 하는 경우가 있는데 이를 방지해야 한다.

3단계 면접 준비와 면접 시행

면접관은 면접 전에 지원자의 서류를 미리 읽어본다. 가능한 한 꼼

꼼히 자료를 읽으며 면접 중에 상세히 질문할 내용을 미리 정리해놓는다. 이때 선발 기준에 질문 내용을 맞추어 정리해두면 한결 짜임새 있는 면접을 진행할 수 있다.

면접을 진행할 때는 면접에만 집중한다. 그 시간만큼은 전화나 메시지 또는 다른 업무에 의해 방해받지 않도록 해야 한다. 다른 곳에 신경이 분산되면 예의에 어긋날 뿐 아니라 대화가 단절되는 문제가 발생한다. 면접관들은 면접 당일 스마트폰이 없는 상태에서 면접에 임하도록 한다.

그리고 면접 시간 관리에도 신경을 쓴다. 예정된 시간이 얼마나 남았는지 수시로 점검하고 관리한다. 각 영역에서 얼마만큼의 시간을 할애할 것인지 미리 계획하는 게 중요하다. 평가할 수 있을 만큼 충분한 정보를 수집했다고 생각하면 다음 주제로 넘어간다.

면접에서 대화의 주체는 피면접자임을 명심해야 한다. 면접관은 초반에 편안한 분위기를 만든 다음에는 말을 아껴야 한다. 그래야 피면접자가 많은 이야기를 하게 되고 그것을 바탕으로 평가할 수 있기 때문이다. 일반적으로 면접자가 이야기하는 시간이 면접 시간의 20~30퍼센트 범위를 초과하지 않도록 한다.

면접이 끝날 때는 긍정적으로 마무리해주는 게 바람직하다. 그리고 궁금한 사항을 질문할 기회를 제공하고 질문에 충실히 답변한다. 피면접자가 회사에 관심을 두고 지원한 것에 대해 감사를 표시하고 다음 일정을 설명해준다.

평가 기준 사례

후광 효과 및 중심화·관대화 오류를 최소화하기 위해 명확한 평가 지표를 기준으로 평가해야 한다.

점수	구간	판단 지표	비고
10	합격	• 반드시 합격시켜야겠다. • 입사 후 반드시 나의 부서원으로 배치받아 함께 일하고 싶다. • 적절한 방향 제시로 향후 핵심 인력으로 양성할 수 있을 가능성이 매우 높다.	점수 부여 근거를 종합 평가에 기입
9~8		• 합력시키고 싶다. • 가능하다면 입사 후 나의 부서에 배치받아 함께 일하고 싶다. • 체계적인 육성과 본인의 열정이 있으면 핵심 인력으로 성장할 수도 있을 것 같다.	
7~6		• 가능한 합격시키고 싶다. • 입사 후 나의 부서에 배치받는다면 함께 일하는 데 문제없겠다. • 핵심 인력으로 육성하기 위해서 강도 높고 체계적인 훈련과 본인 노력이 필요하다.	
5		• 보통 수준의 인력이다. • 입사 후 나의 부서에 배치받는다면 일정 기간의 추가적 교육 및 노력이 필요하겠다. • 획기적인 사건이 있기 전에는 핵심 인력으로 양성할 수 있는 가능성이 낮다.	
4~3	불합격	• 가능한 불합격시키고 싶다. • 나의 부서로 배치되지 않았으면 하고, 부득이 배치된다면 강도 높은 교육과 노력이 필요할 것 같다. • 획기적인 사건이 있어도 핵심 인력으로 양성할 수 있는 가능성이 낮다.	
2		• 불합격시키고 싶다. • 부득이한 사정이 있어도 나의 부서원으로 배치받지 않겠다. • 어떠한 일이 있어도 핵심 인력으로 양성할 수 없다.	점수 부여 근거를 종합 평가에 기입
1		• 반드시 불합격시키고 싶다. • 나의 부서뿐 아니라 타 부서원으로서도 함께 일하고 싶지 않다. • 핵심 인력은 절대 불가능하고 일반 수준의 인력으로 바뀔 가능성도 거의 없다.	

인턴 제도의 도입

●   현재 우리나라의 많은 기업에서 인
턴 제도를 운용하고 있다. 이 중 95퍼센트 이상이 채용 연계형 인턴십
이지만 실제 현장에서는 여러 가지 어려움을 호소하고 있다. 인턴 제
도를 하반기 채용과 연계해 시행하는 A회사는 인턴 배치를 놓고 인
사 부서와 현업 부서 간의 실랑이가 심하다. 현업 부서에서는 업무가
바빠 인턴들을 챙겨줄 틈이 없다. 내 팀원이 될 사람도 아닌데다가
딱히 시킬 일도 없다. "제대로 된 평가 기준도 없는데, 그저 있다가 가
는 게 무슨 의미가 있느냐?"라는 불만 섞인 목소리도 많이 나온다.

회사는 사전 근무를 통해 품성, 업무 태도, 업무 전문성 등을 평가
하여 올바른 인재를 선발하겠다는 취지로 인턴 제도를 도입하지만 운
영이 생각처럼 쉽지 않다. 인턴들도 불만이 많기는 마찬가지이다. 지
나친 업무 부여, 상사의 무관심, 인턴 간 경쟁, 평가 기준 없는 주먹구
구식 운영 등으로 '왜 내가 인턴을 지원했는가' 하며 후회하는 사람도
많다.

반면 인턴 제도를 통해 큰 효과를 본 기업들도 많다. 인턴들은 해당 회사의 직원처럼 근무하면서 회사의 전략, 일하는 방식, 실제 프로젝트, 창의적이고 자유스런 문화 등을 경험한다. 그사이에 기업 이미지가 좋아진다. 또 인턴 한 명 한 명의 객관적 평가를 통해 회사에 적합한 인재를 뽑는 데도 유익하다.

인턴 제도 운용 4단계

인턴 제도를 성공적으로 운용하기 위해서 다음과 같은 4단계를 거치는 게 좋다.

1단계는 준비 단계다. 이때 인턴 제도의 필요성을 정의하고 인턴 선발에 대한 지침을 세운다. 그리고 인턴 선발과 선발 후 교육 등의 일정을 잡고 채용까지 운영 방안과 공채 채용 시의 가점 적용 등 대원칙을 확정해놓는다. 또한 인턴 제도 목적에 맞게 프로그램을 설계하고 인턴 육성 계획서를 작성하며 지속적으로 점검한다.

2단계에서는 합격한 인턴에 대한 인턴 입문 교육을 시행한다. "인턴에게 무슨 교육을 하냐"고 반대하는 기업도 많다. 하지만 인턴들은 대부분 학생이기 때문에 기업의 역할과 사명을 잘 알지 못한다. 예의범절이 부족하고 쉽게 그만두겠다고 하는 이들도 있다. 그러니 기업의 사업 본질과 예절에 대한 교육 등이 필요할 수밖에 없다. 또한 인턴 대상 교육은 회사에 대한 이해도를 높이기 위한 회사의 철학과 인재상, 핵심 가치, 회사 사업 이해, 제품의 이해 등의 내용을 포함한다.

인턴들을 100퍼센트 채용하지 않는 회사 중에는 입문 교육을 통해 입사 지원서 작성에서부터 면접 요령에 이르는 채용 프로세스별 노하

우를 가르치는 곳도 있다. 인턴 간 팀워크를 강조하며 직장 생활은 개개인의 역량도 중요하지만 팀 전체의 성과를 높이는 것이 더욱 중요함을 일깨우는 것 또한 인턴 입문 교육의 중요한 과제다.

3단계에서는 인턴들에게 도전 과제를 부여한다. 의미 있는 프로젝트를 담당시켜 인턴들이 자유롭게 아이디어를 발전시키도록 북돋우는 것이다. 도전 과제는 실제 현업에서 하는 과제로 선정하되 멘토를 선정하여 그 지원하에 추진하도록 하는 게 바람직하다. 인턴이 현업에 배치되어 직무 수행과 더불어 도전 과제를 수행하는 경우에는 단순 지원 25퍼센트, 실무 경험 50퍼센트, 프로젝트 수행(도전 과제) 25퍼센트 비중으로 분담하는 게 적절하다.

4단계는 평가 단계다. 인턴들이 주어진 기간에 입문 교육, 도전 과제, 타부서 실습 등 다양한 프로그램을 수행한 것을 평가 기준을 정해 객관적이고 공정하게 평가한다. 회사에서 자신의 팀원으로 함께 근무할 수 있느냐가 평가의 핵심이다. 일에 대한 몰입도, 좋은 품성, 긍정적 마인드 등을 중요하게 고려한다. 그리고 평가 결과를 인턴 개개인에게 피드백함으로써 본인의 어느 점이 강하고 약한지를 분명히 알게 해준다.

사례: A기업의 인턴 입문 교육 내용

목적

- 예비 직장인으로서 기업의 본질, 올바른 가치관, 긍정적인 마인드를 함양한다.
- 면접 스킬을 체계적이고 구체적으로 습득시켜 성공적인 취업을 이끈다.

주요 내용

구분	영역	교과목	시간	진행
비즈니스의 이해	에너지 산업	– 회사 소개 및 에너지 산업 전반에 대한 이해	3	업무팀
예비 직장인으로서의 기본 소양	직업관	– 기업의 역할과 본질 – 이미지 메이킹 – 비즈니스 매너	2 5 3	조직개발팀 외부 강사 조직개발팀
	변화 관리	– 자기 변화(긍정적 마인드)	3	조직개발팀
	대인관계	– MBTI성격유형진단을 통한 성격 특성 파악	3	조직개발팀
	의사 결정	– 프로젝트 매니지먼트 스킬	4	외부강사
	문제 해결	– 문제 해결 기법(6시그마)	3	6시그마추진팀
	의사소통	– 커뮤니케이션 스킬 – 프레젠테이션 스킬	5 5	외부 강사
취업 역량 향상을 위한 전략 및 실행 계획 수립	비전 워크숍	– 본인 목표 설정 및 성공 전략 수립	4	에너지리더십 센터
	취업 관련 TIP	– 취업 정보 – 성공적인 이력서 및 자기소개서 작성	3 5	외부 강사
	면접 스킬	– 면접 스킬에 대한 이해 – 그룹별 모의 면접을 통한 코칭 및 피드백	3 13	외부 강사
프로젝트 우수사례	프로젝트	– 조별 프로젝트 우수 사례 공유	8	조직개발팀
기타		– 과정 안내, 환영사 – 아이스 브레이킹 / 자기소개 – 개별 F/B (3개월 소감, 장점/보완점) – 향후 일정 안내, 마무리	1 2 2 2	조직개발팀
총 시간 :			79	(사내 30H)

경력 사원의 채용

공채로 신입 사원을 채용한 다음 2~3년 동안 육성하여 제 역할을 하도록 육성하는 게 전통적인 채용 방식이다. 최근에는 여기에서 벗어나 직무 전문 역량과 품성을 갖춘 검증된 경력 사원을 채용하여 즉시 직무에 활용하려는 기업이 늘었다. 그룹 공채를 최초로 도입하여 강한 입문 교육을 자랑하던 S그룹도 신입 사원 못지않은 인원을 경력 사원으로 채용하고 있다.

경력 사원 채용은 프로세스 면에서는 신입 사원 채용과 큰 차이가 없다. 그러나 그 내용은 확연한 차이를 보인다. 비교적 긴 기간 육성해야 하는 신입 사원에 비해 직무에 바로 투입되어야 하는 경력 사원은 직무 전문 역량에 대한 검증을 더욱 구체적으로 해야 한다. 또한 조직과 직원들과 조화를 이루는 성격과 팀워크가 매우 중요하다.

나는 직무 역량은 뛰어나지만 조직 구성원과 어울리지 못해 조기 퇴직하는 사람을 더러 보았다. 그리고 경력 사원들은 현직에 있는 경우가 많으므로 채용 과정에서 보안이 철저하게 지켜져야 한다. 채용하는 회사가 갑이라고 해서 지원자가 현재 근무하는 회사 관계자에게 평판 조회Reference Check를 하여 부정적 평가가 있으면 채용 절차를 중단하는 것은 옳지 못하다.

더 중요한 것은 채용 후에 이들이 회사 문화에 적응하고 기존 직원들과 하나 되어 시너지 효과를 내도록 정착시키는 과정이다. 따라서 경력 사원 채용의 핵심은 적응 체계On Boarding 구축이다. 적응 체계 구축은 크게 다음과 같이 정리해 살펴볼 수 있다.

첫 번째, 입사 전에 직무 분석표Job Description를 제공한다. 입사 예정자가 근무하게 될 현업 부서에게 일일, 주간, 월간, 연간 단위의 구체적인 직무 내용을 제공받아 경력 입사자에게 송부한다. 이를 통해 직무를 충분히 이해하고 결정할 수 있도록 한다.

두 번째, 배치 부서에 대해 자세히 설명해준다. 조직 규모, 팀원 현황, 경력 사원과 신입 사원 비율 등에 대해 정보를 제공함으로써 입사 전에 부서를 개괄적으로 이해할 수 있게 돕는다.

세 번째, 회사와 문화를 소개한다. 홈페이지에 제시된 내용 수준을 넘어 상세하게 알려준다. 회사의 사업 영역, 비전, 전반적인 문화의 특성과 활동 등을 소개함으로써 최종 입사 여부를 판단하는 데 도움이 되도록 한다.

네 번째, 채용 담당자와 신뢰도를 쌓게 한다. 누구나 기존 직장을 퇴직할 때는 불안감을 느낀다. 익숙함으로부터 탈출이 쉽지는 않다. 따라서 채용 담당자는 단순히 입사 절차를 진행하는 수준을 뛰어넘어야 한다. 경력 입사 예정자에게 신뢰를 주어 회사에 대한 믿음을 전달하고 퇴직에 대해 느끼는 리스크와 두려움을 일정 부분 해소하도록 도와주어야 한다.

다섯 번째, 입사 후 정확한 직무 분석표를 제공한다. 입사 전에 제공한 것보다 더 자세하고 정확한 직무 기술서를 제공하고 해당 부서의 직원이 자세하게 설명하는 오리엔테이션 과정을 필수적으로 만들어야 한다.

여섯 번째, 배치 부서에 대한 설명과 안내다. 채용 담당자는 조직도와 배치 부서에 대해 사실 정보 위주로 설명하고 구성원들에 대한 자료를 제공해준다. 또한 인사 부서에서의 절차가 끝나면 현업 부서 직원이 인사 부서에 와서 경력 직원을 동반하여 사무실에 갈 수 있도록 배려해야 한다. "5층 ○○팀을 찾아가세요"와 같은 태도는 무례한 것이다. 경력 입사자가 어느 정도 자신의 위치를 잡을 수 있도록 돕는 게 중요하다.

일곱 번째, 입문 교육 또는 오리엔테이션 실시한다. 경력 입사자는 입사일이 일정하지 않고 소수이기 때문에 입문 교육을 진행하기가 쉽지 않다. 그래서 많은 기업이 채용 후에 별도 교육 없이 내버려두는 경우가 많다. 입문 교육 진행이 어렵다면 반드시 2일 정도의 오리엔테이션을 통해 회사의 연혁, 제품, 조직, 제도, 문화 등에 대해 전달하는 과정이 필요하다.

여덟 번째, 입사 세레머니 운영이다. 경력 대상자는 입사일이 확정되어 있기 때문에 출근했을 때 책상에 명함, 주변 식당, 조직도, 기타 사무용품 등이 가지런히 준비되도록 한다. 또한 출입문에 "○○○ 대리 입사를 환영합니다"와 같은 플래카드가 붙어 있다면 옮긴 직장에 호감이 더 생길 것이다.

아홉 번째, 멘토링 제도 운용이다. 멘토는 경력 사원의 직책이나 나이를 고려하여 부서 추천을 받아 인사 부서가 선발하여 운영한다. 기간은 최소 6개월 이상으로 하고 멘토링 활동 실적은 3개월 단위로 모니터링하는 것이 바람직하다.

　열 번째, 최고경영층과의 간담회다. 일정 기간 근무한 경력 입사자들에게 회사와 직무에 대한 질문이나 건의 사항 등을 취합한다. 그 후 CEO와의 간담회 자리를 만들면 신뢰를 구축하는 데 효과적이다.

채용 선진화 방안

기업들은 흔히 사람이 경쟁력이라고 말한다. 하지만 채용 담당자를 그 기업의 최고 인재로 운영하는 회사는 그리 많지 않다. 대개 인사팀의 막내가 채용 업무를 담당한다. 그만큼 온갖 잡일이 많고 빛이 나지 않는 업무로 전락했다. 입사 지원서 복사부터 면접관 심부름과 면접 전날 회의실 예약과 세팅 등 자잘한 일이 수없이 많다. 지원자가 빠지기라도 하면 채용 담당자에게 비난의 화살이 돌아온다. 하지만 채용 과정의 의사 결정은 윗선의 몫이다.

사정이 이러니 어느 기업에서건 채용 업무를 5년 이상 했다는 인사 담당자를 찾기 어렵다. 일선의 사례를 보자. 채용 담당자인 강 대리는 채용 시즌만 되면 퇴근도 못 하고 밤새 서류를 복사하고 면접관 자료 준비하고 면접장을 세팅했다. 아침에 한 명이라도 못 온다는 연락을 받으면 면담 전체를 바꾸는 고통도 맛보아야 한다. 이런 채용 담당자의 고충은 불가피한 것일까? 이런 관행이 반복되면 채용 담당자뿐만 아니라 회사도 큰 손실이다. 불합리한 채용 업무를 개선하고 효과를 높일 수 있는 채용 선진화 방안 열 가지 팁은 다음과 같다.

팁 1. 채용은 구체적인 인력 운영 계획에서부터 시작하라

채용 담당자가 가장 먼저 할 일은 당해 연도 채용 규모를 정하는 일이다. 본부별 연간 인력 운영 계획에 따라 당해 연도 인력 운영 계획을 작성 또는 수정하여 인력 변동 사항을 확정한다.

당해 연도에 뽑아야 할 인원, 부서, 직무를 확정하고 채용 프로세스에 맞춰 공모와 면접 등을 진행한다. 당해 연도 인력 운영 계획이 구체적이지 못하면 뽑는 인원수도 유동적이고, 현업에서 꼭 필요한 사람은 오지 않고 없어도 될 사람만 끌어들이는 결과를 초래할 수 있다.

팁 2. 강력한 파트너와 연계하여 추진하라

채용 활동은 인사팀 단독으로 할 수 있는 직무가 아니다. 외부 전문기관의 협조, 신문 또는 인터넷 광고를 통한 기업 이미지 제고, 올바른 면접관 선정, 면접 장소 선정과 세팅, 면접 후 합격자에 대한 세레머니 등 많은 일을 내·외부 부서와 협력하여 추진해야 한다. 채용을 진행하면서 채용 그 자체에 몰입해야 한다. 하지만 기업 이미지 제고 등 부수적인 부분까지 고려하여 필요하다면 홍보팀의 협력을 받는 것이 좋다.

팁 3. 열정과 팀워크가 뛰어난 채용 담당자를 선발하라

대학 취업지원센터에서 추천하는 기업을 살펴보면 특징이 있다. 채용 담당자가 매우 열정적이다. 채용 프로세스가 한 틈의 오차 없이 깔끔하게 진행된다. 채용 담당자의 인간적 매력에 반해 입사하게 되었다는 이야기가 많다. 우수한 영업 사원이 고객을 많이 유치하고 충성 고객을 유지하는 것과 같이 유능한 채용 담당자는 우수 사원을 불러모은다. 이처럼 채용 담당자가 기업이 처한 환경, 비전, 전략, 문화, 장점, 과제 등을 열정적으로 이야기하게 해야 한다.

팁 4. 면접 프로세스를 효율적으로 개선하라

입사 지원서 등을 PC 버전으로 개선하여 면접 때 종이가 사라질 수 있도록 하는 게 바람직하다. 면접관에게 개별 PC를 지급하여 소프트웨어에 따라 면접을 진행하게 한다. 채용 담당자가 밤을 새우며 입사 지원서를 복사하여 배포하는 일은 없애야 한다. 면접관 교육에서 하나하나 설명하고, 면접 정소에서는 단 1분의 오차가 생기지 않게 빈틈없이 진행될 수 있도록 한다. 또한 핵심 가치를 우선시하는 회사라면 인·적성검사 대신 '핵심 가치 부합도 조사'를 하여 당락을 결정짓는 것이 옳다.

팁 5. 채용 담당자는 운영 담당이기도 하지만 의사 결정자이다

면접 대기 장소에서 삐딱하게 앉아 있거나 수준 이하의 잡담을 늘어놓거나 언행이 상스러운 지원자를 발견했다면 채용 담당자는 어떻게 해야 할까? 대부분의 채용 담당자는 주의를 주거나 모른 체한다고 한다. 하지만 그것으로는 부족하다. 그 자리에서 돌아가라고 결정을 해도 좋고 면접관에게 사전에 이런 모습을 보인다고 메모를 전달하는 것도 한 방법이다. 즉 채용 담당자를 첫 단계 의사 결정자라고 생각해야 한다. 그러면 부적합한 사람을 처음부터 걸러낼 수 있다.

팁 6. 인재상에 맞는 지원자를 선발하라

인재로서 갖춰야 할 자질을 잘 실천하는 사람을 선발해야 한다. 인재의 평가는 출신 대학이나 전공 그리고 성적만으로 측정할 수 없다. 물론 기본 서류 전형에서는 일정 수준 이상의 지원자를 선발하여야 한다. 하지만 면접 과정에서는 필요하다면 출신 학교, 전공 등에 대해서는 블라인드 방식을 취하는 것이 좋다. 회사 인재상을 평가 지표로 삼아 가장 높은 점수를 받는 사람이 합격할 수 있도록 맞춤형 채용 모듈을 도입하는 게 바람직하다.

팁 7. 과묵하지만 역량이 있는 사람을 찾아낼 방법을 고민하라

현재 면접 모듈과 프로세스를 보면 개인 면접, PT 면접, 집단 토론 모두 말을 잘하는 지원자에게 유리하다. 그러나 회사 업무를 하다 보면 과묵하지만 성실하게 제 몫 이상의 성과를 내는 사람이 많다. 기존 채용 절차로는 이러한 사람들이 합격할 가능성이 매우 낮다. 말만 많고 실천력이 떨어지는 사람이 합격한다면 회사 문화는 기회주의적 기획성 보고가 난무하게 된다. 성실히 실행하는 사람은 점차 자리를 잃는 쪽으로 변질된다. 상대의 말에 귀를 기울일 줄 아는 사람을 뽑는 것도 면접의 한 측면으로 고려해야 한다.

팁 8. 모든 지원자를 고객으로 생각하라

50명을 뽑는 대기업의 경쟁률은 서류 전형부터 계산하면 최소 200:1이 넘는다. 확정 인원의 10배를 면접 인원으로 한다고 해도 면접에 임하는 사람만도 500명이다. 1만 명의 지원자 중 9,500명이 서류 전형에서 떨어지고 면접 과정에서 450명이 불합격하게 된다. 그런데 불합격한 지원자는 그 회사에 대해 불만 세력이 될 가능성이 높다. 물론 한 명 한 명에게 왜 떨어졌는가를 납득시키기는 어렵다. 그러나 불합격한 사람의 입에서 "그 회사 채용 담당자는 매우 친절하다"는 말이 나오게 해야 한다. 그래야 최고의 채용 담당자라 할 수 있다.

팁 9. 가능한 많은 에이전시를 활용하라

모든 일을 나 혼자 하겠다는 의지는 칭찬할 만하다. 하지만 채용이 잘못되면 회사가 원하지도 않고 적합하지도 않은 사람이 근무하게 될 수 있다. 더 큰 문제는 이들이 문제를 일으켜도 회사가 퇴직시키기 매우 어렵다는 것이다. 처음부터 제대로 된 인재를 선발해야 한다. 즉 주먹구구식 채용이 아닌 체계적인 선진 채용이 되어야 한다. 그러기 위해서는 전문성 있는 에이전시를 선정하여 안목도 높이고 전문성을 더 강화하여 좋은 인재를 선발하는 데 도움을 받는 것이 효과적이다.

팁 10. 채용 담당자를 자주 변경하는 것은 최악의 결정이다

채용 업무가 특정 시점에 잡일이 많은 업무다 보니 많은 기업에서 채용 담당자의 근속 기간은 매우 짧다. 3년 이상 채용 업무만 수행한 담당자가 적은 수준이다. 상황이 이렇다 보니 매년 채용 담당자가 바뀌는 경우도 있다. 그러면 채용 정책과 전략이 바뀌고 모듈과 프로세스가 당초 취지대로 운영되지 않고 담당자 자의로 운영되기도 한다. 이러한 회사일수록 신입 사원의 이직률이 매우 높다. 채용 담당자는 자신이 채용한 인력에 대한 애착이 매우 강하다. 따라서 채용 담당자를 최소 3년 이상 근무하게 해야 한다. 그들에 의해 신입 사원 상담과 조기 정착이 이루어지게끔 하는 것이 바람직하다.

3장

평가

평가 중심으로 바꿔라

사례 1 평가 따로 보상 따로

● 　　　　　　　　화학 회사의 김 사장은 현업 본부장의 리더십이 강해야 조직 내 질서가 유지된다는 철학을 가지고 있다. 그래서 김 사장은 사업부 제도를 도입하고 채용, 평가, 보상, 승진, 퇴직에 관한 모든 권한을 현업 본부장에게 일임하였다. 사장 직속의 HR 부서는 전사 차원의 제도 수립과 가이드라인 수준의 역할을 담당할 뿐이다. 3년이 지난 후, HR 부서의 나 팀장은 현업 본부 HR 전반에 걸친 모니터링을 실시하였다.

평가는 최고 등급 S등급을 받았으나 보상은 보통 수준인 B등급을 받은 직원이 있었고 보상은 S등급이나 평가는 C등급을 받은 직원도 있었다. 승진한 직원은 전반적으로 평가는 좋으나 보상은 낮았다. 평가 결과가 본인들에게 피드백되는 부서는 없었다. 평가 결과를 보상부터 퇴직에 연계하라고 가이드라인에 명시했건만, 지켜지지 않았다.

본부장들은 이렇게 하는 것이 전체적으로 팀워크를 유지하며 불만을 줄이는 방안이라고 주장한다. 회사는 평가 이의 제도를 운용하지만, 지금까지 신청한 사람은 한 명도 없다. 작년부터 핵심 직무의 우수 인재들이 한 명씩 퇴직을 하고 있다. 나 팀장은 현업 본부장 중심의 인사 제도 운용을 바꾸어 전사 차원의 집중 관리를 해야 한다고 주장하지만, 김 사장의 의지는 확고하다.

사례 2 평가가 가장 중요하다

IT 기업의 정 부장은 임원 승진을 앞두고 있다. 이미 예비 경영자 과정을 다녀왔다. 이것은 부장 중에서 3개년 평가가 평균 A 이상이 되는 사람만 참가할 수 있는 과정이다. 작년에 정 부장은 3개의 대형 프로젝트를 수행하여 기대 이상의 성과를 올렸다. 하지만 평가 결과는 A다. 그는 회사에서 철저히 성과에 의한 평가가 진행되기 때문에 성과가 더 높은 옆 부서 구 부장의 평가가 더욱 높다는 것을 직감했다.

정 부장은 올해 S등급을 받기 위해 자신이 제안한 프로젝트와 수 명 프로젝트를 이끌고 있다. 사내 핵심 가치 강사로서 매월 2차례의 강의와 사례 개발 및 전파도 담당한다. 정 부장은 승진은 뛰어난 성과의 결과며 회사가 원하는 임원상에 부합되어야 한다는 점을 잘 알고 있다. 이 회사에서는 사내 정치가 중요하다는 말은 들을 수 없다.

평가, 무엇을 먼저 고려할 것인가?

평가 제도가 중심이 되어 HR 각 기능 간의 조화가 이루어지기 위해서는 다각적인 측면에서 평가 전반에 대한 철저한 고민이 필요하다.

첫째, 평가 시기의 이슈다. 매년 1월 목표 수립을 하고 그해 평가는 그해 마무리되도록 일정 관리를 하는 것이 바람직하다. 목표 수립이 끝나고 조직장은 연중 과정 관리를 통해 목표를 제대로 수행하고 있는지, 선조치할 부분이 없는지 등 과정 관리에 전력을 기울여야 한다. 이러한 관리는 전산 시스템으로 관리되도록 하고 연말 평가는 철저히 기록(성과)에 의해 결정되도록 인사 부서에서 모니터링해야 한다. 그해 평가를 끝내기 위해서는 11월 말에 평가에 대한 공지를 하고 12월 중순에 연말 실적을 유추하여 그해 성과를 집계해야 한다.

둘째, 평가 항목 구성이다. 이 중 가장 중요한 것이 목표를 설정하는 일이다. 인사 부서는 전사 가이드라인을 제시하고 그 목표를 수립하는 곳은 현업 부서다. 현업 조직장은 목표 수립을 통해 단위 조직이 나아갈 방향과 성취 기준을 제시하고 개인과 조직의 강·약점을 알려줘야 한다. 또한 목표 수립 양식을 통해 구체적 표현, 측정 방법, 도전적 수준, 결과 지향, 달성 제한 등이 포함되도록 목표 수립 워크숍을 여는 게 바람직하다. 워크숍을 통해 각자 목표를 공유하고 조정한 후에 조직장과 본인이 사인하고 목표를 확정하게 한다.

셋째, 평가 기준 설정이다. 평가 결과 활용 등을 고려할 때 절대 평가보다는 상대 평가로 할 수밖에 없는 한계가 있다. 상대 평가의 등급과 가중치를 어떻게 적용하는 것이 옳은지는 회사의 특성에 따라 다르다. 하지만 통상 중앙 등급을 폭넓게 두는 2:7:1의 수준이 적절하다고 본다.

평가군 설정과 평가군별 가중치 부여는 직위가 높을수록 더 엄격하거나 똑같이 적용하는 것을 원칙으로 삼아야 한다. 다만, 회사 내 전략 부서의 경우, 인사위원회 등을 통해 절대 평가를 실시할 수도 있다.

넷째, 평가 공정성 유지다. 평가 공정성을 높이는 방법 중에서는 평가 결과 공개가 최우선이 되어야 한다. 평가 공개로써 자신의 강·약점과 새로운 도전 등을 도모해야 한다. 공개 후 평가 이의 신청 제도 운용, 2단계 평가 등급 차이 시 평가자의 소명, 평가자 경고Warning 제도, 평가자 교육 강화, 평가 면담 내용 기록, 최상위 등급과 최하위 등급 부여 시 추천서 작성 등 공정성을 올리는 방안이 있다. 또한 조직장의 지속적인 업무에 대한 관찰과 지도는 평가 공정성을 높이는 바람직한 방안이 된다.

다섯째, 평가 결과 활용이다. 평가가 종료된 후 그 결과가 보상이나 승진 나아가 이동과 육성 등에 반영되어야 한다. 이것이 반영되지 않거나 미미한 수준이라면 평가를 잘 받기 위해 노력하는 분위기는 사라질 것이다. 평가 결과는 보상, 승진, 선발형 인사, 교육과 연계되어 일관성이 유지되어야 한다. 보상은 통상 비누적 방식의 변동급 형식으로 고과에 따라 성과가 당해 연도에 차등을 두도록 설계하는 것이 바람직하다. 차등 폭은 경영층의 의사 결정 사항이지만, 조직장의 영향력을 최소화하고 평가 등급에 의해 금액이 결정되도록 시스템화하는 것이 옳다.

승진은 고과 결과에 따른 포인트 부여 방식의 승진 포인트 제도가 일반화되고 있다. 승진 포인트도 일정 점수를 확보하면 전원 승진시키는 유형, 일정 연수(예, 최근 4년) 고과 포인트만을 가지고 심사하여 승진시키는 유형, 포인트는 승진의 풀이고 이 풀 안에서 승진율을 적용하는 유형 등 회사 상황에 따라 유연하게 운영할 수 있다. 선발형 인사는 직책 선임, 우수 핵심 과정 대상자 선발, 전략적 직무 이동 대상자 선발, 해외 연수자 선발 등 HR 각 영역 대상자를 선정하는 기준이 된다. 삼성의 경우, 과장(부장) 능력 향상 과정은 해당 직위의 평가 30퍼센트 이내의 인력이 입과하도록 설계되어 있다. 기타 평가 제도 운용 시 고려 사항은 다음과 같다.

- 평가 지표 설정 및 회사 목표 개인별 세분화 방안
- 전산 인사 시스템e-HRM 구축과 본인의 평가 관리 방안(현장직)
- 평가의 종류(성과 평가 vs 역량 평가) 및 반영 방안
- 평가 그룹 구분 방안
- 절대 평가 vs 상대 평가
- 등급 구분 방안(절대 등급 vs 상대 등급)
- 평가권자의 선정
- 평가 공정성 제고를 위한 방안
- 직무 이동이 많거나 흐름 공정·동일 업무 수행자에 대한 평가
- 평가자 교육 방법
- 평가 시기
- 평가 공개
- 평가 이의 제도와 그 후속 조치
- 평가 결과 인사 제도 연계
- 저성과자에 대한 조치
- 직군·그룹별 평가 차별화 여부
- 평가 면담 내용, 수준 및 교육 방안
- 중간 평가 시행 여부 및 반영 정도
- 평가 결과 조정 및 확정 방법
- 평가 모니터링 내용과 조치

평가 기준을 어떻게 수립할 것인가

평가 기준 수립의 **중요성**

평가 기준을 수립하는 게 얼마나 어렵고 중요한지를 실감하기 위해 먼저 사례 두 가지를 살펴보자.

첫 번째 사례. 20여 명의 종업원이 근무하는 한 중소기업 CEO가 평가를 통해 보상을 차별화하고 싶은데 어떻게 해야 하느냐고 문의해 왔다. 대부분은 생산 인력이며 일부 인력이 관리와 영업을 담당한다. CEO 밑에는 2명의 임원이 생산과 관리 담당으로 조직을 이끈다.

두 번째 사례. 평소 말이 없던 김 과장이 오늘 몹시 화가 난 모습이다. 매일 가장 늦게 퇴근하고 하라는 것은 다 했다. 그런데 평가 결과가 본인의 기대와는 다르게 낮게 나왔기 때문이다. "일에 대한 성과 면담도 없었다. 자신은 다 잘했는데 본부 내 과장 승진자 때문에 자신이 피해를 받는다"며 무슨 평가가 나눠 먹기식이냐고 분개한다.

여러분이라면 CEO와 김 과장을 어떻게 설득하겠는가?

평가를 통해 얻고자 하는 바를 **분명히 하라**

평가 기준을 고민하기 전에 평가를 통해 얻고자 하는 바가 무엇인지를 먼저 분명히 해야 한다. 즉 "왜 평가하려는 것일까?" "회사와 개인에게 평가가 어떤 도움이 되는가?" 등의 질문을 던져보아야 한다.

평가의 궁극적 목적은 직원들의 성과를 평가하여 차별적으로 보상하는 것이 아니고 직원들이 역량을 최대한 발휘하여 부가가치 있는 성과를 창출하는 것이다.

이를 위해서는 평가 프로세스가 평가 목적에 적합하도록 설계되어야 한다. 또한 평가하기 위해 무엇이 투입되어야 할 것인지를 명확하게 해야 한다. 평가의 프로세스 측면은 결과보다는 과정 관리와 평가 후 피드백을 중요하게 생각해야 한다. 투입Input의 측면은 성과 목표와 성공 요인, 지원해야 할 자원들을 명확하게 해야 한다.

평가 목표

목표 및 성공 요인, 능력 발휘 및 성과 도출, 평가 및 보상

평가 프로세스를 확립했는가?

평가 시기별로 무엇을 해야 하는지 구축하고 공유하는 일은 매우 중요하다. 프로세스를 체계화하고 구성원들이 이 시점에 내가 무엇을 해야 하는지 명확하게 알고 있어야만 평가 과정이 공정해질 수 있다. 조직장 마음에 따라 평가의 시기와 내용이 조정된다면 평가 결과에 대해 아무도 신뢰하지 못하게 된다. 평가 프로세스 중 중요한 것은 다음과 같다.

- 목표의 수립과 수정
- 평가자 교육
- 평가 결과의 피드백과 이의 신청

평가 프로세스 시기별 예시

프로세스	시기	주요 내용
개인 목표 설정 및 업적 평가표 작성	매년 1월 초	• 개인 업무 목표 설정에 따른 업무 조정 반영
조직 목표 설정	1월 중순	• 당해 연도 회사의 경영 목표에 따라 조직 목표 설정
개인 목표 수정	1월 말	• 조직 목표를 반영한 개인 업무 목표 수정 가능
중간 평가	6월 말	• 상반기(1~6월) 개인 업적에 대한 중간 점검 및 수정 • 중간 점검 결과 피드백
평가 교육	10~11월 초	• 평가 교육 실시(평가자 & 피평가자, 온라인 & 오프라인 동시 시행)
연말 평가	12월 초 (집중 평가 기간 설정: 11월 4주 ~12월 2주)	• 개인별 절대 평가: 하향식·상향식 평가 • 개인별 상대 등급 확정(평가 조정 회의) • 평가 결과에 따른 인사 반영: 보상 및 승진 평가표 확정 → 자기 평가 → 평가 면담 → 상사 평가 → 평가 조정 회의
피드백	12월 말	• 평가 결과 피드백 및 평가 이의 신청

구성원 평가의 공정성을 높이고 평가를 통한 역량 강화와 성과 창출을 이끌기 위해서는 조직장 면담이 절대적이다. 조직장은 개인 목표 설정 단계부터 개인의 장단점과 금년도 기대하는 점을 분명히 제시하고 합의를 이끌어야 한다. 중간 평가 결과 시 실행된 과제에 대한 피드백, 나아갈 방향, 기대 수준, 지원 여부를 명확히 한다. 마지막으로 평가 결과에 대해 잘한 부분, 더욱 향상시킬 부분, 내년도 기대 사항 등을 이야기해준다. 이를 위해 조직장에 대한 평가 교육은 형식적으로 하지 않고 내실을 기해야 한다.

평가 기준을 **어떻게 할 것인가?**

뜻밖에도 조직장들이 평가를 너무 쉽게 생각하는 경향이 있다. 평가가 매우 중요하다는 것은 알고 있다. 하지만 자신은 평가받지 않고 결정하는 사람이라는 안일한 생각도 한다. 성과와 역량을 기준으로 삼지 않고 나에게 잘 보이는 사람에게 좀 더 좋은 평가를 주는 경향도 있다. 이런저런 소리 듣기 싫어 나눠 먹기식으로 평가하거나 승진 예

잘못된 평가 사례

평가의 잘못된 사례	잘못된 평가의 영향	
사례 1 신입 사원 하향 평가 부여 현상 사례 2 최근 승격자의 하향 평가 현상 사례 3 승격 대상자 상향 평가 부여 현상 사례 4 나눠 먹기식 평가 사례 5 상후하박 평가	**조직에 미치는 영향** • 조직력 저해 • 목표 달성 부진	**개인에게 미치는 영향** • 일할 의욕 상실 • 상사만 바라보기 • 예스맨 • 입 다물기 • 신선한 아이디어 고갈

정자나 고참에게 후하게 주는 경우도 있다. 이렇게 하는 것은 조직력을 약화시키고 업무 의욕을 떨어트리는 원인이 된다. 나아가 평가 무용론이 나오고 심지어는 평가 때문에 퇴사한다는 이야기까지 듣게 된다. 평가의 기준을 설정하기는 쉽지 않다. 개인적으로는 네 가지 기준을 가지고 판단한다.

첫째, 평가 등급에 대한 기준이다. 4단계 등급(S 5퍼센트, A 15퍼센트, B 70퍼센트, C 10퍼센트)이라면, S는 계획에 없던 일을 추진해 획기적인 성과를 낸 사람이다. A는 다른 사람이 따라가기 어려운 수준의 높은 성과를 창출한 사람이다. B는 연초 계획을 최선을 다해 달성한 사람이다. C는 연초 계획을 달성하지 못한 사람이다.

둘째, 시장 가치의 반영이다. 개인 연봉보다 몇 배 이상의 성과를 내야 시장 가치가 있을까? 대략 5배라면, 그 사람의 1년 성과를 연봉의 5배 금액으로 비교해보는 것이다. 연봉 8,000만 원인 부장이라면 4억, 5,000만 원인 과장이라면 2억 5,000만 원이 기준이다. 이 돈 이상의 성과를 냈는가를 판단한다. 그리고 둘의 성과가 같다면 과장이 부장보다 더 좋은 평가를 받는 것은 당연하다.

셋째, 제출된 성과가 며칠 정도 소요되겠는가 고민해본다. 직장에서 통상 1년에 220일 정도 근무한다. 구성원의 성과가 220일을 기준으로 더 걸리겠는가? 덜 걸리겠는가를 살피는 것이다. 더 걸린다면 그 구성원은 야근했거나 휴일에 출근했을 것이다.

넷째, 사무직이라면 그 성과의 최종 결제자가 누구냐를 본다. CEO 결정 사항이 팀장 전결 사항보다는 중요한 일이기 때문에 그만큼 높게 평가해준다.

평가 공정성 높이기

두 조직장의 고민

사례 1. 우수 인력만 보유하고 있는 김 상무

전략 부문을 맡고 있는 김 상무는 평가 시즌만 돌아오면 머리가 아프다. 회사의 미래 전략, 사업 타당성, 경영 현황 분석을 주 업무로 하기에 부문 구성원의 스펙과 역량은 타 부문보다 매우 높다. 회사는 철저한 5단계 상대 평가를 하기에 어쩔 수 없이 중간 이하의 등급에 3명을 배정해야만 한다.

하지만 그들은 다른 부서에서 근무한다면 전부 상위 고과를 받을 인재들이다. 이러니 평가는 전략 부문의 뇌관이 된다. 평가가 끝나면 "타 부서로 가고 싶다." "퇴직하고 싶다"고 말하는 직원들이 있다. 이래저래 부서 분위기가 매우 침체된다. 김 상무는 한 명 한 명을 떠올리며 한숨을 내쉰다.

사례 2. 승진을 앞둔 보통 성과의 김 차장과 업무 성과가 높은 이 과장

박 상무는 오 팀장의 요청을 듣고 몹시 질책하고 돌려보냈다. 오 팀장은 승진을 앞둔 김 차장에게 좋은 등급을 부여하여 부장이 되게 해 달라고 했다. 김 차장은 회사에 대한 로열티는 높으나 일의 성과는 상위 등급을 받기에는 높지 않은 상태다. 옆 팀 이 과장은 그룹 프로젝트와 중요 과업을 성과 높게 수행했을 뿐 아니라 주위의 신망도 높다. 박 상무는 최고 등급을 이 과장에게 부여해야 한다고 생각한다. 하지만 작년에 승진에서 떨어진 김 차장이 이번에 최고 등급을 받지 못하면 또 누락된다. 오 팀장을 크게 질책했지만, 그의 심정도 이해가 간다.

퇴직하지 않을 사람을 2년 연속 승진 누락으로 사기를 떨어뜨릴 수 없다는 생각이 든다. 하지만 최고의 성과를 낸 이 과장을 낮게 평가한다면 다른 구성원들이 수준 높은 도전을 하려 하겠는가. 박 상무는 깊은 고민에 잠긴다.

평가 공정성을 높이는 방안

모든 사람을 만족시킬 수 있는 평가는 없다. 구성원들의 자기 평가를 보면 대부분 상사보다 높은 단계의 등급으로 자신을 평가한다. 평가하는 상사의 입장에서는 답답하다. 상대 평가의 비중이 있기 때문에 제한된 누군가에게는 좋은 평가 등급을 부여하고 또 다른 누군가에게는 가장 안 좋은 평가 등급을 부여해야 하기 때문이다. 이럴 때는 상사인 조직장이 회사의 기준과 자신의 평가 철학과 원칙에 따라 공정하게 평가하겠다는 마음가짐이 가장 중요하다.

일반적으로 기업에서 평가의 공정성을 높이기 위해 도입하는 방법을 소개하면 다음과 같다.

1. 평가 면담의 내실화

조직장의 면담은 목표 수립, 중간 평가, 연말 평가 때만 하는 것이 아니다. 수시로 해야 한다. 최소한 월 2회 이상 면담을 통해 일의 진척과 수준을 상호 협의하여 나아가도록 해야 한다. 조직장은 업무 보고를 받으면서 충분히 이야기했다고 할 수 있다. 하지만 구성원들은 그것은 업무 지시였지, 목표와 중간 단계의 평가 면담이라고 생각하지 않는다. 이러다 보니 구성원 면담 시 3년 동안 단 한 번도 조직장과 면담을 하지 않았다고 이야기하는 사람이 있을 정도이다. 면담 내용에 대해서는 반드시 기록하여 서로 같은 내용을 보관하도록 하고, 이러한 기록을 e-HR에 입력하면 더욱 의미 있는 자료가 될 수 있다.

2. 다면 평가

조직장의 일방적 평가를 보완하기 위해 부하 평가 또는 동료 평가를 반영하는 방법이 있다. 다면 평가를 시행할 때는 조직장에 의한 강압이 있거나 조직 내 마녀 사냥으로 흐르지 않도록 유의해야 한다. 이를 위해서는 사전 취지와 활용에 대한 구성원 교육이 필요하다.

3. 평가 결과의 피드백 강화

평가 결과에 대한 피드백이 제대로 이루어지도록 피드백 내용을 시스템에 입력하게 한다. 그리고 결과에 대한 피드백이 성실하게 이루어졌는지 모니터링을 실시하여 그 결과를 종합 보고하는 방안이다.

4. 평가 결과 이상자 소명 제도

전년도 평가 결과와 현저한 차이가 있는 경우는 직속 상사에게 소명을 요청하는 제도다. 예를 들어 4단계 평가에서 작년 평가 등급보다 2단계 이상 차이가 나면 그 이유를 서면으로 작성하여 제출토록 한다. 예를 들어 전년도 역량이 S였고 특별한 환경이 변함이 없는데 금년도 역량 평가에서 B를 받았다면 납득하기 쉽지 않다.

5. 평가 이의 신청 제도

각 개인이 평가 결과에 수긍하지 못할 때 이의 제기를 할 수 있도록 하는 제도다. 평가 결과 피드백이 끝난 후, HR에 이의 신청을 하면 평가자와 피평가자의 의견을 서면으로 취합하여 인사위원회에서 최종 심의하는 방안이다. 평가 결과 검증 후 평가 오류가 인정되면 피평가자의 등급을 수정한다. 그리고 평가자를 경고하거나 심한 경우 평가권을 박탈한다.

그런데 이 제도는 현장에서 활성화되기가 쉽지 않다. 피평가자가 자신의 평가 결과에 불만이 있다 하더라도 상사와의 관계 등을 고려해 포기하고 속으로 불만을 간직하는 경우가 많다. "우리 회사는 평가 이의 신청이 단 한 건도 없다"고 자랑할 수는 없다. 이것이 좋은 현상이 아닐 수도 있다. 평가 이의를 신청한 구성원의 권익을 최대한 보장해야 한다.

6. 평가자 경고 제도

평가자가 불성실하게 평가할 경우, 이에 대해 경고하거나 평가 권한을 박탈하는 제도다. 면담 결과 및 평가 피드백 칸을 보다 보면, "수고

하셨습니다." 또는 "……"으로 피드백을 대신한 조직장도 있다. 이렇듯 평가 피드백이 무성의하다면, 면담 불성실, 평가 이의 신청으로 인한 평가 등급 수정, 등급 차이 소명 미흡, 평가 기일 미준수 등의 사유에 대하여 평가자에게 경고하거나 평가권을 박탈한다.

올바른 평가의 **성공 요인**

평가가 올바로 정착되어 성과를 내기 위해서는 제도 하나만으로는 부족하다. 무엇보다 앞서 조직장의 평가에 대한 인식 전환이 중요하다. '구성원의 역량 강화는 내 책임'이라는 생각으로 책임지고 구성원을 이끌고 나가는 조직장이 되어야만 평가가 제대로 정착된다. 조직장이 목표 수립, 실행, 평가 결과 피드백 등 전 과정에서 지속적이고 철저하게 실행을 주도해야 한다.

둘째, 회사와 조직 특성에 적합한 평가 시스템 구축이 요구된다. 각 조직의 특성을 반영하지 않은 일률적인 평가 항목과 지표는 곤란하다. 자신이 수행과 업무를 중심으로 자기 진단을 하고 상사 면담과 과정 관리를 통해 공정한 평가 제도가 수립되어야 한다.

셋째, 구성원의 동의와 수용 자세도 중요하다. 평가 시스템이 본인의 행동, 의식 변화, 목표에 대한 도전에 도움이 된다는 긍정적 인식을 주어야 한다.

넷째, 회사 전체 이익과 가치의 극대화를 추구해야 한다. 조직별 명확한 역할 분담, 비전·전략·목표의 연계, 사업 조직과 비사업 조직에 대한 고려 등으로 회사 전체의 이익에 기여하도록 평가 제도가 실행되어야 한다.

평가 후 면담

평가 후 **벌어지는 일들**

사례 1. 평가 결과에 반발해 음주 후 무단결근한 김 대리

평소 욱하는 성격이 있는 김철수 씨는 대리 4년 차다. 동기들은 전부 작년에 과장으로 승진해서 부서의 핵심 역할을 담당한다. 하지만 김 대리는 여전히 부서에서 겉돌고 있다. 상사인 정 팀장은 올해 김 대리를 과장 승진시키기 위해 도전 과제 2~3개를 부여했으나 기대 이상의 성과를 창출하지 못했다. 김 대리는 술만 마시면 과격해진다. 심한 경우 술병을 던지며 욕설을 하기도 한다. 그래서 여사원들의 기피 대상 1호다.

역량 평가에서 김 대리는 보통 등급인 C등급을 받았다. 정 팀장은 김 대리를 불러 좀 더 도전적이되 차분하게 일을 처리하라고 요구했다. 수행하고 있는 B프로젝트에서 성과를 내지 못하면 곤란하다는 이야기도 해주며 잘할 것이라 믿는다고 등도 다독여주었다.

하지만 김 대리는 B프로젝트를 수행하면서 입사 2년 차인 홍길동 사원과 고성이 오갔다. 그리고 홍길동 사원이 정 팀장에게 다른 업무를 할 수 있게 해달라고 요청하는 상황이 되었다. 정 팀장은 홍길동 씨에게 B프로젝트의 중요성과 직장에서 선배와의 관계에 대해 조언해 주었지만, 막무가내다. 김 대리하고는 절대 같은 업무를 할 수 없다며 정 안되면 타 부서 이동을 희망한다고 한다.

이런 우여곡절 끝에 정 팀장이 참여하여 B프로젝트가 마무리되었다. 12월 성과 평가가 시작되었다. 김 대리의 자기 평가는 전 항목이 탁월하다는 S등급이다. 정 팀장은 김 대리를 불러 항목별로 잘한 부분과 미흡한 부분을 가리라고 했다. 하지만 김 대리는 모든 성과는 자신이 아이디어를 내 실행한 것이라고 하며 프로젝트의 잘못이나 미진한 부분은 모두 함께한 선배와 후배 탓으로 돌렸다. 정 팀장은 김 대리를 다소 부족하다는 D등급으로 평가했다.

평가가 공개되고 자신의 평가 결과를 확인한 김 대리는 인근 술집에서 만취하도록 술을 마시고 이틀간 무단결근했다. 전화도 불통이고 집에도 연락이 되지 않는다. 정 팀장의 고민은 깊어만 간다.

사례 2. 평가 이의를 제기한 이 부장

A회사에는 평가 공개 후 1주일 동안 평가 결과에 불만이 있는 직원이 이의 제기를 하는 제도가 있다. 평가 이의 제기는 1차적으로 조직장과의 면담을 통해 한다. 그래도 합의되지 않을 경우, 인사위원회에서 쌍방의 이야기를 듣고 최종 결정을 한다. 이철수 부장은 1년 동안 자신이 담당하는 일을 성실히 잘 수행하였으나 평가 결과는 다소 미흡하다는 D등급이다. 부장으로서 D등급은 승진을 바라보기에는 어

려운 등급이다. 이 부장은 평가 이의 제기를 하고 조직장인 구 상무를 찾아갔다. 구 상무는 부장이라면 120퍼센트의 성과를 창출해야 하며 자신이 도전 목표를 세워 이끌어가야 하는데 시키는 업무만 잘하는 것은 곤란하다고 이야기했다. 이 부장은 한 번 면담한 적도 없고 어떠한 도전 목표도 제시한 적이 없었는데 이제야 스스로 목표를 정해 달성해야 했다고 말하면 곤란하다고 했다. 일에서 잘못한 것이 없는데 어떻게 D등급을 줄 수 있냐며 거칠게 항의했다. 구 상무는 더 이상의 대화는 서로에게 도움이 되지 않겠다는 판단으로 이 부장의 이의 제기를 인사위원회에 상정하였다.

사례 3. 평가 결과에 감사하는 유 대리

한 팀장은 5명의 팀원과 주 단위 면담을 한다. 한 팀장은 조직장의 업무 70~80퍼센트는 구성원의 업무 추진 과정을 지켜보며 점검하고 조언하고 이끄는 일이라고 생각한다. 한 팀장의 면담은 1:1로 조용한 곳에 불러 지시하듯이 이루어지지 않는다. 대부분 사무실에서 업무를 하는 과정에서 이루어진다. 때로는 휴게실이나 식당 등 기회가 날 때마다 업무에 관해, 하고 있는 취미 활동에 관해, 만나는 사람에 관해, 미래 인생에 관해 이야기를 나눈다.

한 팀장의 팀원들은 보고서를 한 팀장에게 가져가지 않는다. 대부분 한 팀장이 자리로 올 때 가볍게 이야기한다. 그때마다 서로 생각하는 방향이 다른 부분이나 더 포함할 내용 등을 이야기한다. 가끔 저녁을 먹을 때면 회사 이야기보다는 주변 이야기와 살아가는 이야기로 꽃피운다. 한 팀장은 한 사람 한 사람에게 왜 이 일을 해야 하며 어떤 모습으로 가야 하는지 목적의식을 분명히 하고 실천한다.

팀원 중 유 대리는 타 부서에서 온 지 8개월 차에 평가를 받게 되었다. 아직 직무에 익숙하지 않고 분위기가 다른 탓에 실수도 많았다. 한 팀장의 관심과 지도가 부담이 되긴 했지만, 어려움이 있을 때마다 조언을 받아 업무는 큰 무리 없이 수행하였다.

유 대리는 이번 평가에 좋지 않은 등급이 자신에게 부여될 것이라 예상했다. 지난주 한 팀장과의 대화에서도 이를 느낄 수 있었다. 한 팀장은 지금까지 추진한 업무의 수준과 성과에 대해 충분한 이해가 되도록 이야기해주었다. 그리고 이제 직무의 특성과 분위기에도 익숙해졌다며 새로운 프로젝트에 도전할 기회를 주었다. 그뿐만 아니라 그 업무를 수행하기 위해 필요한 사내 인맥을 직접 소개해주었다. 유 대리는 평가 공개 후 가장 낮은 등급을 받았다. 하지만 그는 한 팀장에게 찾아가 올해는 자신이 많이 부족했고 분위기 적응에 시간이 오래 걸렸다며 내년에는 부여된 프로젝트 이외에 도전 과제를 찾아 성과를 내겠다고 하며 감사하다고 했다.

피평가자의 불안과 평가자의 고뇌 예시

피평가자의 불만	평가자의 고뇌
• 평가 면담을 실시하지 않는다	• 하위 평가(C, D)를 반드시 주어야 해서 부담스럽다
• 승진자 중심의 나눠 먹기식 평가를 한다	• 부하의 업적이 비슷하여 우열을 가리기 어렵다
• 평가 결과를 피드백해주지 않는다	
• 선입견(편견)을 가지고 평가한다	• 평가 일정이 너무 촉박하다
• 상사의 주요 관심사에 대한 업무 수행자를 우선한다	• 승진자를 밀어줄 수밖에 없었다
• 상사 자신의 업무 목표가 분명치 않다	• 2차 평가자의 평가 조정으로 1차 평가가 무의미하다
• 형식적인 목표 수립으로 업무 수행의 기준이 되지 못한다	• 평가 관련 스킬이 부족하다
• 목표 따로 평가 따로이다	• 목표 변경이 중간에 자주 발생한다
• 육성 개발을 위한 지도 조언이 부족하다	

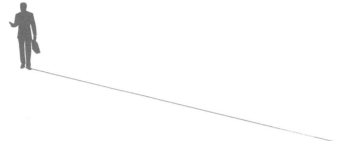

조직장의 역할

기업에서 조직장은 구성원들의 조력자며 동기 부여자다. 조직장이 단지 평가를 위한 평가를 한다면 구성원은 열과 성을 다하여 에너지 넘치게 일하지 않을 것이다. 그러므로 조직장은 평가를 통해 구성원들의 역량을 올려 베테랑 직원이 되도록 만들어야 한다. 직원들에게 동기를 부여하고 신바람 나게 일하도록 도울 사명이 있다. 이를 위해 조직장은 자신의 역할과 책임을 제대로 파악하고 조직이 가야 할 목표와 내용을 본질적으로 제시해야 한다.

어떻게 구성원을 신바람 나게 할 것인가?

구성원에게 동기 부여하고 신바람을 불러일으키는 많은 방법이 있다. 그중에서도 다섯 가지 핵심 스킬을 소개하고자 한다.

첫째, 질문이다. 질문에는 긍정의 마인드가 내재해야 한다. 구성원이 '예스'나 '노'의 단답형 답변이 아니라 대화가 이루어질 수 있는 질문을 던지고 미래 지향적인 성격을 담는다.

둘째, 경청이다. 경청에 대해서는 무수히 많은 자료와 이야기가 있다. 그러나 현실적으로 조직장은 경청하기가 쉽지 않다. 말도 안 되는 이야기를 들어야 할 때도 있고 시간적 여유도 부족하다. 무엇보다 정답을 알고 있다는 생각이 경청을 방해한다. 경청에는 귀로 듣는 1단계, 입으로 듣는 2단계, 마음으로 듣는 3단계가 있다고 한다.

셋째, 직관이다. 일하면서 의사 결정에 가장 큰 영향을 주는 것은 조직장의 직관이다. 이 직관이 일하면서 구성원의 해답과 가장 밀접한 관계를 맺는다.

넷째, 자기 관리 능력이다. 구성원과 면담하거나 동기 부여를 하면서 스스로 관리하지 못해 더 엉망이 되는 경우가 있다. 자기 관리를 위해서는 면담자 대한 판단 자제, 마음의 평정 유지, 면담자에 대한 관심을 행동으로 표현, 면담 또는 동기 부여를 위한 시간(준비) 사전 확보 등의 원칙을 지켜야 한다.

다섯째, 확인이다. 조직장은 구성원의 미래 목표를 확인하고 구성원의 현재 수준(강점과 보완점)을 점검해야 한다. 이어서 이슈에 대해 자신

동기 부여 스킬

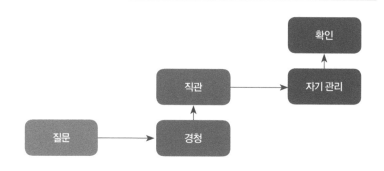

의 과거(성공 체험)를 준비하여 구체적으로 이야기한다.

비전·전략과 인사 시스템의 결부 및 **조직장의 인식 전환**

회사의 인사 시스템은 반드시 그 회사의 비전·전략과 연계되어 한 방향으로 나아가도록 구축되어야 한다. 비전과 전략을 달성하기 위해서 전략적 측면에서 전사-본부-팀-개인의 목표로 MBO 방식의 성과 평가가 이루어지고 문화적 측면에서 인재상, 핵심 역량, 팀 역량, 개인 역량을 통해 역량 평가가 이루어져야 한다. 이러한 성과 평가와 역량 평가가 기반이 되어 보상, 승진, 선택적 교육, 이동 등이 연계되도록 시스템을 구축해야 한다.

평가가 중심이 되는 인사를 하기 위해서는 평가자인 조직장의 평가에 대한 올바른 인식과 운영이 중요하다. 평가는 크게 4개 프로세스로 구분할 수 있다. 목표 수립-과정 관리-평가-피드백이다. 조직장은 목표 수립의 단계에서 좀 더 도전적 목표를 수립할 수 있도록 제반 정보를 알려주고 구성원이 목표를 수립하도록 지원해야 한다. 과정 관리 단계에서는 성과를 내기 위한 업무 지도와 기록 관리가 무엇보다 중요하다. 평가 단계에서는 성과 중심의 누적 자료와 평가 기준에 의한 공정성이 요구된다. 마지막 피드백은 장단점에 대한 명확한 제시와 다음 목표에 도전할 수 있는 동기 부여가 있어야 한다.

제도에 대한 구성원과의 **공감대 조성**

조직장은 평가 결과가 보상, 승진, 교육, 이동, 퇴직에 미치는 영향

등에 대해서 구성원과 공감대를 조성해야 한다. 이를 위해 HR 부서는 현장을 방문하여 평가 설명회 등을 열어 구체적으로 설명해줘야 한다. 조직장에 대한 설명과 질의 응답을 통해 이해 수준을 높이고 전사 게시판에 평가 관련 궁금한 점을 설명하는 적극적인 공감대 조성 활동을 하는 게 바람직하다.

또한 평가 공정성을 높이기 위한 여러 활동을 함과 동시에 평가 불공정 사례에 대해서는 강한 질책을 통해 재발을 방지해야 한다. 특히 조직장에 대해서는 경고 이상의 징계를 통해 평가 제도가 올바로 운용되어 회사 문화로 정착되도록 이끌어야 한다. 이를 위해 HR 부서는 분기별 모니터링과 피드백을 시행하고 평가 미성숙 부서에 대해서는 교육이나 단위 조직 컨설팅을 해야 한다.

평소 관심과 지도는 **조직장의 가장 중요한 역할**

좋은 평가 등급을 받고 싶은 것이 모든 직장인의 희망이다. 하지만 현실에서는 실현 불가능하다. 역량은 높지만 낮은 성과 등급을 받게 된 구성원이 있고 본인의 기대보다 낮은 등급을 받은 구성원도 있을 것이다. 평가 결과가 공개되면 평소 조직장이 과정 관리를 잘했다 할지라도 조직 분위기가 위축되는 경향이 있다. 평가 전후의 면담 과정이 없다면 구성원의 반발은 예상외로 클 수 있다.

조직장 입장에서는 공정하게 평가했다고 할지라도 평소 목표 면담이나 과정 관리를 하지 않았다면 할 말이 없게 된다. 즉 조직장으로서 역할을 소홀히 한 것이다. 반면에 조직장이 앞에 나온 유 대리의 사례처럼 평소 구성원에게 관심을 두고 목표 관리와 과정 관리를 성실히 수행했다면 조직 분위기 위축과 반발은 매우 적을 것이다. 요컨대 구성원들은 평가 결과를 남의 탓이 아니라 자신의 책임으로 두고 결과를 수용하게 된다.

조직장은 역량 평가 전후에 구성원과 면담을 통해 본인이 지속해서 강화해야 할 역량과 보완해야 할 역량이 무엇인가를 구체적으로 인지하게 해야 한다. 이를 통해 성과 평가에서 좋은 결과를 얻도록 더 도전하고 열정을 다하도록 이끌어야 한다. 성과 평가 전후에는 잘한 부분과 보완할 부분이 무엇인가를 명확하게 알려주고 다음 해에는 더욱 높은 성과를 창출하기 위해 도전할 과제를 안고 열정에 불타게 해야 한다. 평가를 받은 구성원이 평가에 불만을 품고 출근하지 않거나 의기소침해 있거나 이의 제기를 하게 하는 것은 결국 조직장 잘못이다. 훌륭한 조직장이라면 낮은 평가를 받은 구성원이 "죄송하다. 내년에는 높은 성과를 창출하여 보답하겠다"고 이야기하게 해야 한다.

평가 피드백 방법

현장에서 이루어지는 평가를 보면 평가 등급과 피드백이 균형을 이루지 못하는 경우가 종종 있다. 예를 들어 평가에서 낮은 등급을 받았는데 평가 피드백은 칭찬 일색이라면, 그 결과를 접한 구성원은 매우 당혹스러울 것이다. '내가 다 잘했는데, 어떻게 결과는 최하위인가?' 하고 생각하며 의구심을 품기 십상이다. 신입 사원으로 성과 면에서는 선배들과 큰 차이를 보이지만, 열정과 노력하는 자세가 보이는 사원이 있다면 평가 등급과 피드백이 어울리지 않을 수 있다. 그렇다 하더라도 칭찬 일색의 피드백은 옳지 않다. 평가 결과와 일치하는 피드백이 바람직하다.

구체적이고 객관적인 내용을 피드백함으로써 구성원의 우수한 성과와 개선할 점을 명확하게 명시하여 다음 평가를 받을 때 역량을 강화할 수 있는 계기가 되도록 해야 한다. 나아가 추후 개선 방향까지 명확히 제시된 피드백을 접한다면 그 구성원은 비록 금번에 나쁜 평가를 받았더라도 다음 기회를 기대하며 노력하게 될 것이다.

평가 피드백 사례와 **보완 방향**

앞의 두 성과 평가 피드백 사례 중 구성원이 더 원하는 것은 무엇일까? 구성원이 기꺼이 평가 결과를 수긍하게 하려면 평가 피드백 내용이 정확해야 한다. 평가 결과와 피드백 내용이 일치하지 않으며 그 내

사례 1. 과연 개선이 맞나요?

- 성과 평가 결과: C (개선)
- 우수한 성과

  선입 선출 및 철저한 안전 재고 관리로 탁월한 장기 제품 관리 및 우수한 추가 매도 감축

- 개선해야 할 성과

  내·외부 고객과의 상호 협력 및 커뮤니케이션 노력

- 종합 평가

사례 2. '개선'은 받았지만……

- 성과 평가 결과: C (개선)
- 우수한 성과

  - ○○ 기준 정립 성과 달성
  - 개선된 □□ 제도 원활히 현업에서 시행
  - △△ 제도 개선에 기여

- 개선해야 할 성과

  - 제도, 정책, 기획 분야 취약
  - 상위 업무 수행에 대한 도전 정신 부족
  - ○○ 등 단위 업무는 수행 가능하나 총괄 능력은 부족

- 종합 평가

  - 주어진 업무에서 기대 수준을 넘어서지 못하며 탁월한 성과 창출에 대한 욕심이 필요할 것으로 판단됨
  - 조직의 성과 목표와 업무를 일치시키려는 노력이 부족하며 현장감 있는 업무 분야에서의 경험이 필요할 것으로 생각됨
  - 본인이 지닌 잠재 역량을 발현할 수 있는 도전적 과제 및 업무 부여가 필요함

용조차 불명확하다면 평가 결과에 대한 구성원의 신뢰도는 떨어지고 평가 결과에 불만이 생길 것이다. 그리고 자연스럽게 성과 창출을 위한 노력도 미흡해질 것이다. 이런 점에 유의해야 한다. 평가 피드백의 내용에 따라 평가 결과에 대한 구성원의 반응부터 추후 평가의 효과까지 달라질 수 있음을 명심해야 한다.

성과 피드백 방법

조직의 성과 창출에 도움이 되는 성과 평가 피드백 방법을 소개하겠다.

첫째, 객관적인 메시지다. 피드백은 구성원의 발전을 도모하는 과정이다. 따라서 구성원이 직무를 개선할 방법에 대한 제안과 더불어 지난 1년간의 직무 결과에 대한 객관적인 메시지를 제공해야 한다. 내용이 구체적이지 못하거나 추상적인 용어를 사용하여 피평가자가 무엇을 해야 할지 모른다면 그것은 잘못된 피드백이다.

둘째, 합리적 기준에 의한 피드백이다. 지난 한 해 실제로 구성원이 이룬 성과는 무엇인지 파악하고, 피드백을 받는 구성원이 그 내용을 명확히 알 수 있도록 합리적 기준을 가져야 한다. 논리적으로 일관성이 없는 피드백은 구성원이 조직장의 역량을 의심하게 한다.

셋째, 구체적 수치의 제시다. 구성원들이 피드백을 받을 때 가장 중요하게 생각하는 요소는 피드백의 정확성이라고 한다. 구성원이 달성한 성과의 구체적 수치를 들어 피드백하라. 사무직이라면 사장 보고 5점, 본부장 보고 3점, 부문장 보고 2점, 팀장 보고 1점으로 의사 결정자의 직책에 따라 계량화할 수도 있다. 객관적 수치가 기반이 된 자료는 피드백 출처의 신뢰성을 높여준다.

넷째, 행동에 초점을 두어야 한다. 성과가 객관적인 수치로 표현될 수 없는 경우라 하더라도 상대방의 성격, 태도, 능력, 인격에 대한 판단보다는 눈에 보이거나 평가될 수 있는 행동에 초점을 맞춰라. 이것이 효과적인 피드백을 가능하게 한다.

다섯째, 잘못을 정확히 지적하여 고치게 하는 피드백이 바람직하다. 무조건 긍정적 피드백을 보내는 것은 올바른 피드백이 아니다. 때로는 구성원의 잘못된 수행을 개선할 수 있는 교정적 피드백도 필요하다. 피드백의 목적은 잘못의 지적이 아니라 잘못을 고칠 수 있도록 이끌어주는 데 있다.

여섯째, 도전적인 목표의 부여다. 성과 평가 피드백 시 우수한 성과와 개선해야 할 성과뿐 아니라 추후 달성해야 할 목표에 대한 방향성을 함께 고민해야 한다. 평가 피드백의 궁극적인 목적은 구성원의 가치를 발견하여 발전으로 이끌고 조직의 성과를 창출하는 것이다.

4장

보상

HUMAN
RESOURCES

보상 제도의 변천 트렌드

보상이란 "인적 자원을 활용한 대가로 근로자에게 제공하는 모든 형태의 반대급부"다. 조지프 마르토치오Joseph Martocchio는 "근로를 제공하여 얻은 소득이다. 즉 직무를 수행함으로써 지급 받는 내재적 보상과 외재적 보상이다"라고 말했다.

보상은 인적 자원 형성, 인적 자원 배치, 인적 자원 활용, 인적 자원 유지 등 오로지 기업 경영의 차원에서만 가능한 논의 대상은 아니다. 물가나 생산성뿐만 아니라 노사 관계 안정과 사회 안정 등 거시적인 국민 경제 차원에서도 중요시되고 있다.

국내 기업의 보상 제도 변천

1960~1970년대 국내 기업의 보상은 기본급과 고정 상여 및 제 수당으로 단순화되어 있었다. 성과에 의한 차등이라는 개념은 존재하지 않았다. 다만, 금성사와 포스코를 중심으로 직무에 따른 직무급을

도입한 사례가 있다. 하지만 직무 가치를 평가하여 직무 등급별로 직무급을 지급한 것이 아니어서인지 결국 실패하고 말았다.

1980년대 들어서 직급별 호봉제가 도입되고 성과 개념이 노동에 접목되면서 차등 상여가 도입되었다. 1990년대는 역량에 따른 직능급 제도가 시행되었다. 또한 삼성을 시작으로 새로운 인사 제도 도입에 따른 과도기적 연봉제를 도입하였다. 1990년대 후반부터 현재까지는 성과에 따른 변동급의 비중을 높이고 평가에 따라 기본급의 차등을 두는 기업들이 늘었다. 최근의 특징은 같은 직무를 수행하면 같

국내 기업의 보상 제도 변천

1960~1970년대		1980년대		1990년대		1990년대 중반~현재	
연공급 심화 및 직무급 시도와 실패		능력주의적 연공급, 임금 체계 복잡		능력급(직능급), 연봉제, 성과주의 도입 필요성		연봉제 도입·확산 및 직무급 재도입, 임금 피크제, 직군 관리제	
기본급	직급별 호봉제	기본급	직급별 호봉제 (단일 호봉제)	기본급	직급별 호봉제 (단일 호봉제)	기본연봉	직급별 기본급
	직급(직무) 수당		직급(직무) 수당		직능급		고과 승급
제 수당		제 수당		제 수당		연봉	제 수당
							업적 연봉
고정 상여		고정 상여+차등 상여		고정 상여+차등 상여			성과 배분 임금

1960~1970년대	1980년대	1990년대	1990년대 중반~현재
• 공무원의 직위 분류제 • 금성사의 직무급 • 포스코의 직무급 →내부 노동 시장 형성 (직무 순환, 내부 육성) →직무급 도입은 실패	• 직급별 호봉제 • 정기(고정) 상여제 →성장기 배분 매커니즘 →초기 노동주의 성과 →상여 인센티브 기능 상실	• 포스코, 한국전자의 직능급 • 1993년 포스코 성과 배분제 • 1995년 삼성, LG의 능력급, 1996년 ~1998년 연봉제 • 1998년 공무원 연봉제	• 임금 피크제 • 2006년 CJ, 삼양사의 직무급 • 2007년 고위 공무원단 제도 • 2007년 우리은행 직군 관리제 →고용과 임금의 통합 관리 사례

은 보상을 받아야 한다는 직무 가치에 따른 직무급이 도입되어 직무 중심의 인사로 전환되고 있다. 또한 인건비 부담이 가중되면서 정년 연장과 연계하여 임금 피크제를 도입·운영하는 기업이 늘고 있다.

보상 정책은 구성원을 유지하는 원천이다. 그뿐만 아니라 구성원 동기 부여와 우수 핵심 인력 확보 등에 미치는 영향이 크다. 낮은 수준의 불공정한 보상 정책은 구성원의 생산성 저하를 초래하고 이것이 지속되면 결근, 파업, 이직의 원인이 된다.

선진 기업의 보상 원칙은 보상 경쟁력 확보, 내부 공평성, 성과 지향, 장기적 보상으로 정리할 수 있다. 특히 동종 업체보다 총보상 수준을 더 높임으로써 구성원 확보, 유지, 안정적 기반의 가치 창출을 도모한다. 고정급 중심에서 벗어나 성과에 따른 변동급의 비중을 높여가고 있다. 같은 직급의 같은 직무에 종사하면 같은 보상을 받는 연공적 내부 공정성에서 변화해 시장 가치와 개인의 역량이나 성과 차이를 인정하는 보상 제도로 이동하는 중이다. 단기 보상에서 장단기 보상의 조합을 통해 구성원의 장기 근무를 유도한다. 과거 인사 부서 중심형 운용에서 현장 조직장에게 예산 배분권을 줌으로써 현장 중심형 보상 운영이 이루어지도록 변모하고 있다.

최근 국내 기업 보상 제도와 관련된 벤치마킹 결과를 보면, 대졸 사원 이상은 거의 대부분 연봉제를 시행하고 있다. 또한 평가에 따른 보상의 공정성을 강화하는 추세다. 개인과 집단 인센티브를 통해 조직 차원의 팀워크와 개인 차원의 역량과 성과를 견인하고 있다.

보상의 패러다임 변화

구분	과거	현재
관리 목적	비용 통제 중심, 효율성 추구	가치 창출 중심, 효과성 추구
관리 방식	보상 요소의 개별 관리	경영 전략에 따른 총 보상
인건비 성격	고정급 중심	변동급 강화
보상 기준	내부 공정성 중시	시장 가치와 성과 기준
보상 대상	개인 중심	개인+팀 기준
기본급 기준	연공·직무 중심	역량, 고과 승급
보상 주기	단기 보상 중심	• 장·단기 보장의 믹스 • 단기: 연봉+인센티브, 장기: 스톡옵션
보상 전략	인사 부서	보상위원회
관리 주체	인사 부서	현장 조직장(예산 내 배분)

선진 기업의 보상 원칙

외부 경쟁력
대기업 대비 보상
경쟁력 확보

내부 공정성
개인 책임, 역량,
성과 차이 인정

성과 기반
고성과자, 저성과자
유형별 관리

장기 운영
장기적 육성 및
지속적 성과 강조

보상의 종류와 통상 임금 이슈

　●　　　　　　　　　　　　　보상의 종류는 크게 기본급, 제 수
당, 상여금, 성과급, 지식급·기능급, 복리후생으로 구분할 수 있다. 기
본급은 근로자가 직무를 수행함으로써 받는 기본임금이다. 기본급의
지급 방식은 시간급Hourly Pay, 월급Monthly Pay, 연봉Annual Pay 등이 있다. 직
무 수행에 요구된 기능, 성과, 책임의 범위, 근로 조건의 정도 등에 의
해 직무에 대한 기본급 수준 설정하고 생계비, 성과, 지식 등을 반영하
여 조정한다.

　제 수당은 근로자의 기본적 임금인 기본급을 보완하는 기능을 수행
한다. 직무 수당, 직책 수당, 가족 수당, 시간 외 수당 등이 이에 속한다.

　상여Bonus는 명절이나 결산기 등에 기업의 업적이나 종업원의 근무
성적, 생활 사정에 따라 상여, 보너스, 임금 급여, 하계 수당, 생활 보조
금 등의 명칭으로 지급되는 임금을 총칭한다.

　성과급Incentive Pay or Variable Pay은 미리 결정된 과업 목표를 부분적으로
나 완전하게 달성한 근로자에게 보상을 지급하는 방식이다. 달성 수

기업별 보상 관련 벤치마킹

구분	보상 관련 벤치 마킹	시사점
S사	• 공통직 대졸 사원 이상(G3급) 연봉제 시행 • 동일 직급 내 급여 밴드를 두어 승급 운영 • 직급별 평가 기준에 따른 능력 가감급 운용: 평가 결과에 따라 능력 가급 가능 • PS, PI 등 다양한 인센티브 시행	대졸 사원 이상 연봉제 확대
L사	• 대졸 사원 이상 연봉제 시행 • '기본 연봉＋디지털 인센티브＋경영 성과급'의 단순한 연봉 구조 운영 • 디지털 인센티브: 개인 성과 평가에 따라 차등 지급 • PI 성격의 인센티브 운영	성과에 따른 차등 강화
G사	• 일반직 JR급 이상 대졸 사원 연봉제 실시 • 급여 폭Pay Range 적용 • 비누적적 업적급(성과 일시급) 확대를 통해 임금 유연성 및 성과 차등 보상 운영 • 신입 사원의 경우 입사 초기 3년차까지 평가 결과에 따른 차등 적용 없음	평가에 의한 보상의 공정성 확보
P사	• 대리 이상 사원부터 연봉제 실시 • '기본 연봉＋업적 연봉＋경영 성과급'의 단순한 연봉 구조 운용 • 비누적적 업적급 비중 확대 추진	PS, PI 등 다양한 인센티브 확대

준에 따라 보상 수준이 변동된다.

지식급과 기능급Pay-for-knowledge & Pay-for-skill 중 지식급은 전문적 교과 과정을 학습한 관리직, 서비스직, 전문직 등에게 보상을 지급하는 것이다. 기능급은 육체적 작업을 수행하는 근로자에게 주로 적용되며 기능 습득에 따라 인상한다.

복리후생Employee Benefits은 구성원과 그 가족들의 경제적 안정과 생활의 질을 향상시키기 위해 기본임금, 제 수당, 상여금 이외에 제공되는 간접적인 제 급부와 시설, 제도 등을 의미한다. 이것은 후생복지, 복리후생, 부가 급여, 간접 급여, 비금전적 급여 등 다양한 이름으로 불린다.

통상 임금 이슈

통상 임금에 대해서는 근로기준법 시행령 제6조 제1항에 "통상 임금이라 함은 근로자에게 정기적·일률적으로 소정 근로 또는 총 근로에 대하여 지급하기로 정하여진 시간급 금액·일급 금액·주급 금액·월급 금액 또는 도급 금액 등을 말한다"고 규정되어 있다. 또 평균 임금은 근로기준법 제19조 제1항에 "평균 임금이라 함은 이를 산정하여야 할 사유가 발생한 날 이전 3개월간에 그 근로자에 대하여 지급된 임금의 총액을 그 기간의 총일수로 나눈 금액을 말한다"고 규정하고 있다.

통상 임금 문제가 기업에 미치는 영향

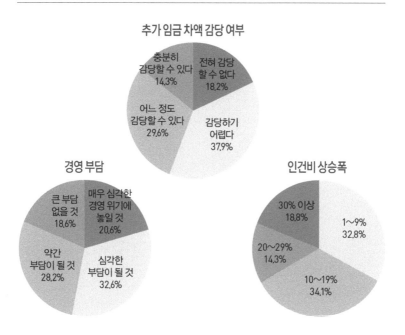

2014년 7월에 GM코리아에서부터 통상 임금 이슈가 불거져 나왔다. 이는 2014년 하반기 이후 노동쟁의를 뜨겁게 달구었다. GM코리아는 정기 상여 전액을 총액 인건비로 포함하겠다는 의견이다. 한국경영자총연맹의 보고서를 보면 이 경우 1년간 노동 비용 증가에 미치는 영향이 약 8.9조 원 수준이다. 초과 급여 5.9조, 연차와 변동 수단 1.8조, 퇴직 급여 및 보험료가 1.2조 수준의 증가를 나타낼 것으로 전망했다.

통상 임금과 평균 임금이 영향을 주는 수당

평균 임금을 기초로 산정하는 수당	통상 임금을 기초로 산정하는 수당
• 퇴직금(근로기준법 제34조) • 휴업 수당(근로기준법 제45조) • 월차 유급 휴가 수당(존속 시 적용, 근로기준법 제57조) • 재해 보상금(근로기준법 제81조~제87조) • 감금액의 제한(근로기준법 제98조) • 고용보험 • 산재보험 • 국민연금 • 건강보험	• 해고 예고 수당(근로기준법 제32조) • 휴업 수당(근로기준법 제45조) • 연장·야간·휴일 가산 수당(근로기준법 제55조) • 월차 유급 휴가 수당(존속 시 적용, 근로기준법 제57조) • 연차 유급 휴가 수당(근로기준법 제59조)

직무 중심의 보상 시스템

왜 직무 중심의 **보상인가?**

사례 1. 회사에 미치는 영향력이 다른데……

인사 기획 업무를 담당하는 이 부장은 상반기 평가를 받고 고민에 빠졌다. 평가 후에 임원 인사를 끝내고 사원 승진까지 마쳤지만, 평가는 C등급이다. 당연한 일을 했다고 한다. 낮은 평가 받은 사람들의 이의 신청, 퇴직 임원에 대한 조치, 승진에서 떨어진 사람들에 대한 동기 부여 등 수없이 많은 일을 수행했다. 그랬건만 작년에도 했던 일이라는 이유로 보통 수준의 평가를 받은 것이다.

환 업무를 담당하는 재무실 오 차장은 매주 환율 변동을 보고한다. 1원의 환율 변동이 회사 이익에 심각한 영향을 주기 때문에 각종 정보를 분석하고 여러 전문가의 의견을 받아 주 단위 예측 보고서를 보고한다. 그리고 1주 단위로 시장의 평가를 받는다. 예측이 정확하면 업무 담당자로서 당연한 일이고 조금이라도 차이가 벌어지면 재무

본부장과 CEO의 호출이 이어진다. 오 차장의 상반기 평가도 C등급이다. 국내외 정세와 개인적으로 알고 있는 이 분야 전문가의 도움을 받아 오차의 범위를 줄였지만 할 일을 한 것이라는 평가였다.

이 회사의 성과급은 개인 평가와 연계되어 지급된다. 평가 등급 S를 받은 사람은 C등급을 받은 사람에 비해 2배 가까운 성과급을 받는다. 이번에 S등급을 받은 사람은 총무부에서 주주총회를 담당하는 김 부장, 임원 교육을 담당하는 이 과장, 비서실 비서 업무 담당자인 정 차장이었다.

인사 기획 이 부장과 환율 담당 오 차장은 타 부서 전출을 신청했다. 스트레스 많고 회사에 미치는 영향력이 크기에 한 번 잘못하면 큰 손해를 미칠 수 있지만, 잘해봤자 본전인 업무에서 벗어나고 싶었기 때문이다. 이 부장은 제도 운용 후 실망한 수많은 사람을 위로해주는 것이 힘들었다. 오 차장 역시 1주 단위 환율 예측을 정확한 수치를 작성해야 하는 부담을 떨치고 싶었다. 이 부장과 오 차장의 업무는 회사에 미치는 영향이 큰 만큼 실수란 용납되지 않는다.

최근 이 부장과 오 차장은 헤드헌터의 전화를 받고 고민 중이다. 타 기업의 동일 업무를 담당하는 사람들은 보상 면에서 큰 차이가 있었다. 같은 인사 기획과 외환 업무를 하는데 타 회사에 다니는 같은 직무 담당자의 보상 수준은 2배 이상이었던 것이다.

사례 2. 왜 업무가 다른데 동일 급여입니까?

미국 MBA 출신으로 재무팀에 입사한 김 과장은 급여 명세서를 보고 충격에 빠졌다. 과장 초임 급여를 받은 것이다. 예상은 했지만 실망스러웠다. 미국에서는 업무 가치에 따라 급여 수준이 다르다. 미국

MBA와 글로벌 기업에서의 경험이 별도로 인정되지 않았다. 고등학교를 졸업하고 제때 승진한 총무팀의 이 과장과 같은 급여였다.

김 과장이 미국에서 근무할 때는 회사에 미치는 영향, 관리 규모, 업무를 수행하는 역량 수준이 다르면 당연히 급여는 달랐다. 재무, 전략, 글로벌 HR 직무를 맡은 사람은 영업이나 생산 등 단순하고 일반화된 직무를 담당하는 사람보다 매우 높은 수준의 급여를 받았다. 또한 높은 등급의 직무에는 우수한 인재가 근무하기 때문에 승진도 빠르다. 이는 회사 내 경영자로 성장하기 위한 필수 코스다.

김 과장은 인사팀장에게 기여하는 만큼의 보상을 받길 희망한다고 요구하였다. 인사팀장은 회사의 제도 운영상, 직무급을 운영하지 않으며 연봉제이기 때문에 담당 업무에서 평가를 잘 받아 성과급을 높게 받는 방법밖에 없다고 말한다.

연봉제를 한다고 하지만 과도기적 연봉제로 연공서열이 반영되어 있었다. 그리고 오래된 직원이 경영자와의 관계에서 더 좋은 평가를 받는 상황이라 완벽한 차별화를 이루기 어려운 실정이었다. 인사팀장은 앞으로 직무급 제도를 검토하겠다는 원칙적인 말만 되풀이할 뿐이었다.

직무급의 **기본 개념**

직무급 도입의 기본 사고방식은 조직에 대한 공헌 정도에 따라 보상을 한다는 것이다. 조직 공헌도는 개인의 직무(역할)의 차이 × 개개의 직무(역할)를 어느 정도 달성했는가 하는 성과 목표의 달성도다.

직무 기반의 보상 제도 도입은 크게 보상 철학의 변화, 동기 부여 수단의 다양화, 보상의 전략적 활용, 보상 시스템의 선진화 측면에서 고려할 수 있다.

조직 공헌도 산출

성과의 크기	=	역할의 차이	×	성과 목표의 달성도
조직 공헌도		직무 크기		목표 설정·평가

직무급 도입 배경 및 시사점

직무 가치 기반의 임금 체계 도입 배경

보상 철학 재정립	• 담당 포지션의 가치(수익 기여도, 책임의 크기, 난이도 등)에 대한 보상 체계 반영 →회사 수익에 크게 기여하고 어려운 일에 대해서는 더욱 큰 보상이 가야 함
동기 부여 수단 다양화	• 승진의 효과성은 매우 높지만, 단순한 직위 체계에서 승진 운용의 제약이 큼 →승진 효과에 준하는 대안이 필요
보상의 전략적 활용	• 신규 사업, 턴어라운드 사업 등 가시적 성과를 내기 어려운 포지션의 경우 사후적 보상인 성과급만으로는 동기 부여 효과가 제한적임 →사전 보상의 강화를 통한 보상의 전략적 활용도 제고
보상 시스템의 선진화	• 글로벌 트렌드를 고려한 인사 시스템 선진화 필요 →중국은 한국보다 인사 관련 글로벌 시스템이 발달되어 있음

시사점

고부가가치 포지션의 대상자
• 회사의 성과에 미치는 중대한 영향을 고려, 더 높은 수준의 책임감과 열정을 갖고 경영에 임해야 함

저부가가치 포지션의 대상자
• 직무 가치는 본인의 노력으로 상승 가능
• 맡고 있는 포지션이 회사에 미치는 기여도를 제고하여 포지션의 가치를 업그레이드해야 함

직무 가치의 보상 반영 의미
• 직무 가치의 보상 체계 반영은 위에서 언급한 메시지를 전달·강조하기 위한 수단일 뿐 '차등화' 자체가 목적이 아님

직무급 도입을 위한 **프로세스**

기업 현장에서는 직무 중심의 보상 제도 도입과 관련해서 긍정적 의견이 많다. "성과 있는 곳에 보상이 있다면, 성과가 높은 직무에 더 높은 보상을 지급해야 한다." "회사에 영향력이 높은 업무를 하는 사람에게는 더 높은 보상을 지급하는 것이 옳다." "환율을 담당하는 내 급여는 타 금융 회사에 근무하는 친구들보다 적은 보상 수준이지만, 영업을 담당하는 내 동료는 타 회사 영업 사원보다 훨씬 높은 보상을 받고 있다. 직무에 따른 차별적 보상 체계가 옳다." 등 찬성 의견이 들린다.

그러나 반대도 만만치 않다. 우리나라는 노동 시장의 규모가 작은 편이기에 유연성이 떨어지며 비교 잣대를 찾기 어렵다. 또한 공채 중심의 일괄 채용이 많아서 같은 시기에 입사한 사람들은 동일 임금을 받는 형태다. 그나마 입사 후 연봉제를 통해 차등을 두는 수준이다.

높은 등급을 받던 사람이 낮은 등급의 직무로 가면 좌천이라 생각한다. 또한 신규 직무나 회사에 꼭 필요한 직무이지만 낮은 등급의 직무에는 유능한 인재를 보내기가 어렵다. 그리고 빈번한 직무 변경과 조직 개편에 따라 직무 등급을 변경해야 하는 어려움이 있다. 상황이 이렇다 보니 미국 기업이 시행하는 직무급 구조의 전면 도입에는 아직도 어려움이 많다. 추가 재원의 투입 없이는 동기 부여가 곤란하다. 또한 임직원의 수용성이나 HR 인프라 등을 고려할 때 제도 도입의 긍정적 효과보다는 부정적 효과가 증폭될 가능성도 높다.

직무급을 도입하기 위해서는 먼저 직무에 대한 정의를 내려야 한다. 소분류 단위의 직무를 중심으로 직무급을 도입할 수는 없다. 대분류 단위로 하면 사실상 직무 특성을 고려하지 못하는 단점이 있다. 대기업 인사를 예로 든다면, 인사의 주요 기능(채용, 평가, 보상, 교육, 노사직무) 중심으로 직무를 구분하는 것이 옳다. 직무에 대한 정의를 내렸다면, 직무 기술서를 작성하고 일정 기준에 의해 직무 평가를 시행한다. 직무 평가에 따라 직무 가치를 통상 4~6단계의 등급을 나눈다. 그리고 직무 등급에 의해 보상 시스템을 설계한다. 직무급 도입 프로세스를 세분화하면 크게 5단계로 나뉜다.

직무급과 보상의 발전 방향

성과가 있는 곳에는 보상이 있어야 하며, 역할이 다르면 다른 만큼 보상 차이가 있는 게 원칙이다. 장기적으로 동일 직위 동일 임금의 보상 체제는 유지할 수 없다. 또한 연봉제하에서 평가에 의한 비누적 임금 차등을 두는 것도 한계가 있다.

사무직이라면 직무를 더욱 분석하여 명확한 직무 기술서를 작성하여 관리해야 한다. 또한 인사 부서 내에 직무 담당자가 있어 직무 중심의 발령과 직무 관리를 해나가야 한다. 매년 직무 평가를 시행하여 직무 가치와 등급을 관리하며 이러한 제도가 구성원들에게 자연스럽게 스며들게 해야 한다. 이러한 토대 위에 직위 중심의 단일 기본급에서 개별 연봉제를 정착시키고 직무 기반의 개별 연봉제로 전환되어야 한다.

직무급 도입 프로세스

단계	주요 내용	비고
1단계	직무평가를 하기 위한 기초 단계 • 전체적인 프로젝트를 추진하기 위한 조직을 구성 • 직무 분석 및 평가 모델을 선정 • 직무에 대한 정의, 직무 분석 및 직무 기술서를 작성하여 관리	외부 컨설팅 검토
2단계	직무 평가 기준 설정 • 통상 직무의 크기, 성과에 미치는 영향, 복잡성과 난이도에 따라 5개 정도의 항목에 회사 특성에 따라 그 비중을 달리한다.	하기 항목 참조
3단계	직무 평가 시행 • 평가 기준에 의해 분류된 직무를 제반 자료, 설문 그리고 인터뷰를 통 해 평가 시행	
4단계	직무 등급 설정 • 직무등급은 통산 4~6단계로 정한다. • 등급 수를 세분화하면 그룹화의 의미가 없어지며, 등급 수를 축소하 면 그룹 내 직무 가치의 변별력이 퇴색하게 된다.	
5단계	등급별 보상의 차등을 어떻게 가져갈 것이냐를 결정 • 재원을 결정 • 2단계 이상의 직위를 뛰어넘는 보상 차등은 자제	

보상 체제의 변화

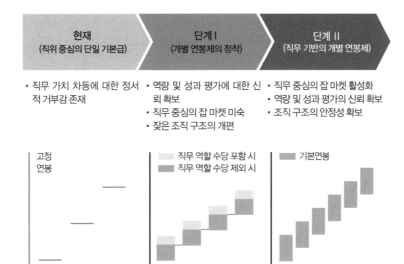

임금 인상 어떻게 결정하나

임금 인상 결정 요인

임금 인상은 물가 상승에 따른 생계비 보전을 기본으로 하고 회사의 지불 능력과 대외 경쟁력 그리고 내부 보상 정책과 전략에 따라 결정된다. 회사의 지불 능력은 전년도 경영 성과, 사업 실적, 매출 및 영업 이익 규모, 목표 달성률, 현 보상 수준, 최근 3개년의 인상 실적, 인건비 구조 등을 종합하여 판단한다. 대외 경쟁력 측면은 우수 인력의 확보와 유지 관리 관점에서 동종 업계의 보상 수준과 임금 인상의 실적을 비교하여 업계 우위 또는 최상의 수준으로 결정한다.

주요 거시 지표는 통상 기본 생계비 보전 측면에서 소비자물가 인상률과 최저 임금 인상률을 검토한다. 내부 정책이나 전략은 단기·중장기 보상 정책이나 전략 반영, 사업 및 직무 특성, 인상 재원의 배분 계획, 인력 분포 등을 고려하여 결정한다.

임금 인상 프로세스

임금 인상 프로세스는 크게 4단계로 이루어진다.

1단계는 인건비 인상 재원 산정이다. 이 단계에서는 거시 지표, 회사의 지불 능력, 대외 경쟁력, 내부 정책 등을 검토하여 당해 연도 인건비 인상을 위한 재원 규모를 산정한다. 이때 고려해야 할 점은 임금 인상 외 신규 채용과 복리후생 등을 포함하여 인상 재원을 종합적으로 결정하는 것이다.

2단계는 인상 재원 배분이다. 회사의 보상 정책이 주요 이슈로 인상 가용 재원을 세부 영역별로 배분하는 단계다. 배분의 세부 사항으로는 기본급 인상, 승급 인상, 제 수당 및 성과급, 신규 채용, 복리후생비 추가 등을 살펴봐야 한다.

3단계는 세부 인상안 수립이다. 이 단계에서 검토해야 할 사항은 내부 현황이다. 직급이 어떻게 분포되어 있는지, 승진 시행 계획이 어떠한지, 보상 수준의 차별화 정도를 평가 등급에 따라 어느 정도 적용할 것인지 등을 확인해야 한다. 임금 인상의 시행은 기본 인상률 및 성과 수준별 차등 인상률을 산정하여 반영해야 한다. 승진 규모와 인상액을 확정하고 신규 채용 계획에 따른 인건비 상승을 고려해야 한다. 그리고 복리후생 제도 시행안을 수립한다.

4단계는 조정·확정·반영하는 것이다. 이 단계에서 CEO의 최종 결정을 받기 전에 중장기 인력 계획과 재무 건전성에 대한 종합 검토, 조직이나 직무에 대한 검토가 필요하다. 같은 기준에 따라 같은 비율을 지급하는 것은 누구나 할 수 있다. 더 중요한 조직과 직무에 대해서는 이에 상당하는 특별 배려가 필요하다. 이러한 조직과 직무에 대한 인상액을 반영하여 CEO의 최종 결재를 받고 각 개인에게 배분하면 임금 인상 업무가 끝난다.

기업 구성원들이 가장 민감하게 생각하는 부분이 바로 보상이다. 임금 인상 결과는 개개인에게 올바르게 반영되어야 한다. 그런데 잘못 지급되면 인사는 커다란 혼란에 빠진다. 임금 인상을 담당하는 보상 담당자는 각 제도, 대상별 기준, 내부 전산 시스템에 대해 확실히 꿰뚫고 있어야 한다. 보상은 전 보상과의 연계성이 있는 작업이다. 따라서 이번 작업한 것에 에러가 생기더라도 이전과 연계되지 않도록 시스템을 구분하여 사용해야 한다. 또한 정·부로 나누어 작업한 것에 대한 오류가 발생하지 않도록 중복해서 확인한다.

05

임금 피크 제도

임금 피크제 도입의 **필요성**

●   일반적인 기업 조직에서는 직원의
나이가 45세를 넘어서면서부터 개인 노동 생산성보다 임금 수준이
높아지는 경향이 나타난다. 기업 입장에서 인건비 부담을 느끼게 된
다. 그래서 많은 기업이 구조조정과 명예퇴직 등으로 고령자를 퇴직시

연령 변화에 따른 생산성·임금 수준

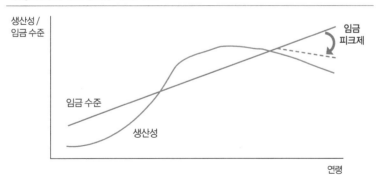

킴으로써 고임금 이슈를 해결하려고 한다. 하지만 이들이 가지고 있는 경험, 기술, 지식을 잃는다는 분명히 리스크가 존재한다. 조직 구성원 입장에서도 항상 고용 불안에 대한 고민이 있다. 노후 생활을 준비할 만큼의 여유가 없었기 때문에 갑자기 퇴직하라는 통보를 받으면 당황할 수밖에 없다.

넓게 본다면 사회적 이슈도 한 부분을 차지한다. 고령 사회에서 중장년층 실업 문제는 심각한 사회 이슈기 때문이다. 이러한 상황에서 임금 피크제를 통해 기업은 인건비 부담을 경감함과 동시에 종업원의 경험을 적절히 활용하고 고용 안정을 확보함으로써 개인과 사회의 불만 요소를 최소화할 수 있다.

임금 피크제의 **형태**

임금 피크제의 형태

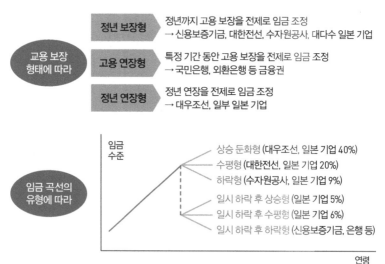

임금 피크제는 고용 보장 형태와 임금 곡선의 유형에 따라 크게 다음과 같은 다양한 형태가 존재한다. 오랜 전통이 있는 제조업의 생산 직군에서는 임금 상한선$_{Salary\ Cap}$에 도달하기까지 등 일정 기간까지는 임금이 증가하지만, 그 시점부터는 동결하는 수평형도 인건비 절감의 한 방법으로 사용된다.

임금 피크제 도입 사례 및 도입 시 **고려 사항**

임금 피크제 도입에는 근로자의 집단적 동의가 필요하다. 하지만 사회 통념상 합리성이 있다고 인정되는 경우에는 근로자의 집단적 동의가 반드시 필요한 것은 아니다. 임금 피크제를 도입할 때 임금 감액

A보증기금 사례

시행 시기
2002년 4월부터 노사 협의를 시작하여 2003년 4월 노사 합의 후 7월부터 시행

제도 내용

직군 전환
만 55세에 일반직에서 별정직(업무 지원)으로 전환
→ 채권 추심, 소송, 기타 컨설팅, 연수원 교수 등 직무 수행

임금 감액
별정직 전환 후 연차별 임금 감소
→ 1차 연도: 전환 전 임금의 75%, 2차 연도: 55%, 3차 연도: 35%

퇴직금
퇴직금 중간 정산 실시로 퇴직금 감소 방지
→ 별정직 전환 시 그리고 전환 후 매년 정산

복리후생
전환 전과 동일
→ 직위 호칭도 동일하게 사용

선택권 부여
만 55세에 명예퇴직과 별정직 전환 중 본인이 선택

기타
업무 수행 실적에 따른 성과급 별도 지급
→ 업무 실적이 양호한 경우 정년퇴직 후에도 계약직으로 재고용

시행 효과
본인: 고용 불안 해소, 사회적 신분 유지 (자녀 혼사 등)
회사: 구조조정 효과, 인사 적체 해소 및 인건비 절감, 경험 활용

으로 발생하는 평균 임금 저하로 개별 근로자의 퇴직금이 크게 줄어든다. 이 문제는 퇴직금 중간 정산 및 퇴직연금제 등을 통해 해결할 수 있다. 임금 피크제는 현재 보상 구조와의 연계선에서 검토되어야 한다. 급격한 임금 피크는 구성원의 성취동기를 떨어뜨리고 저성과자로 낙인되는 경향이 있는 만큼 그 수준과 절차의 공정성이 확보되어야 한다.

총액 인건비 중심의 보상 제도 운용

총액 인건비 관리 **시스템이란?**

총액 인건비 관리 시스템은 본부
별로 연간 인건비 예산을 편성하여 인사위원회의 검토·승인을 받은
후 승인된 예산 범위 내에서 자율적으로 인원 규모와 승·진급 등의

총액 인건비 제도 운용 프로세스

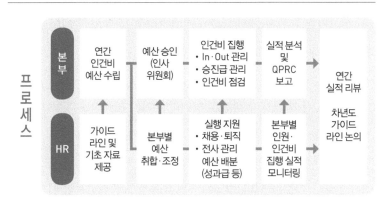

인력 관리를 실행하는 제도다. 특히 정부 기관이나 공공 기관은 예산 범위 내에서 집행하는 구조이기 때문에 직급별 인력이나 예산이 엄격히 통제되어 이 제도가 운용되고 있다.

전사 HR 조직이 각 독립 본부에 총액 인건비 관련 기초 자료와 가이드라인을 제시하면 각 본부가 연간 인력 운영 계획에 따른 인건비 예산을 수립하고 전사 HR 조직이 이것을 취합·조정하여 최종 승인한다. 그리고 이 예산 범위 내에서 각 본부장이 인건비를 집행하는 프로세스로 운용된다.

총액 인건비 제도 도입 효과 및 문제점

성신여자대학교 경영학과 박준성 교수는 세계적으로 인건비만을 가지고 각 단위 조직별로 예산을 관리하는 민간 기업 사례는 많지 않다고 말한다. 인건비 총액을 관리한다고 알려진 외국 기업에서도 사업부별로 목표 이익을 실현하는 보조 수단으로서 인건비 예산을 자율 관리하는 개념이라고 강조한다. 또한 박 교수는 조직별 총액 인건비 관리 제도가 잘 운용되기 위해서는 조직 간 갈등이 일어나지 않도록 내부 경쟁 규칙을 제도화해야 하고 인건비를 투자의 개념으로 명확히 인식해야 하며 부가가치 창출과 인건비를 연계하는 체계가 잘 구축되어야 한다고 언급했다.

피플스그룹의 가재산 회장은 인건비만 가지고 예산을 통제하는 시스템은 효율성만을 강조하는 정부와 공공 기관에서는 그 필요성이 인정되지만 새로운 부가가치를 창출해야 하는 민간 기업에서는 부정적 영향이 크다고 하였다. 기업에서는 효율성도 중요하지만 이익을 통한 성장이 더욱 중요하다는 이유에서다. 즉 각 조직장이 인건비 관리를 지상 목표로 삼는다면 새로운 사업 기회에 과감히 도전하고 혁신하기보다는 단순히 현재 인력으로 해오던 일만 하고 더는 일을 벌이지 않으려는 성향을 띠게 된다는 것이다. 한국 기업의 속성상 이 제도 하에서는 이익이 나지 않으면 직원을 뽑지 않으려 할 것이고 노동 시장이 유연하지 못해 구성원 퇴직이 어려운 상황에서 더 큰 갈등이 일어날 수 있다고 한다. 가 회장은 사업부별로 목표 이익을 관리하는 게 훨씬 합리적이라는 의견을 내놓았다.

총액 인건비 제도의 부정적 영향에 대한 전문가들의 지적이 존재하지만 긍정적 영향도 무시할 수는 없다. 총액 인건비 제도는 전사 인건비 증가를 집중적으로 관리할 뿐만 아니라 효율적인 배분을 실행할 수 있다는 장점이 있다. 또한 자연스럽게 인건비 비중이 높은 직원

총액 인건비 제도의 도입 효과 및 문제점

도입 효과	문제점
인건비 총액의 효율적 관리	**현업 조직장 부담 증가**
• 전사 인건비 증가를 집중 관리 • 효율적인 자원(인건비) 배분	• 아웃플로어 관리가 어려운 상황에서 조직장이 실제 취할 수 있는 조치가 제한적임 • 조직 개편 시마다 인건비 예산 조정 필요
인력의 선순환 활성화	**사내 인력 순환 저하**
• 인건비의 효율적 사용을 위해 인건비가 비교적 낮은 젊은 사원 선호	• 고임자의 사내 인력 순환이 어려워짐 • 단기적으로 조직 내 신규 인력 유입 감소
본부별 자율성 강화	**조직의 미래 성장에 부정적 효과**
• 승인된 인건비 범위 내에서 자율적으로 인원 규모(In·Out), 승진급 등 관리	• 인력에 대한 장기적 관점의 투자가 어려워짐 • 인건비 통제에 대한 구성원의 부정적 인식 우려

들의 퇴직을 활성화하고 승인된 예산 범위 내에서 조직장의 자율적인 승진과 차등 성과급 지급 등을 이끌 수 있다.

총액 인건비 도입 시 고려 사항

총액 인건비 중심의 인력 관리 제도는 인력 관리 근간을 바꾸는 것으로 회사의 성과 향상과 구성원의 만족도를 고려하여 신중하게 결정해야 한다. 무엇보다도 조직장의 공감과 수용도 제고가 필수적이다. 인사 관점에서 보면 크게 네 가지를 신중하게 검토해야 한다.

첫째, 관리 대상 인원의 범위다. 총액 인건비 관리에 포함되는 인력 범위로 임원, 핵심 인재, 비정규직을 포함시킬 것이냐의 이슈다.

둘째, 관리 대상 인건비를 어느 범위까지로 볼 것인지에 대한 이슈다. 조직별 인건비 실적을 집계할 항목과 계정이 일치해야 한다. 인건비에 복리후생비를 포함할 것인지는 신중하게 고려해야 한다.

셋째, 인건비 관리 책임에 대한 이슈다. 인건비 관리가 본사 책임인지 아니면 본부 책임인지를 결정해야 한다.

넷째, 기준Base Line 설정 이슈다. 본부별 최초 기준 예산을 어느 기준으로 삼을지에 관한 문제다.

그밖에 성과 향상 측면, 조직 문화 측면, 조직장 측면을 나누어 고려 사항을 살펴보면 다음과 같다.

총액 인건비 제도 고려 사항

제도
도입 시
고려 사항

성과 향상 측면
- 회사의 장기적인 성과 향상을 위해 이 제도가 필수적인가?
- 이 제도가 갖는 보이지 않는 비용은 없는가?

조직 문화 측면
- 이 제도에 대해 구성원은 어떻게 반응하고 행동할 것인가?
- 이 제도 도입으로 조직 분위기가 어떻게 바뀔 것인가?

조직장 측면
- 현업 조직장들이 이 제도에 대해 공감하고 적극 수용할 것인가?
- 현업 조직장들이 이 제도를 실제 운영할 여력이 있는가?

균등 보상과 차등 보상

보상의 **중요성**

●   보상은 조직 구성원들에게는 경제적으로는 생계의 원천이 된다. 또한 성과와 성취 등 만족감에 많은 영향을 주고 직무 수행에도 중대한 영향을 끼친다. 기업 입장에서 보상은 인건비라는 가장 중요한 비용 중 하나인 동시에 조직 구성원들의 기술과 능력을 개발하기 위한 투자다. 저임금, 보상의 불공정성, 보상 체계 비공개 등 보상 불만족은 생산성의 저하, 고충 발생, 결근, 태업과 이직, 파업의 원인이 되기도 한다.

내가 A기업 인사팀에 근무할 때 일어난 일이다. 연말 소득 정산 평균 금액이 8,000만 원이 넘는 생산 현장의 계장으로부터 전화를 받았다. "왜 A라인 이 계장은 나와 똑같이 근무했는데 왜 나보다 이달 급여가 1,000원 더 많으냐?"라는 항의 전화였다. 동종 업계 대비 몇천만 원 더 많은 것은 이슈가 되지 않는다. 나와 같은 일을 하는 사람과의 차이가 자존심으로 이어진다.

보상 트렌드

세상은 바뀌고 있다. 그것도 급속하게 변하는 중이다. 그 변화에 순응하는 것만으로 더는 생존이 어렵다. 앞선 기술, 앞선 경쟁력이 있어도 후발 기업들이 발 빠르게 따라온다. 이런 상황에서는 모방할 수 없는 사업 구조, 기술력, 인력, 관리력, 마케팅력을 갖추어야 비교적 오랜 기간 살아남는 기업이 될 것이다.

"매일 피 말리는 전쟁 중"이라며 하루 14시간 이상 근무와 '월화수목금금금'을 외치는 A회사의 한 임원은 "우리가 이렇게 노력했지만, 작년 대비 60퍼센트 이상의 이익 하락을 맛보았다"며 글로벌 경쟁의 치열함을 토로한다.

글로벌 경쟁하에서는 생존과 지속 성장이 자연스럽게 핵심 키워드가 된다. 인사 관점에서 보면 연공·직능주의→역량·성과주의, 로컬→글로벌, 안정→변화, 기술 제공→가치 제공, 직장인→전문가, 동료→고객으로의 사고 전환이 필요하다. 특히 미션과 비전에 기초한 성과 계획이 중시된다.

당연히 보상의 패러다임도 바뀌어가고 있다. 직급·연공→시장 가치·성과, 자동 승급의 호봉제→성과가 반영된 연봉제, 고정급 중심→변동급 보상의 확대, 집단적·획일적 보상→단위 조직별·집단과 개인을 고려한 보상, 시혜성 특별 인센티브→성과 공유 보상의 확산, 개별 보상→총보상으로의 전환이 빠르게 이루어지고 있다.

보상과 성과에 대한 **전제와 차별**

악법보다 더 무서운 법은 정서법이라고 한다. 같은 일을 하지도 않고 스스로 성과가 조금 떨어지는 것을 알고 있는 사람조차도 후배나 동기가 자신보다 더 높은 보상을 받는다면 기분 나빠한다. 내가 현장 고참이면 당연히 내가 더 많이 받아야 한다고 생각한다. 내 젊음을 모두 이곳에 바쳤는데 지금 늙고 힘이 없고 성과를 내지 못한다고 급여를 동결시키거나 성과급을 적게 주는 것에 대해 울분을 토한다. 모두 다 열심히 일하는데 누구는 많이 주고 누구는 적게 주는 것이 우리 문화에 맞느냐며 불만을 토로하며 주위를 선동하기까지 한다.

보상의 차별화와 균등 보상에 대해서는 사전 전제가 있어야 한다. 첫째, 회사에 기여하는 역할이 다른데 동일 보상이 옳은가? 둘째, 개인이 기여한 성과가 분명히 높은데 동일 보상이 옳은가? 셋째, 동일 직무, 동일 성과를 내는데 근무 연수가 높다고 3배 이상의 급여를 받는 것이 옳은가?

회사에 대한 공헌 정도에 따라 성과 보상을 해야 한다는 점에 대해 당신은 어떻게 생각하는가? 개인이 담당하고 있는 직무의 역할(조직 내 상대적인 중요도, 난이도)이 크고 개개의 직무가 성과가 높게 달성되어 회사 이익에 기여한 바가 크다면 인정해줘야 하지 않겠는가? 전체의 보상 차별화와 성과에 대해서는 공정성 이슈, 차등 수준, 조직 문화적 관점에서 검토할 필요가 있다.

첫째, 공정성은 분배의 공정성과 절차의 공정성으로 살펴볼 수 있다. 분배의 공정성은 자신이 인식한 보상 수준과 성과를 다른 사람의 그것과 비교하면서 파악한다. 이것이 같다면 균형 상태로 문제가 없지만, 과하거나 부족하다면 불균형 상태가 되어 심리적 불편함을 느끼게 된다. 이러한 불균형이 크면 클수록 긴장하며 분노를 느끼게 된다. 생산성을 중시해야 하는 상황이라면 공정한 분배가 이루어져야 하지만 팀워크가 우선되는 제조 조직은 공평한 분배가 더 합리적이다.

절차의 공정성은 보상 구조, 보상 절차, 보상 수준과 시기, 상사의 중립성과 신뢰, 고충 처리 활동 등 절차의 공정한 진행 등에 달려 있다. 만약 구성원이 절차의 공정성을 받아들이지 못한다면 불만은 지속될 수밖에 없다.

둘째, 분배와 절차의 공정성이 높다는 전제에서 고려해야 할 점이 차등 수준이다. 분야, 사람, 성과에 어느 정도 차등하는 것이 구성원의 동기를 부여하고 전반적인 성과를 극대화하는 데 효과적인가 하는 문제다. 집단 성과를 무시하고 개인별 차등만을 강조한다면 개인과 집단의 갈등과 반목이 발생하며 조직의 시너지 효과는 기대할 수 없다. 대기업을 비롯해 많은 기업이 집단과 개인의 보상 체계를 동시에 고려하는 하이브리드형 보상 제도를 도입한 것은 한국형 보상 제도의 한 단면이다.

일반적으로 제조업이면서 생산 현장에서 같은 작업을 하는 근로자들의 성과를 측정하기는 매우 어렵다. 많은 기업이 이런 생산직에 대해서는 성과 평가를 하지 않기도 한다. 이 경우에는 집단 보상의 비중을 높이고 개인 보상은 균등 보상으로 하는 것이 바람직하다. 개인 차별은 절차의 공정성을 해칠 가능성이 높다.

반면, 영업이나 연구 개발 인력과 같이 개인의 노력에 따라 성과 목표와 수준이 큰 차이가 나는 직무일 경우에는 성과에 따른 보상의 차별 수준을 적용하는 게 바람직하다. 그 수준은 업의 구조, 구성원의 인식, 노동조합의 영향력에 따라 차이가 있지만 통상적으로 연봉의 50퍼센트 내외가 수용도가 높을 것이다. 사무관리직 등의 경우는 성과 평가가 만만치 않다. 절차의 공정성이 높은 조직이라면, 직무와 관계없이 고과 등급에 따라 일정 비중으로 차별을 두어야 한다. 대신 그 수준은 가장 높은 등급(S)과 가장 낮은 등급(D)의 차이가 2배를 넘지 않고 연봉 개념으로 20~30퍼센트 내외 수준으로 적용하는 게 어떨지 생각해본다.

셋째, 조직 문화적 측면에서의 고려다. 삼성그룹처럼 입문 교육부터 팀 간의 경쟁을 강조하고 자신의 가치는 자신이 올려야 한다는 의식이 기반이 된 회사에서는 성과에 따른 보상 차별에 대한 거부감이 적다. 오히려 성과가 높은데도 보상이 뒤따르지 않을 때 불만을 토로하며 핵심 우수 인재가 이탈하는 모습을 보인다. 문제는 30년 이상 된 중후장대형 제조업으로 노동조합이 강성인 기업의 경우, 성과에 따른 보상 차등 제도를 도입하기 어렵다. 이러한 회사일수록 정(情) 문화가 강하며 성과는 전체가 하나 된 팀워크에서부터 기인한다고 생각한다. 이러한 공평으로 똘똘 뭉친 기업이라면 차별화보다는 분배의 공평성을 높여 자부심과 주인 의식을 강화해나가는 게 효과적이다.

향후 보상의 방향

성과 있는 곳에 보상이 있다는 원칙은 지켜져야 한다. 임직원에게 지급하는 보상은 그 임직원이 달성한 업무 성과와 긴밀하게 연동되어야 한다. 다만 그 수준과 절차는 사업 특성, 직무, 조직 문화와 구성원 의식에 따라 다르다.

글로벌 경쟁이 치열해지는 상황에서 성과 관리를 강화하기 위해 성과에 따른 보상 제도를 도입하려는 기업이 많다. 그러나 이때 많은 문제가 생긴다. 현장에서 목표 관리나 과정 관리가 되지 않으면 절차의 공정성을 지킬 수 없다. 인사 부서 단독으로는 경영 전략과 인사 제도의 연계와 임직원 의식 개혁을 이루어갈 수 없다. 결국은 조직, 제도, 문화의 정합성을 이루어가야 한다. 또한 구성원들의 의욕을 올리는 것은 보상만이 아니다. 따라서 비금전적 보상인 인정, 칭찬, 도전할 만한 가치 있는 과제, 사무 환경, 업무 그 자체 등에 대한 조직장의 역량 강화가 병행되어야 한다.

단위 조직 인센티브 운영 방안

단위 조직 인센티브는 기존의 개인 성과 중심의 보상에서 벗어나 단위 조직 성과 평가에 따른 집단 보상을 통해 고성과 조직을 동기 부여하는 제도다. 이는 조직 전략, 조직 구조, 워크 프로세스, 문화적 측면 등을 고려하여 개인 차원의 차별 보상을 확장했다. 또한 기존 개별 연봉제의 차별성 확대라는 한계를 보완하고 팀워크 촉진과 조직 시너지를 강화시키는 비누적 방식의 집단 보상 프로그램의 하나다.

국내 선진 기업들도 개인별 차등과 집단적 보상의 하이브리드 형태의 보상 시스템을 채택하고 있다. 삼성그룹의 생산성 격려금 등이 그 사례다. 단위 조직 인센티브 제도의 도입 필요성은 다음 표와 같다. 단위 조직 인센티브는 단위 조직에 따라 상위 조직의 성과 목표$_{EVA}$ 달성 여부를 기준으로 단위 조직의 상대 등급 S, A에 해당하는 부서에 부여된다.

－사업 부서는 성과 목표 달성 + 본부별 상대 등급 S, A인 조직

- 사업부 지원 부서는 본부 전체 EVA 성과 목표 달성 + 본부별 상대 등급 S, A인 조직
- 전사 지원 부서는 전사 EVA 목표 달성 + 본부별 상대 등급 S, A인 조직

조직 평가 상대 등급의 분포율은 다음과 같이 회사에 상황에 따라 정할 수 있다.

단위 조직 인센티브 제도 도입 필요성

성과주의 보상 전략의 보완	조직 효과성 제고 관점
기존 보상 전략: 개인 차원의 차등 보상 지향 • 논리: 개인 성과 평가와 보상 연계 강조 → 회사 성과 향상 • 방법 누적 방식 차등 폭 강화 금전적 보상 강조 조직 성과 보상을 개인 차원으로 귀속시킴(조직별 상대 등급 분포율 차등 적용) • 결과 ① 개인주의 심화에 따른 팀워크 훼손 → 조직 차원의 동기 부여·시너지 축소 ② 인건비의 누적적 부담 가중 ③ 구성원의 제도 불만족 증가	• 직장 문화: 화합과 안정 추구 관행 팀워크, 집단적인 형평성 강조 • 전략: 기존 사업의 수익성 강화(원가 경쟁력 중시) / 미래 성장 사업 본격 추진 → 최고의 운영 체계 강화(기능의 효율성, 단위 조직 생산성 중시) • 구조 기능식 조직분화: 생산, 영업, 물류, 지원 본부–부문–팀의 3단계 구조 본부/부문 단위 조직 성과 관리 시스템 • 업무 프로세스 – 기능 간 상호 유기적 협력 관계 중시 – 기능 내 업무 수행 방식 : 상호 의존적 요소가 강함 • 인재: 전문 직무 역량 향상

불일치

(단위: %)

조직 평가 상대 등급 분포율				
S	A	B	C	D
10	20	50	15	5

• 목표 대비 115% 이상 달성 시 S 20%, A 30%
• 목표 대비 105% 이상 달성 시 S 15%, A 25%

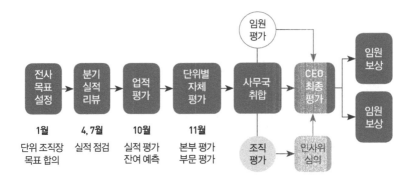

단위 조직 인센티브 지급 프로세스는 1월 전사 목표를 설정하고 분기별 실적 검토를 한 후, 통상 11월에 단위 조직별 평가를 한다. 이것을 인사위원회 심의를 거친 후 CEO가 최종 결정한다.

단위 조직 인센티브 제도를 도입 운용할 때 고려해야 할 사항은 다음과 같다.

첫째, 추가 인건비 부담이다. 우리나라는 고정비 성격의 기본급 비중이 크고 지금까지 관행적으로 지급한 성과급 비율이 있기 때문에 조직 평가에 따른 추가적인 인센티브 제도의 도입은 인건비 부담을 가중시켜 인건비 효율성을 해칠 우려가 있다.

둘째, 본부·부문·팀의 성과가 자신의 노력이 아닌 사업 구조나 시장 환경 등의 외부적인 요인에 의해 결정될 가능성이 있고 현 시장 상황의 유리함이 특정 부서에 집중될 가능성이 있다.

셋째, 단위 조직 인센티브 제도를 부문 단위까지 확장하다 보면, 부문 내 성과가 낮은 팀도 부문의 성과가 높을 때 무임승차하는 경우가 생긴다.

넷째, 집단 인센티브의 경우, 목표 달성 여부가 차지하는 비중이 높다. 상황이 이렇다 보니 목표를 설정할 때 도전적 과제를 회피하는 경향이 생길 수 있다. 또 목표 난이도 조정 등을 통해 점수의 인플레이션이 발생할 가능성도 있다.

다섯째, 노동조합이 있는 경우 강한 반대에 봉착할 수 있다. 집단 인센티브는 전 직원에게 똑같이 배분하는 것이 옳다는 논리에 따라 추가적인 보상을 요구하는 명분이 되기도 한다.

5장

육성

경력 개발 제도
운영 방안

지금 왜 경력 개발인가?

경력 개발 제도CDP: Career Development Program란 구성원이 개개인의 업무 적성, 희망(근무지, 근무 부서, 직종), 능력 등과 연계하여 조직과 개인에게 바람직한 경력을 쌓을 수 있도록 하는 의도적이고 체계적인 제반 노력을 말한다. 이러한 경력 개발 제도는 제2차 세계대전 후 미국에서 사회에 복귀하는 재향군인에게 일자리를 찾아주는 데서 시작되었다. 1960년대 IBM에서 도입되기 시작하여 1960년대 후반과 1970년대 전반에 미국과 일본을 중심으로 실행되었다. 글로벌 컨설팅 기업인 DMB의 조사에 따르면 포춘 100대 기업의 80퍼센트 이상이 경력 개발 프로그램을 도입하고 있다.

우리나라 기업은 1997년 IMF와 2008년 금융위기를 겪으면서 평생직장의 개념이 사라지고 조직 로열티도 많이 약화되었다. 조직의 성장과 목표에 충실하던 삶에서 개인의 가치와 경력을 우선시하는 삶으로 바뀌어 자연스럽게 자신의 시장 가치에 더욱 관심을 두게 되었다.

회사 측면에서는 미래 사업을 이끌어 갈 조직장 등 경영자 후보의 체계적인 육성, 저성과자 또는 조직 부적응자에 대한 효율적 관리, 조직 역량 강화를 위한 직무 전문성 제고, 일과 사람의 최적 매칭을 통한 전체 조직 역량 제고가 경력 개발 제도를 도입하는 이유로 떠올랐다.

구성원 측면에서는 경력 정체 해소를 위한 직무 순환, 담당 분야 전문가로서도 조직장에 상응하는 직위로 성장할 수 있는 경로 확충, 신입 사원들이나 조직 구성원에게 성장 비전을 줄 수 있는 체계화된 육성의 틀을 원하게 되었다.

경력 개발을 어떻게 설계할 것인가?

경력 개발 제도는 조직과 개인의 니즈를 연계하여 그 회사 업의 특성에 적합한 그 회사만의 제도로 거듭나야 한다. 이를 위해서는 철저히 개인 직무 중심의 경력 개발 프로그램이 설계되어야 한다. 또한 상사의 관심과 배려가 중심이 되어 정기적 점검과 실행이 체계적으로 이루어져야 한다.

경력 개발 제도의 유형은 크게 목적에 따른 분류와 경력 경로에 따른 분류로 구분한다. 첫째, 목적에 따른 분류는 전사원 개개인의 능력과 자질을 개발해나가는 형태인 전원 육성형, 조직의 주요 직위의 장을 선발·육성하는 리더 선발형, 직무 특성과 개인 특성을 고려하여 적절한 자리에 배치하는 것을 목적으로 하는 적재적소형이 있다. 둘째, 경력 경로에 따른 분류는 일반적으로 T형과 H형으로 나뉜다. 하지만 최근에는 일정 기간(대리 또는 과장)까지는 처음 담당 직무를 수

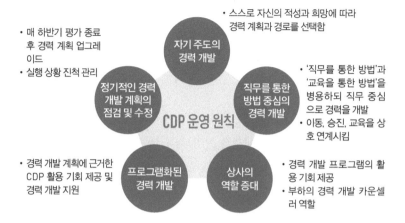

행하게 하다가 전문가와 일반 관리자로 구분하여 성장하도록 하는 Y
형 인력 육성 체계를 도입하는 회사도 많이 등장하고 있다.

경력 개발 제도는 경력 단계별로 설계해야 한다고 생각한다. 경력
단계는 직급 체계에 연계하여 설정하고 역할 및 육성 방향을 설정하
는 것이 바람직하다. 이와 관련해 홀Hall의 경력 단계 모델은 팀장 이하
5단계 경력 단계를 유지하고, 임원 후보 육성을 목표로 경력 단계별로
육성 방향과 각 단계별 역할을 명확히 규정하는 것이 특징이다.

홀 모델에 의한 경력 유형별 육성 체계

경력 개발 제도는 인력 유형별 제도의 차별성을 도입해야 한다. 구
성원을 고성과자, 일반 성과자, 저성과자로 나누고 고성과자는 후계자
육성을 목적으로 한 전략적 CDP 프로그램, 일반 성과자는 일반 CDP

프로그램, 저성과자는 육성과 퇴출의 한계 인력 프로그램으로 차별성 있게 운용하는 게 바람직하다. 인원의 선정과 프로그램 진행 시 사업부 특성에 따라 구성원을 차별성 있게 육성할 수 있게 하되 인사 부서와의 연계와 지원, 점검과 피드백 체계를 구축해야 한다.

경력 개발 제도 설계 프로세스
- 직무에 대한 분류, 체계적 정비, 직무 발령 등을 자료화한다.
- 경력 계획에 대한 개인의 작성과 상담 제도를 구축한다.
- 경력 개발을 위한 내부 육성 체계와 직무 순환을 위한 내부 제도(사내 공모 제도 등)가 잘 정비되어 구성원들이 경력 개발 수단으로 활용하도록 구축되어야 한다.
- 임원이 되기 위해서 어떤 경로가 있는지, 경로별 필요 요건은 무엇인지 등을 제시하여 비전을 준다.
- 지원 시스템을 개발하여 자신이 갈 수 있는 경력 경로를 확인하고 자신의 수준을 점검할 수 있도록 지원해주어야 한다.

홀 모델에 의한 경력 유형별 육성 체계

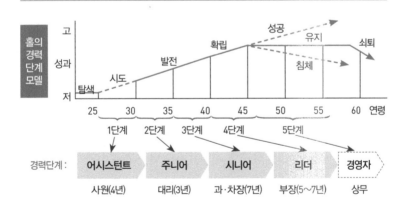

인재 세그먼트

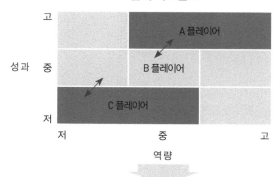

세그먼트별 관리 전략

	A 플레이어	B 플레이어	C 플레이어
팀장, 부장	• 임원 후계자 후보 풀 (2배수 인원) • 계획적 육성	• 내부 노동 시장 원리에 따른 • 자기 주도 성장, 육성	• 팀장 직책 해임 • 재도전 기회 제공 후 아웃플로어 대상으로 관리
차장, 과장	• 팀장 후계자 후보 풀 (1배수 인원) • 계획적 육성		• 재도전 기회 제공 후 아웃플로어 대상으로 관리
대리	·		• 재도전 기회 제공 (직무, CF 전환)
사원	·		·

전략적 CDP 방안에 따라 운영 (후계자 중심으로)	일반 CDP 방안에 따라 운영	한계 인력 관리 방안

* 성과: 업적 평가 결과 ** 역량: 조직 가치 및 역량 평가 결과

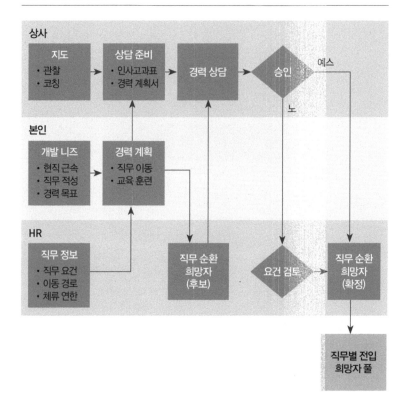

경력 개발 제도 도입 시 **유의 사항**

경력 개발 제도가 회사와 구성원에게 많은 도움을 줄 수 있는 제도임은 틀림없으나 이 제도를 운용하는 데에는 다음과 같은 어려움이 따른다.

첫째, 직무를 중심으로 개인 경력 경로가 관리되어야 한다.

둘째, 직무 담당자가 있어야 한다. 환경 변화 속에서 현재의 직무 또는 직무 경로가 지속될 수 있는가를 파악하여 직무 담당자를 통한 보완·개선이 이루어져야 한다.

셋째, 구성원 각각의 객관적인 데이터가 체계적으로 관리되어야 하며, 경력 개발 지원 시스템과 같은 시스템화된 운용을 추진하지 않으면 진정한 능력 개발, 적정 배치 등을 수행하기 어렵다.

넷째, 전체 구성원의 경력 개발을 한다면, 한 사람 한 사람의 경력 경로 설정은 매우 어렵다.

다섯째, 본인의 적성 및 희망에 합치하는 직무 순환과 회사가 원하는 배치가 일치하지 않는 경우나, 자기 신고 등이 개인의 희망에 따르지 못하기도 해 자기 신고 그 자체가 무의미할 수도 있다.

여섯째, 경력 개발 제도가 구성원의 기대감을 충분히 수용할 수 없어 오히려 욕구 불만의 계기가 될 수도 있다.

이런 난관을 극복하고 경력 개발 제도를 정착시키기 위해서는 다음과 같은 노력이 필요하다.

첫째, 무엇보다도 최고경영층의 확고한 철학과 관심이 우선되어야 한다. 조직장은 일 잘하는 직원을 다른 부서에 뺏기지 않으려고 할 것이다. 이럴 때 확실한 원칙이 없다면 경력 개발은 이루어질 수 없다. 한 부서에 인재가 머무르게 된다면, 앞으로 전사적 안목을 지닌 미래 경영자가 될 역량 있는 인재를 육성할 수 없다. 그래서 결국 외부 영입을 추진할 수밖에 없게 된다. 그러므로 전사적이고 미래 지향적인 관점에서 체계적인 경력 개발이 이루어져야 한다.

둘째, 인사 부서가 주도적 역할을 맡아야 한다. 경력 개발에 대한 원칙과 제도 공유, 경영층과 조직장 훈련, 정보 공유와 이슈 발생 시 해결안 제시, 전사 경력 개발 제도의 점검과 피드백, 평가에 반영, 가장 중요한 직무 담당자에 의한 직무 관리 등 인사 부서 담당자의 역할이 크다.

셋째, 경력 개발 시스템의 정비와 인사 제도의 연계다. 직무에 따라 3~5년의 최장 체류 기한을 설정하여 순환되도록 하는 제도와 승진 또는 평가 시 순환 여부를 점검하고 가·감점을 부여하고 지속해서 경력 개발에 대한 정보를 제공해야 한다. 그럼 제도에 대한 불만이나 불신감이 어느 정도 해소되고 제도가 정착되는 데 큰 도움이 될 것이다.

저성장 시대 인재 육성 전략

당신은 어느 조직에서 **일하고 싶은가?**

세계적 컨설팅 기업 맥킨지가 기업 평균 수명에 관한 보고서를 냈다. 이것을 보면 1935년 90년이던 기업의 평균 수명이 1955년에 45년, 1975년에 30년, 1995년에 22년, 2005년에는 15년이 되었다고 한다. 우리나라의 경우, 30년 전 100대 기업이 지금까지 100대 기업 안에 포함된 비율은 13퍼센트가 안 된다. 2006년 대한상공회의소가 발표한 「기업 활동의 4대 리스크와 정책 과제」라는 보고서는 1994년부터 10년간 중소기업 74.7퍼센트가 문을 닫았다는 결과를 내놓았다.

삼성경제연구소는 한국 기업의 판도 변화를 수익률 5퍼센트 이상, 성장률 10퍼센트 이상인 고성과 기업의 변화를 통해 조사했다. 2002~2003년과 2007~2008년 상반기를 비교해보면 전체 기업의 73퍼센트가 한 번 이상 부침을 겪었으며 67퍼센트는 4년 만에 고성과 기업군에서 탈락했다고 밝혔다.

그렇다면 어떤 기업은 지속해서 성장하고 어떤 기업은 망해서 기억에서 사라지는 이유가 무엇인가?

많은 기업이 위기가 아닌 때가 없다고 이야기한다. 그러나 분명 지금 경영 환경은 대양을 유유히 유람하며 항해하는 여객선을 타고 있는 상황이 아니다. 뗏목을 타고 아마존 급류를 헤쳐나가는 중이다. 단 한 번 의사 결정에 실패하거나 변화에 뒤처지면 기업이 사라지는 중요한 시기에 우리가 서 있는 것이다.

두 기업을 비교한 사례를 보자. 먼저 A기업의 이야기다. 이 회사 구성원이 내뱉는 말들은 암담하다. "개인 성장 비전에 대한 불명확성 증대로 내가 뭘 해야 할지 잘 모르겠다." "조직의 분위기가 냉소적이며 불신과 복지부동이 만연해 있다." "회의는 많으나 의견을 내지 않고 침묵으로 일관하며 상사의 일방적 지시만 있을 뿐이다." "사무실 사람들은 힘없이 걷고 하루에 단 한마디도 하지 않고 퇴근한 날도 있다."

다음은 B기업 이야기다. 이 회사 직원들은 이렇게 말한다. "매일 아침 일어나 회사 갈 생각만 하면 행복하다." "나는 내가 이곳에 근무하면서 정체되지 않고 성장한다고 느낀다." "선배들은 그 분야 전문가들이며 후배에게 하나라도 더 알려주기 위해 노력한다. 나도 언젠가는 저렇게 되겠다." "내가 이 회사에 다니는 것이 자랑스럽다."

당신은 어느 기업 어느 조직에서 일하고 싶은가? 당신이 근무하는 기업이 '죽어가는 기업'이 아닌 '근무하고 싶은 초우량 기업'으로 거듭나기 위해서는 조직 경쟁력 향상과 인재 육성을 통한 역량 강화가 시급하다.

조직 경쟁력 차원에서는 획기적 사고의 전환을 통한 상황 변화 대처, 도전적이고 실행력 강한 조직 구축, 주도적인 조직과 개인의 변화 관리가 필요하다. 또 인재 육성 차원에서는 실행력 있고 도전적이면서 전사적 관점을 가진 미래 리더의 지속적 육성과 함께 직무 전문성 확보를 통한 개인 역량 강화가 요구된다.

인재 육성의 원칙은 무엇인가?

인재 육성을 통해 근본적으로 얻고자 하는 바는 회사와 개인의 경쟁력 확보다. 위기 상황에서 인재 육성이 모든 구성원을 대상으로 상향 평준화를 추구한다면 현실적인 어려움이 따른다. 그보다는 원칙이 있어야 한다. 선택과 집중이 요구되는 것이다.

한 사례를 보자. 20년 전만 해도 은행에 들어가 가장 먼저 한 행동은 짧은 줄 뒤에 서는 것이었다. 물론 지금은 번호표를 뽑는다. 그러나 가만히 살펴보면 번호표를 뽑지 않는 사람이 있다. 바로 VIP다. 은행 입장에서 VIP 고객의 중요성을 인식한 것이다. 만약 한 지점의 수신고 중 30퍼센트를 한 고객이 보유하고 있다면 이 고객은 직접 은행을 방문하지 않아도 은행이 직접 그를 찾아가게 된다. 은행은 모든 고객을 사랑하지만 수익에 결정적 영향을 미치는 고객을 더 사랑할 수밖에 없다.

그렇다면 인재 육성의 차원에서 무엇을 선택할 것인가? 먼저 HR 가치 체계의 정립과 실행을 우선시해야 한다. 사업 전략, 인사 전략, 인재 육성 전략이 따로따로 운영되어서는 곤란하다. 회사가 나아가고자 하는 바람직한 모습으로 사업 구조, 조직 구조, 인적 자원 역량과 제도를 일관성 있게 정립해야 한다. 이를 위해 HR의 미션, 인재상, 인사

원칙, 리더십 모델, 중점 전략 및 교육 체계를 합리적으로 정립해야 한다. 이것이 HR이 CEO의 비즈니스 전략 파트너로서 역할 수행을 제대로 하기 위한 우선 과제이다.

그리고 인재 육성에 일관성을 유지해야 한다. 조직 가치 내재화, 핵심 인재 발굴과 육성, 핵심 직무 관련 전문가 양성, 계층별 리더 육성은 회사가 아무리 어렵다 하더라도 일관성 있게 추진해야 하는 과제다.

마지막으로 구성원과의 커뮤니케이션 강화가 중요하다. 위기 상황일수록 구성원들은 더욱 불안해한다. 지금 각 기업이 대 구성원 커뮤니케이션을 더 자주 더 빠르게 더 정확하게 운영한다면, 위기 후 조직 문화는 매우 강해져 있을 것이다. HR 제도 시행에 앞서 제도의 필요성과 내용을 사전 모니터링하고 일방적이 아닌 쌍방향 커뮤니케이션을 강화해야 한다.

위기 극복을 위한 인재 육성 전략과 방안

인재 육성의 전략은 크게 다섯 가지로 살펴볼 수 있다.

첫째, 기본적으로 성과 지향의 인재 육성을 해야 한다. 인재 육성을 위해서는 많은 사람, 기간, 비용과 시간이 소요된다. 성과가 없다면 인재 육성을 위한 이러한 교육 훈련은 투자가 아니라 낭비. 인재 육성은 그 결과가 반드시 경영 전략, 전문가 육성, 문제 해결, 역량 강화 등의 성과로 이어져야 한다.

둘째, 위기의 시대에는 리더십 교육이 더욱 강화되어야 한다. 리더십 모델을 가지고 있는 회사는 이에 의해 철저하게 리더십 진단, 교육, 코칭, 피드백이 이루어져야 한다.

셋째, 구성원에게 핵심 가치를 내재화시키고 실천하도록 해야 한다. 구성원들은 미래에 대한 막연한 불안감으로 무엇을 해야 할지 고민한다. 설사 그것을 안다 할지라도 망설이게 된다. 이럴 때 어떤 사안에 관해 빠르고 정확하게 사고하고 행동하게 하기 위해서는 핵심 가치를 보다 강하게 내재화시키고 실천하게 해야 한다. 매일매일 핵심 가치를 외우고 잘된 실천 사례를 공유하며 우수 실천자를 시상하는 등의 활동을 통해 내적 토대를 구축해야 한다.

넷째, 구성원 스스로 자기계발의 열정에 불타도록 해야 한다. 스스로 자신의 시장 가치를 올리기 위해 목표를 세우고 경력 경로에 따라 한 단계 한 단계 성취해나가도록 문화를 만들어가는 것이 중요하다. 마음과 목표가 같은 사람끼리 학습 조직을 만들어 정보를 공유하고 자기계발을 통해 자격증을 따고 스킬과 역량을 강화시켜 나가도록 선배에 의한 후배 육성의 문화를 구축해야 한다.

다섯째, 학습 시스템 구축이다. 집에서도 온라인 교육을 받을 수 있도록 기반을 구축해주는 등 언제나 어디서나 어떤 교육이라도 받을 수 있도록 지원한다면 더욱 존경받는 기업이 될 것이다.

인재 육성 전략

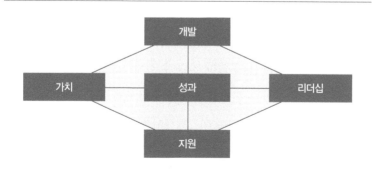

이상의 전략을 바탕으로 현재와 같은 어려운 상황에서의 인재 육성의 주요 과제를 도출하면 다음과 같다.

첫째, HRD 전략의 재조명이 필요하다. 불필요한 교육이나 시스템이 있다면 과감히 제거하고 강점을 더욱 강화하며 1~2년이 아닌 최소 3년 이상의 인재 육성 전략을 수립해두어야 한다.

둘째, 핵심 인재 육성 체계와 교육 프로그램을 더 공고히 해야 한다. 핵심 인재의 이탈은 조직의 흥망으로 이어질 수 있다. 선정된 핵심 인재에 대한 로열티를 강화하고 그들에게서 회사 성과가 창출될 수 있도록 집중해야 한다.

셋째, 핵심 직무 선정과 교육 제도 구축이 필요하다. 어느 회사나 핵심 직무가 있다. 경기가 호전되었을 때 핵심 직무에서 커다란 이익이 창출될 수 있도록 핵심 직무에 대한 지속적인 투자가 필요하다. 전 부서가 똑같이 비용을 삭감해서는 안 된다. 핵심 직무를 보호하고 경쟁력을 높이기 위해 투자해야 한다.

넷째, 자사 특성에 맞춘 리더십 파이프 라인 구축과 교육 프로그램 개발이 필요하다. 주먹구구식 리더십 개발이 아니라 회사 업의 특성, 사업 구조, 회사 제도, 구성원 인식 등을 고려한 리더십 모델을 재구축한다. 계층별 리더십 파이프 라인이 가동될 수 있도록 교육 체계와 과정을 정비해서 실천해나가야 한다.

다섯째, 조직 역량 강화를 위한 프로세스를 정립하고 실천 과제를 해결해야 한다. 과거 조직 역량 진단 수준에 머물렀다면 지금부터는 진단을 기반으로 이슈와 액션 플랜을 수립하고 매년 과제를 해결할 수 있도록 교육하고 점검하며 피드백해야 한다.

여섯째, 지식 경영과 학습 조직의 활성화가 필요하다. 구성원들이 자발적으로 '우리 조직의 문제는 우리가 해결한다'는 의지로 학습 조직을 만들어 정보를 공유하고 이것을 지식 경영 시스템에 반영하고 다른 사람의 지식과 하나 되어 더욱 계승·발전하도록 하는 실속 있는 제도를 활성화해야 한다.

일곱째, 노사 상생 교육이 더욱 공고히 이루어져야 한다. 연말이 되면 여러 이슈로 자칫 노사 관계가 악화될 가능성이 있다. 한번 감정의 골이 깊게 패면 닫힌 마음이 열리기란 쉽지 않다. 한 방향, 한마음으로 나아가도 부족한 판국에 서로 신뢰하지 못하고 각자 이기심이 난무한다면 매우 위험하다. 따라서 노사 쌍방이 회사 내 핵심 가치를 중심으로 하나가 되려는 노력이 매우 중요하다.

결론적으로 위기 상황에는 그에 적합한 선택된 전략이 필요하다. 그러나 궁극적으로 추구해야 할 방향은 지속적 생존과 성장이다. 이를 달성하기 위해서 필요한 것은 '결국은 사람'이다. 전 구성원이 위기를 기회로 바꾸기 위해 조직과 개인의 경쟁력 강화에 매진하도록 이끌어야 한다. 즉 자신이 속한 회사가 자신을 성장시키고 자랑스럽게 만들어주도록 본인이 이끌어가야 한다. 지금과 같은 때 HRD 담당자는 전략적 파트너라는 역할을 명심하고 좀 더 냉철하고 합리적으로 의사 결정을 해야 한다.

신입 사원 조기 전력화 방안

왜 지금 신입 사원 조기 전력화인가?

●
　　　　　　　　　　　　 몇 년 전 국내 한 금융회사를 컨설
팅한 적이 있다. 이 회사는 구성원 만족도 조사에서 과장 이상의 긍정
응답률과 대리 이하의 긍정 응답률 결과가 판이했다.

"회사의 우수 인재에 대한 유지 능력" "업계 대비 인적·조직적 경
쟁력" "업무를 통한 역량 향상" "내 업무가 흥미롭고 도전적이다"라는
각 항목에서 대리 이하는 과장 이상보다 10퍼센트 이상 부정적인 반
응을 보였다. 당연히 이직 의사도 높게 나왔다. 대리와 사원의 업무 몰
입도 조사에서도 업무에 대한 몰입도는 35퍼센트였으며 '회사가 충
분한 성장 기회를 부여한다'고 느끼는 비율은 50퍼센트밖에 되지 않
았다.

이 회사의 신입 사원들에게 입문 연수에 대해 인터뷰한 결과 "교육
을 통해 내가 최고 수준으로 육성된다는 느낌보다 신입 사원으로서

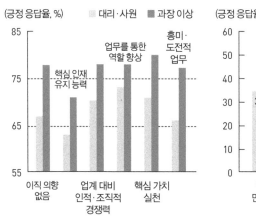

구성원 만족도 조사

(긍정 응답율, %)　■ 대리·사원　■ 과장 이상

- 핵심 인재 유지 능력
- 업무를 통한 역할 향상
- 흥미·도전적 업무
- 이직 의향 없음
- 업계 대비 인적·조직적 경쟁력
- 핵심 가치 실천

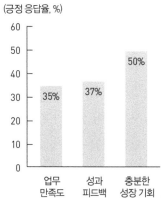

대리, 사원 업무 몰입도 조사

(긍정 응답율, %)

- 업무 만족도: 35%
- 성과 피드백: 37%
- 충분한 성장 기회: 50%

의 통과 의례를 거친 듯한 느낌이 든다"는 응답이 많았다.

만약 삼성인력개발원의 기본 교육 담당자가 이런 말을 들으면 매우 충격을 받을 것이다. 그들은 신입 사원이 이런 말을 하는 것을 상상도 하지 못한다. 삼성의 신입 사원들은 입사가 확정되고 그룹 입문 교육 들어갈 때 대부분 고생을 각오하며 교육 후에는 완전한 삼성인이 되어 나온다는 말이 있을 정도다. 두 회사 중 어느 회사가 더 지속적인

신입 사원 교육 관련 질의

신입 사원을 왜 뽑는가?
신입 사원을 왜 뽑는가? 경력 사원을 뽑는 것이 더 효과적이지 않은가?

신입 사원은 누가 육성해야 하는가?
신입 사원 육성의 책임은 누구에게 있는가?

교육의 성과

신입 사원 육성에 대해 CEO가 원하는 것은?
CEO가 신입 사원 교육을 통해 얻고자 하는 것이 무엇인가?

잘하고 있는가?
신입 사원 조기 전력화의 성과를 이야기하라고 한다면?

성장과 발전을 하겠는가?

당신이 신입 사원 교육을 담당하는 책임자라면 최고경영자의 다음 질문에 어떻게 대답하겠는가?

삼성의 신입 사원 교육을 담당하는 기본교육팀 담당자와 삼성의 각 관계사에서 선발된 지도 선배들은 똑같은 대답을 한다. 그들은 신입 사원들이 삼성의 미래를 짊어질 경영자라고 생각한다. 그래서 3주의 교육 기간 동안 신입 사원들이 한 명의 삼성인이 되도록 이끈다고 한다.

결국은 사람이다

회사를 지속적으로 성장 발전시키는 원동력도 사람이고 CEO의 질문에 자신 있게 대답하는 이도 사람이며 결국 차별화된 경쟁력의 원천도 사람이다. 글로벌 무한 경쟁 시대에 새로운 비즈니스를 창출하고 신입 사원을 전문성과 열정을 갖춘 핵심 인재로 성장하도록 이끌고 나아가는 것도 사람이다. 이 중요한 인재의 육성이 바로 신입 사원 교육부터 시작되는 조기 전력화에서 이루어져야 한다.

국내 대기업은 어떻게 하고 있는가?

최근 국내 대기업의 신입 사원 조기 전력화 이슈는 크게 네 가지였다. 첫째, 신입 사원 조기 전력화의 중요성 부각. 둘째, 집중적인 교육 프로그램 운영. 셋째, 회사 비전과 핵심 가치 내재화 노력. 넷째, 회사의 특성을 고려한 맞춤형 제도 운용.

삼성의 신입 사원 입문 교육

삼성 입문 교육의 특징은 삼성인 육성과 지도 선배 제도 운용이다. 1957년부터 시작한 그룹 공채와 신입 사원 입문 교육에서 삼성은 어느 한 회사의 구성원이 아닌 삼성인을 육성한다. 23박 24일간의 합숙 교육 내내 각 계열사에서 선발된 우수 지도 선배가 신입 사원들의 면담과 옳은 행동을 이끄는 멘토가 된다.

함께 생활하며 함께 고민하고 함께 해결책을 마련하면서 팀워크를 단련하고 삼성인으로서 바른 자세를 익힌다. 삼성은 입문 교육에서 직무 교육을 하지 않는다. 직무 역량은 각 계열사에 배치한 후 그 회사 실정에 맞게 통상 1년 동안 조기 전력화 교육을 통해 강화한다.

입문 연수 중심

특징 1	**지도 선배제 운영** ① 선발: 3~5년 차 직원 중 입문 교육 성적＋현업 고과 ② 신입 사원 20명당 1명 배치, 2주간 합숙 교육, 1주간 사전 준비 후 투입 ③ 역할: 교육 기간 내내 담당 신입 사원 지도·평가·멘토링 　　예) 교육생이 매일 작성하는 교육 일기(배운 점, 느낀 점) 피드백 ④ 평가 결과는 HR 시스템에 입력하여 각 사 인사 부서로 송부 　　- 각 사에서 신입 사원 배치 등 인사 기본 자료로 활용
특징 2	**신입 사원 자치회 운영** ① 교육생을 대표하며 교육의 주체로서 교육 운영에 참여 ② 구성: 자치회장, 조장, 스태프(교육 생활, 학습 운영 등) ③ 역할: 자치회 운영, 교육 준비·운영 지원, 생활 관리, 아침 운동 주관 등
특징 3	**다양한 참여·실습형 교육** ① M.A.T: 도전 의식, 문제 해결 및 팀워크 형성을 위한 한계 극복 훈련 ② LAMAO: 신입 사원이 영업 사원으로서 직접 제품을 판매하는 프로그램
특징 4	**하계 수련대회 (1박 2일)** 그룹 신입 사원 전체와 각 사 사장이 참가하여 계열사별 경연 대회 진행

* 현업 배치 후 멘토는 1년간 매주 단위로 신입 사원 성과 측정 및 개인 고민 상담

SK에너지의 신입 사원 조기 전력화 방안

SK에너지는 합격한 시점의 리텐션_{Retention} 프로그램부터 입사 후 1년 시점의 점핑 하이_{Jumping High} 프로그램까지 체계적 교육을 시행한다. 리텐션 프로그램에서는 신입 사원과 같은 대학·학과 출신의 대리급 사원을 채용 단계부터 자연스럽게 만나게 하여 회사에 대한 이해를 높인다.

7주의 입문 교육, 9주의 현장 OJT, 그리고 약 1년간의 멘토링이 실시된다. 1년이 되는 시점에서 지나간 1년간 느낀 점을 공유하며 해결책을 모색하는 워크숍인 점핑 하이 교육으로 신입 사원 조기 전력화 교육이 마무리된다.

점핑 하이 교육

특징 1	**리텐션 프로그램** • 채용과 동시에 신입 사원 육성 체계에 편입 • 동일 대학·학과 출신 대리급 사원을 지도 선배로 활용 – 학교 선후배로서 자연스러운 만남(회사 소개 및 입사 전 준비 사항)

특징 2	**입문 교육(7주)**
	• SKMG(SK 매니지먼트 게임)
	   – 신입 사원 각자가 CEO를 비롯해 최고 재무 책임자, 최고 마케팅 책임자 등의 역할 체험(회사의 사업 구조 총체적 경험)
	• 비즈 브리프
	   – 조별로 사내 강사로부터 수강 후 배운 내용을 동기들에게 소개
	• 현장 교육
	   – 영업 현장 체험: 7.5일 (소매 전략, 주유소 이해 포함)
	   – 생산 현장 체험: 7.5일 (공정 교육 및 현장 실습)

특징 3	**현업 OJT(8주) 및 멘토링(약 1년) 동시 시작** • OJT 전담 사원 1:1 배치: 업무 조기 적응 및 필요 지식, 스킬 제공 • 멘토링: 신입 사원의 회사·조직 생활 고충 해결 (멘티가 멘토 추천)
특징 4	**점핑 하이(1년 시점)** • 1년간 느낀 애로 사항 공유 및 해결책 모색 • 입사 시 목표와 현재 모습 비교, 경력 개발에 대한 실천 계획 워크숍

현대중공업의 조기 전력화 방안

현대중공업은 4주간의 입문 교육, 4주간의 현장 근무, 부서 배치 후 7~8개월 동안 경영 일반·전산·글로벌 교육 등의 조기 전력화 교육을 시행한다. 교육 전 과정을 평가하여 해외 연수를 운영한다. 현대중공업 신입 사원들은 1년 이내에 6시그마 GB(그린 벨트) 인증을 받아야 하며 멘토가 프로젝트 어드바이저로서 역할을 수행한다.

현대중공업의 입문 교육

특징 1	입문 교육 • 그룹 정신·문화, 극기 훈련, 봉사 활동, 기본 소양, 6시그마 기초 과정으로 구성되며 6시그마 교육에 약 30%에 해당하는 시간 투입	
특징 2	조기 전력화 교육 • 부서 배치 후 7~8개월간 매월 체계적 교육 진행	
	시기	내용
	부서 배치 시	조기 적응 교육(지도 사원 선임+직무 OJT)
	배치+1개월	경영 일반 교육(사이버), 사업부 입문 교육
	배치+2개월	전산 교육(사이버)
	배치+3개월	글로벌 교육(사이버)
	배치+4~6개월	어학 교육(사이버), 과제 해결 교육(6시그마)
	배치+7개월	교육 결과 총괄 평가(인사 평가 반영)
	* 상위 3% 대표이사 표창, 승진 가점 및 특진 심사 대상에 포함	
특징 3	해외 연수 • 입사 2년 차 중 인사 평가, 어학, 조기 전력화 교육 결과 반영하여 선발 • 테마 과제 선정 및 해결 (우수 조 승진 가점 적용)	

신입 사원 조기 전력화가 **성공하기 위해서는**

신입 사원에 대한 모든 최고경영층의 관심은 지대하다. 신입 사원 채용 면접에 한 번도 빠짐이 없이 참석하여 직접 선발하는 CEO가 많을 정도다. 해외 출장 시 현지의 핵심 인재를 채용하기 위해 자신의 식사 시간과 면접 가능 시간을 알려주는 CEO도 있다. 이렇게 어렵게 뽑은 신입 사원이 입사하여 조기 전력화되어 '제 몫 이상의 성과를 내는 것'은 매우 긴요한 일이다. 이를 위해 다음과 같은 노력이 필요하다.

첫째, 최고경영자의 관심과 참여다. 입문 교육에서부터 자신이 원하는 신입 사원상과 육성의 방향에 관해 이야기해야 한다. 신입 사원 교육을 모두 외부 강사가 맡아서 강의한다면 신입 사원에게 무슨 비전과 열정이 생기겠는가?

둘째, 조기 전력화 프로세스를 체계적으로 수립하고 강하게 실천해야 한다. 신입 사원 조기 전력화의 목적에 맞게 내용과 기간을 정하

조기 전력화 일정 예시

D-1개월	D	D+5주	2주	6개월~1년	D+14개월	
채용 확정	→	입문 연수	→ 현업 배치	현장 근무, 현업 OJT	→ 수료식	→ 해외 사업장 방문

사전 교육	입문 연수	현장 근무, 멘토링	마무리

사전 단계
• 회사 이해
• 이공:
  기초 재무
• 인문:
  기초 화공
	단계 I
	• 핵심 가치 이해
	• 집중적인 교육 운영
	• 창의성 함양, 주도적 참여
		단계 II
		• 현장 근무 및 멘토링 내실화
		• GB 인증 및 직무·공통 역량 교육 시행
			단계 III
			• 신입 사원 수료식
			• 해외 사업장 방문 (상위 5%)

고, 각 담당 부서에서 책임 있게 추진해야 한다. 신입 사원이 배치받으면, 육성의 책임은 현업 조직장에게 있다. 그러므로 조기 전력화할 수 있도록 현업 조직장이 강하게 육성해야 한다.

셋째, 현대중공업이나 삼성처럼 평가 체계를 구축해야 한다. 즉 평가를 통해 경쟁을 유발하고 더욱 높은 목표와 열정을 이끌어내야 한다. 평가 결과가 좋은 신입 사원에게는 해외 벤치마킹, 도전 과제 등을 부여하여 회사 핵심 인력으로 조기 확보하는 것도 한 방법이다.

넷째, 교육 담당자가 열정에 불타야 한다. 강사가 준비 없이 강의할 수 없게 만드는 것도 교육 담당자다. 1년 안에 퇴직하고 싶은 생각이 든 신입 사원의 입에서 "교육을 담당한 선배님이 계시기에 나갈 수 없다"는 말이 나오도록 열정에 불타야 한다. 2~3개월 합숙을 진행하는 담당자에게 "그것은 너의 일이다"라고 말하며 한 번도 찾아가지 않거나 격려하지 않는다면 매우 곤란하다. 삼성은 교육 부서가 아니면서도 2개월 가까이 현업을 떠나 합숙 교육을 담당하는 지도 선배의 파견에 반대하는 조직장이 없다. 파견 부서나 신입 사원은 지도 선배에 대한 대우가 깍듯하다. 그리고 이 지도 선배들이 신입 사원을 바르고 강하게 육성한다.

HR 담당자의 역할과 경력 개발

변화에 적응하지 못하는 **인사 담당자**

사례 1.

영업 사원으로서 뛰어난 성과를 창출한 김철수 씨의 비결은 탁월한 대인 관리 능력이었다. 김철수 씨는 매일 새로운 이슈를 도출하여 자신이 관리하는 고객에게 신선한 즐거움을 선사했다. 특유의 친화력 때문에 사람들은 그와 함께 있는 시간을 매우 즐거워했다. 김철수 씨는 고객이 무엇을 원하는가를 정확히 파악하여 사전에 이를 준비하여 만족도를 높였다. 회사는 이런 김철수 씨의 능력을 높이 사서 본사 인사기획팀에 발령을 냈다.

김철수 씨가 오면서 사무실 분위기는 확실히 밝아졌다. 그는 주위 사람들에게 웃음을 선사했고 책상에 앉아 있기보다는 사람들과 항상 대화를 나누었다. 그런데 김철수 씨에게 평가 개선에 대한 과제가 부과되었다. 구성원들은 상대 평가에 의한 개인 차별화에 불만을 품은 상황이었다. 김철수 씨는 구성원의 목소리를 듣고 상대 평가를 절대 평가로 바꾸는 안을 강하게 밀어붙였다. 인사의 역할은 구성원 만족에 있다고 하며 자신이 생각하는 안이 구성원 만족을 높인다는 설명을 덧붙였다.

사례 2.

이우상 차장은 평소 세심하고 침착한 성격이다. 이 차장이 작성한 보고서에는 오탈자를 찾아볼 수 없다. 대신 그 과제의 과거, 현재, 그리고 미래를 다 볼 수 있다. 항상 문제점을 중심으로 개선점을 제시하였고 여러 정보와 자료를 첨부하여 논란의 여지가 없이 완벽했다. 인사팀장이 다른 부서로 직무 전환됨에 따라 자연스럽게 이 차장이 인사팀장이 되었다.

그는 팀장으로서 팀원에게 꼼꼼하고 치밀한 분석을 요구하였다. 모든 이슈에 대해서는 과거에 어떻게 했느냐를 제시하라고 했다. 보고서는 그 사람의 얼굴이라고 하면서 완벽한 형식을 요구하였다. 오탈자가 있으면 사무실이 떠나갈 정도로 크게 질책했다. 팀원들은 이 차장이 팀장이 되면서 변했다며 이전 팀장을 그리워했다.

두 사례는 HR 담당자 역할과 경력 개발의 중요성을 극명하게 드러낸다. 변화 앞에 선 인사 담당자 중에는 과거에 그대로 머물러 있는 사람도 있다. 몇 년이 지났어도 자신이 잘했던 일만 기억하고 있다. 역할이 바뀌었다는 걸 모른다.

새로운 자리가 부여되었다면 그 자리에 맞는 역할을 빠르게 인식하고 거기에 자신을 맞추어 나가야 한다. 제도를 수립하는 사람이라면 제도가 미치는 영향을 생각하여 다양한 채널의 의견을 모으고 미래 파급 효과를 고려하여 안을 만들어가야 한다. 리더는 혼자 일하는 사람이 아니다. 조직에 부과된 비전과 전략을 구성원과 함께 제대로 이끌어 성과를 창출해야 한다. 구성원이 새로운 자리에서 새로운 역할과 일을 하도록 만드는 사람이 인사 담당자다.

인사 담당자의 경쟁력이 **회사의 경쟁력**

갈수록 기업에서 인사 담당자의 역할이 중요시되고 있다. 인사 담당자는 옳은 사람을 뽑아 적합한 곳에 배치하여 성과를 창출하게 하는 역할을 한다. 조직을 진단하여 강점을 강화하고 새로운 가치를 보완하여 조직 경쟁력을 높이는 사람 또한 인사 담당자다. 그리고 구성원의 회사와 직무에 대한 만족도를 파악하여 일할 맛 나는 회사를 만들어가는 역할 역시 인사 담당자가 한다. CEO가 생각하는 미래의 회사와 사업에 맞도록 조직, 사람, 제도, 문화를 연계시킬 책임이 인사 담당자에게 있다.

이렇듯 현대 기업에서 인사 담당자의 역할은 중요하기 그지없다. 그러므로 회사가 지향하는 공통 역량과 리더십 역량은 같더라도 인사를 하는 사람의 역할, 직무 역량, 육성 방법은 달라야 한다. 따라서 인사 담당자에게 어떤 역할과 역량을 갖게 하고 이를 체계적이고 장기적으로 육성시켜 가는 회사가 더 경쟁력이 있는 회사로 성장한다.

HR 담당자 경력 개발 원칙

HR은 크게 세 영역으로 나눌 수 있다. HRM(전략, 채용, 이동, 승진, 보상, 평가, 퇴직), HRD(교육 운영, 교육 기획, 교육 관리, 교육 컨설팅, 기업 문화), ER(노사, 복리후생)이다. 물론 영역별 기능을 어떻게 구분하느냐는 학자마다 차이가 있다. 내가 생각하는 HR 담당자는 HRM, HRD, ER을 모두 포괄한다.

HR 담당자의 경력 개발은 크게 3단계로 구분할 수 있다. 과장 미만까지의 직무, 과장부터 부장까지의 직무, 팀장 이상 조직장으로서의 직무다. HR 각 기능의 직무는 어느 정도 수준이 있다. 보상, 평가, 교육 기획, 교육 컨설팅, 기업 문화, 노사, 조직장 인사, 전략 직무는 타 직무를 3년 정도 경험한 다음에 수행하는 게 더욱 효과적이다. 장기적으로 HR 전문가로 육성할 사람이라면, 전략적 경력 개발 측면에서 대리 이하에서 그 회사의 핵심 직군이나 핵심 직무 경험 2년을 경험하고 조직장 되기 전에 다른 직군 경험을 한 번 더 하게 한 후, HR 조직장으로 선임하는 게 바람직하다고 본다.

HR 전문가를 육성하기 위해서는 직급(직위) 체제와 연계된 경력 개발 제도를 도입하는 것이 좋다. 경력 개발은 한 사람 개인을 위한 제도가 될 수는 없다. 신입 사원으로 입사한 HR 담당자에게 비전을 줄 수 있어야 한다. 경력 단계별 직위나 직급 체계와 연계하여 어떤 역할을 수행해야 하며 그 단계에서는 어떤 역량이 필요한지 알려줘야 한다. 이를 달성하기 위해서는 어떤 육성 프로그램이 있는지 영역별로 제시한다면, 구성원은 더 장기적인 목표를 설정하여 도전할 것이다.

경력 개발 제도가 실패하는 이유는 지속적으로 제도를 끌고 가지 못해서다. 성공을 위해서는 회사 내 직무를 관리해주는 담당자가 있어야 하며 e-HR을 통해 직무 중심의 인사가 이루어져야 한다. 부서 이동도 관리되지 않는 회사에서 경력 관리는 있을 수 없다. 이를 위해 직무에 대한 분류, 체계적 정비, 직무 발령 등이 인사 자료화되고 경력 계획에 대한 개인 신청과 상담 제도를 구축하여 경력 개발 시스템 정비와 제도의 연계가 이루어져야 한다.

직무에 따라 3~5년 정도 최장 체류 기한을 설정하여 순환되도록 하는 제도와 승진 또는 평가 시 순환 여부를 점검하고 감점·가점을 부여하고 지속해서 경력 개발에 대한 정보를 제공해야 한다. 이렇듯 인사 각 영역과 기능에 대해 폭넓게 경험하고 그 가운데 역량과 성과를 창출하도록 제도화해야 한다.

HR 담당자의 경력 개발 제도가 정착되어 내부 HR 담당 임원이 되게 하기 위해서는 무엇보다도 인사 담당 임원의 확고한 철학과 원칙이 중요하다. 인사 담당자의 역할과 육성이 회사 경쟁력에 얼마나 큰 영향을 주는가를 인식하고 전사적 안목을 가진 미래 CEO가 될 수 있는 인재로 강하게 육성시켜야 한다. 만일 내부 인력이 없다면 외부 영입을 추진해야 한다.

자신의 경쟁력은 스스로 올리려는 열정이 중요하다. 자신의 경쟁력을 키우고 더 큰 HR 담당자가 되는 일은 결국 개인 몫이다. 회사가 지원해주는 제도에는 한계가 있다. 개인이 부족한 부분을 메우며 자기 주도형 경력 개발을 해야만 한다.

HR 담당자는 내부가 아닌 외부의 HR 전문가 인맥을 넓히고 학력이나 자격증을 취득해야 한다. 필요하다면 개인 비용으로 세미나나 연구회에 참석하여 자신이 담당하는 HR 영역의 최근 동향이나 선진 제도를 배워야 한다. 회사 내에서 담당 업무에서 개선 의견을 내고 해결해나가며 제도를 만들어가는 것은 기본이다.

앞으로 HR 담당자가 갖추어야 할 역량은 통합력과 선견을 가진 사업 창출자의 역량, 변화주도력과 도전 정신을 바탕으로 한 혁신가의 역량, 교섭력과 공정한 조직 관리력을 기반으로 한 성과 조정자의 역량일 것이다. 또한 HR 담당자가 하는 일은 CEO를 보완하여 전략적 방향 제시, 구성원에 대한 경력 상담과 코칭, 조직 경쟁력을 높이기 위한 이슈를 진단 및 해결책을 주는 컨설팅일 될 것이다. 이러한 직무를 담당할 역량을 쌓으며 부단히 자신의 시장 경쟁력을 높여가는 사람만이 진정한 HR 담당자가 될 수 있다.

핵심 인재 선발과 육성

왜 핵심 인재 제도를 도입하는가?

사례 1. 핵심 인재는 우리 회사의 경쟁력이라는 CEO의 지시

인사팀 홍길동 팀장은 출근과 동시에 CEO가 찾는다는 다급한 연락을 받았다. 영문도 모르고 수첩만 들고 급히 비서실을 향했다. 비서실장은 기다렸다는 듯이 홍 팀장을 반겼다. CEO는 "핵심 인재가 우리 회사의 미래이자 경쟁력"이라고 강조하면서 "회사에 핵심 인재 제도를 수립하여 정착하라"고 지시했다.

홍 팀장은 "예, 알겠습니다"라고 대답하고 내려왔지만 어디부터 손을 대야 할지 몰라 당혹스럽다. 홍 팀장은 김 부장과 이 차장을 불러 회장의 지시를 전하며 다른 회사에서는 어떻게 실시하고 있는가 파악한 후, 기일 안에 핵심 인재 운영 방안을 제출했다.

사례 2. 경쟁사의 핵심 인재 관리에 자극받다

A기업의 업계 시장 점유율은 항상 2위다. 이 기업에서는 우리는 잘해도 2위라는 패배주의와 냉소주의가 팽배해 있었다. 인사팀에서는 이러한 조직 분위기를 쇄신하고 자사의 강점과 보완점이 무엇인가 정확하게 파악하기 위해 1위 기업을 다각도로 조사하였다. 사업의 특성은 유사하였지만 전략과 제도상에 많은 차이가 있었다. 그중에서 가장 두드러진 차이는 바로 경쟁의식이었다. 1위 기업은 신입 사원부터 경쟁에서 이기는 사람만이 승진할 수 있었다. 철저한 평가에 의한 보상과 승진 그리고 교육에서까지 차등이 심했다.

이 회사는 인력을 크게 4단계로 나누어 관리하고 있었다. 핵심 인재, 임원과 관리자, 일반 인재, 저성과 인재가 그 단계였다. 이 중 핵심 인재의 선발과 유지 관리는 철저히 보안 상태를 유지했으며 이것이 회사 이익에 큰 영향을 주고 있었다. 회사의 경영진은 핵심 인재를 개인별로 담당하여 철저하게 이끌어가고 있었다. A기업은 이러한 벤치마킹 결과와 각종 검토 자료 및 내부 핵심 임원의 의견을 듣고 회사의 핵심 인재 추진 방안을 수립하였다.

기업들이 핵심 인재 제도를 도입하는 이유는 여럿 있지만 대체로 두 가지 이유가 지배적이다. 사례에서 보았듯 하나는 CEO 지시 사항이고 다른 하나는 경쟁사나 선진 회사의 모방이다.

그런데 충분한 검토 없이 CEO의 근시안적 판단에 따른 지시나 남이 하니까 나도 따라 하는 유행 따라잡기 식의 핵심 인재 제도를 도입하다 보면 기대한 결과는 얻지 못하고 조직 내에서 새로운 갈등만 일으킬 수 있다. 하나의 제도는 그 파급 효과가 크기 때문에 신중하게 고려해야 한다. 성급하게 도입한 제도가 실패하면 그 피해도 크고 다음 제도를 실행할 때 장해가 된다. 이미 경영층과 구성원으로부터 신뢰를 잃었기 때문이다. 더군다나 금전적 차별에 의한 핵심 인재 제도의 도입은 구성원 90퍼센트 이상의 사기 저하를 불러올 수 있다.

핵심 인재 제도는 모든 제도가 똑같지만, 얻고자 하는 바가 분명하고 회사와 구성원이 수용할 수 있을 만큼의 성숙도가 구축되어 있을 때 신중하게 추진해야 한다. 또한 도입하더라도 일련의 프로세스를 갖고 체계적이고 장기적인 계획하에 추진해야 한다.

핵심 인재 제도 도입의 **프로세스**

도입 사례

B회사의 곽 차장은 사장으로부터 우리 회사에 맞는 핵심 인재 제도를 도입하라는 지시를 받았다. 곽 차장은 선진 기업뿐 아니라 국내외 논문 자료 등을 살펴보며 핵심 인재 제도의 장단점을 파악하였다. 그는 서둘러 도입하다 실패하면 큰 피해가 예상되기에 신중해야 한다고 생각했다. 또한 핵심 인재 제도를 도입하고 2년 이상 지속해서 추진하고 있는 회사가 그리 많지 않음을 알고 도입부터 체계적으로 검토하여 장기 제도로 이끌어야겠다고 판단했다.

곽 차장은 핵심 인재 제도 도입을 위해서는 여러 단계가 필요함을 CEO에게 보고했다. 1단계는 선정 단계다. 이는 본부 중심의 핵심 인재에 대한 인식 제고와 각 본부의 선정 기준에 따른 내부 필요 인력의 선정이었다. 2단계는 유지 관리의 방법에 관한 제도 수립의 단계다. 지금까지 B회사는 모든 인력에 대해 단 하나의 인사 제도가 운용되고 있었다. 곽 차장은 핵심 인재 제도가 체계적·지속적으로 운용되기 위해서는 채용, 교육, 평가, 보상, 승진, 제반 관리에서 타 구성원과는 차별되는 핵심 인재만의 인사 제도가 필요함을 알고 이를 강조하였다.

3단계는 구성원의 마음 관리였다. 곽 차장이 가장 많이 들은 조언은 핵심 인재가 아닌 구성원의 마음 관리를 잘못하면 아무리 좋은 인재라 할지라도 결국은 조직에 머물지 못하고 떠난다는 이야기였다. 핵심 인재가 기존 인력일 때는 왕따가 되기 쉬우므로 각별히 유념하라고 했다. '나도 핵심 인재가 될 수 있다'는 긍정적인 사고가 조직 분위기를 이끌고 핵심 인재를 도와 회사와 개인의 성과 극대화를 도모하는 문화를 만들기 위해서는 구성원에게 제도의 긍정적 요인을 적극 홍보해야 한다고 했다. B회사는 곽 차장의 섬세한 도입 덕택에 5년 넘게 제도를 유지하며 핵심 인재에 의한 돋보이는 성과를 올리고 있다.

이 사례에서 볼 수 있듯이 핵심 인재 제도를 도입하기 위해서는 치밀한 프로세스가 요구된다. 나는 핵심 인재 제도를 도입하기 위해 크게 5단계의 프로세스를 강조하고자 한다.

1단계 핵심 인재에 대한 정의

회사에서 추구하는 핵심 인재에 대한 정의를 분명하고 명확하게 규정해야 한다. 예를 들어 어떤 회사에서 핵심 인재를 경영자와 회사가 정한 핵심 직무의 마스터로 국한한다고 했다면 경영자와 정의된 핵심 직무의 마스터를 선정하고 관리하면 된다. 삼성그룹은 S, A, H급 인력을 핵심 인재라고 한다. GS그룹은 사업별 핵심 직무에 종사하는 최고의 전문가를 핵심 인재라고 한다. LG그룹은 주요 포스트의 장과 후계자를 핵심 인재라고 한다. 이렇듯 핵심 인재를 어떻게 정의하느냐에 따라 선발 프로세스가 다를 수밖에 없다.

핵심 인재의 선정에서 한 가지 유념할 점은 시점이다. 핵심 인재는 현재의 시점에서 현 사업의 핵심 인재를 정의하고 선발하는 것도 필요하지만 미래를 보는 장기적 시야도 필요하다. 이것은 본부 단위로 해야 한다. 10년 후의 바람직한 모습은 무엇인가? 10년 후 바람직한 모습하의 사업 구조는 어떻게 변화될 것인가? 이러한 사업 구조하에서의 필요한 핵심 역량은 무엇인가? 10년 후의 필요 인력에 대해 현재 인력의 육성으로 달성 가능한가? 그렇지 않다면 언제 어느 직무를 몇 명 영입할 것인가? 아니면 기존 인력을 어떻게 육성할 것인가 등을 충분히 검토한 후 핵심 인재를 선발하고 육성해야 한다.

2단계 선발 기준 수립과 선발

핵심 인재의 정의가 되었으면, 본부 중심의 선발 기준 공유하고 공정한 선발이 이루어져야 한다. 선발 기준은 내부 인력인지 외부 인력인지에 따라 다르다. 보통 내부 인력은 해당 포지션과 직무를 중심으로 최근 5개년 인사 평가, 주변 평판, 직무 전문성, 외부 네트워킹 등을 고려하여 본부장이 추천한다. 이 경우 본부장이 다음 항목으로 구분하여 추천하면 효과적이다.

- 금년에 핵심 인재가 될 수 있는 사람
- 2~3년 후 핵심 인재가 될 수 있는 사람
- 5년 이후 핵심 인재가 될 수 있는 사람

외부 인재의 선발 기준 수립과 실제 선발은 훨씬 엄격해야 한다. 각 본부장은 최소한 10년의 사업을 바라보고 현 인력으로 도저히 할 수 없거나 핵심 인재를 선발하면 조기에 달성할 수 있는 직무가 무엇인가를 엄격하게 판단하여 선발하여야 한다. 선발의 기준은 기존 인력의 조건을 뛰어넘어야 한다. 선발 시에도 현업 조직장을 채용 단계에 포함시켜 철저하게 역량과 품성을 점검해야 한다. 외부 핵심 인재 선발 시 유의할 점은 회사가 강압적인 태도, 불투명한 계약 조건, 계약 불이행 등의 실책을 범하는 일이다. 그럼으로써 핵심 인재를 잃거나 회사 이미지에 부정적 영향을 주면 곤란하다. 핵심 인재의 폭이 좁기에 그들에 의한 입소문을 경계해야 한다.

3단계 금전 및 비금전적 관리

기존 직원에 대해 핵심 인재 제도를 도입하고 주어진 과업의 차등은 없이 높은 수준의 보상을 지급한다면 첫 몇 년은 좋아하겠지만 갈수록 불안감과 실망감에 빠지게 될 것이다. 높은 수준의 보상을 바탕으로 더 도전적이고 고부가가치 프로젝트를 수행하게 하여 일에 대한 자부심과 성취감을 느끼도록 해야 한다.

회사의 수준에 따라서도 금전적 보상과 비금전적 보상을 달리 운영해야 한다. 회사의 수준이 창업 단계라면 당연히 외부에서 영입을 많이 해야 한다. 이를 위해서는 금전적 보상이 더 효과적이다. 그러나 회사가 경쟁 우위에 있는 상태라면, 내부 인력의 관리가 더욱 중요하다. 이 경우에는 비금전적 보상인 인정과 도전 과제에 의한 성취감과 일의 자부심을 적용하는 게 더 효과적이다.

4단계 육성을 통한 유지 관리

기업 환경, 조직 구조, 인적 구성이 다양화됨에 따라 업무 성과를 올리기 위해서는 지속적인 업무 수준의 향상과 내·외부 관계가 무엇보다 중요해졌다. 지속적인 업무 향상을 위해 정형화된 내부 육성 프로그램으로는 핵심 인재의 니즈를 충족시킬 수 없다.

핵심 인재 업무 향상 방안은 크게 두 가지다. 하나는 해외 연수를 적극 추진하는 일이다. 국내 프로그램으로는 불가능하므로 해외에 나가 전문가와의 미팅이나 세미나 참석 등으로 자신의 역량을 가일층 향상하도록 하는 것이다. 다른 하나는 전문가와의 포럼 또는 연구회를 지원해주는 방법이다. 유사 직무의 전문 집단과의 교류는 회사의 이미지 제고와 핵심 인재의 가치를 올려주는 좋은 육성 방안이다.

내·외부 관계 증진을 위해서는 회사 중역이 멘토가 되어 핵심 인재를 일정 기간 이끌어주는 게 효과적이다. 외부 영입 인력의 경우, 회사의 연혁, 제품, 주요 경영자, 조직과 사람, 회사 문화 등에 대해 직간접적으로 조언해줌으로써 조기에 전력화할 수 있다. 리더십 배양 교육 참여도 중요하다. 핵심 인재들은 한 직무나 한 프로젝트를 깊이 연구하는 데는 장점이 있지만 조직을 관리하는 능력에는 어려움을 느낀다. 따라서 리더십 교육을 통해 이러한 면을 보완해준다면 큰 성과를 거둘 것이다.

5단계 구성원 정서 관리

핵심 인재 제도의 가장 큰 어려움은 기존 직원들의 보이지 않는 반항이다. 핵심 인재가 회사에 필요하다는 것은 알지만, 자신과 비교할 때 크게 다르지 않다는 불편함을 느낀다. 이것이 무시나 배제 등 구체적인 반발 행동으로 이어질 수 있다. 따라서 구성원 정서 관리가 매우 중요하다.

구성원 정서 관리의 첫째는 핵심 인재 제도의 중요성에 대한 공감대 조성이다. 위기의식과 함께 회사의 성장 파이를 키워야 한다는 의식을 심어줘야 한다. 협력하여 더 큰 성과를 이루자며 공감대를 형성하는 것이다. 둘째, 핵심 인재 제도를 공개함으로써 '노력만 하면 나도 핵심 인재가 될 수 있다'는 분위기를 조성하고 그 길을 열어놓아야 한다. 제도의 범위에 들어오는 사람은 1퍼센트밖에 되지 않지만 아무도 될 수 없다는 것과 나도 될 수 있다는 것에는 큰 차이가 있다. 셋째, 경영자의 노력이 무엇보다 필요하다. 경영자는 핵심 인재를 구성원과 자연스럽게 연결하는 매개체 역할을 담당할 뿐 아니라 조직 문화를 이끌어가야 한다. 그리고 후배에게 전문성을 부단히 강조해야 한다.

핵심 인재 제도의 도입은 대기업 중심의 경쟁이 심한 업종에서는 필수적이라고 생각한다. 그러나 인원이 적은 중소기업이나 공평이 강조되는 기업에서 금전적 보상 중심의 핵심 인재 제도 운용을 하는 것은 바람직하지 못하다. 비금전적 보상인 도전 과제나 육성 체계에 의해 보이지 않게 운영하는 것이 현명하다.

핵심 직무 전문가 육성

핵심 직무 전문가 육성으로 **기업의 미래를 밝힌다**

사례 1. 현 사업의 전문가 육성에 집중한 이 사장

중견 기업 A제조 회사의 이 사장은 미래 전망보다는 현 사업의 직무 전문성 강화가 시급하다고 생각했다. 이 사장은 3개월을 주면서 직무별 전문가를 선정하여 해당 직무 역량 강화 방안을 수립하라고 지시했다. 그리고 회사 안에 '명장·명인의 전당'을 만들어 매년 최고의 성과를 내는 직무 전문가를 선발하고 회사가 존속하는 한 영원히 보존하겠다는 계획도 밝혔다.

사장의 강력한 의지와 지시로 전사적으로 전문성 강화의 붐이 일어나기 시작했다. 각 직무 전문가를 중심으로 직무 전문성 단계와 필요 역량 그리고 대상별 수준이 정해졌다. 그리고 직원들은 밤을 지새우며 해당 분야의 직무와 관련된 아이디어를 내고 모두 하나가 되어 토론과 연구를 거듭했다. 이 과정에서 제안이 수십 건 제출되었고 무엇보다도 직원들이 '하면 된다'는 열정으로 성공 사례를 경험했다.

최근 이 사장은 '명장·명인의 전당'에 오를 전문가를 격려하며 지속해서 현장 경영을 이끌고 있다. 그는 중견 기업인 제조 회사는 미래에 대한 준비도 중요하지만, 더 중요한 것은 자신의 분야에서 혼신의 노력을 다하는 직원의 역량과 근성임을 강조한다.

사례 2. 10년을 대비하여 핵심 직무 중심으로 전문성을 실천한 이 전무

대기업인 A화학 회사 성 사장은 고민이 많다. 110여 개로 분류된 직무의 전문성이 선진 기업보다 턱없이 낮기 때문이다. 성 사장은 임원 회의를 통해 어떻게 하면 회사의 직무 역량을 올릴 수 있을지 논의하였다. 회의는 여러 차례 열렸지만, 만족할 만한 결과는 나오지 않았다. 생산본부의 이 전무가 총대를 매고 앞으로 10년 후를 대비한 직무 전문성 강화 프로젝트를 추진하겠다고 나섰다. 이 전무는 모든 직무를 선진 수준으로 이끄는 것은 불가능하다고 판단했다. 이 전무는 이 판단을 토대로 다음의 방안으로 나누어 프로젝트를 진행했다.

- 핵심 직무 선정
- 핵심 직무의 단계별 역량 정의
- 핵심 직무의 필요 인력 산정
- 현 인력의 역량 수준 분석
- 외부 영입 인력 운영
- 개인별 유지 관리 방안

이 전무의 예상은 적중했다. 안정 지향의 화학 회사임에도 신사업 중심의 핵심 직무가 구성원들에게 새로운 비전으로 떠올랐다. 또한 핵심 직무 전문가가 사업안을 구체화하면서 신사업본부가 생겼다. 이 사업본부는 적지만 의미 있는 매출을 올리고 있다.

핵심 직무 전문가 선발과 **육성 3단계**

1단계 핵심 직무 전문가 선발

핵심 직무 전문가 제도를 운용하려는 회사는 먼저 인재의 정의를 명확하게 규정해야 한다. 통상적으로 인재는 경영성 인재와 전문성 인재로 나눌 수 있다. 자세한 내용은 '인재의 정의' 표를 보면 알 수 있다.

핵심 직무 전문가를 선정할 때 우선적으로 고려할 사항이 하나 있다. 당해 연도 사업을 중심으로 핵심 직무를 선정하면 안 된다는 것이다. 그러면 글로벌 경쟁에서 앞서 갈 수 없다. 최소한 5~10년 후의 바람직한 사업 변화 추이를 분석하여 핵심 직무를 선정하여야 한다. 그러려면 5~10년 후 사업 구조가 어떻게 바뀔 것인가를 먼저 예측할 필요가 있다. 이를 위해 사내외 전문가가 함께 모여 논의해야 한다.

이 과정에서 사업 구조 변화에 따른 경쟁력의 핵심이 되는 직무를 선정해야 한다. 비즈니스 전략 수행, 손익에 큰 영향을 미치는 부분, 항상 높은 수준의 기술력 등이 판단 기준이 될 수 있다. 이러한 판단 기준으로 핵심 직무를 선정한 후 다음 사항들을 고려하여 더 체계적으로 핵심 직무 전문가를 선정하여야 한다.

- 경쟁사 전문가와 비교하여 충분한 경쟁력이 있는가?
- 해당 전문가 이탈이 회사에 큰 손실을 끼치는가?

- 핵심 직무를 끊임없이 개선하며 새로운 패러다임을 창출할 역량이 있는가?
- 해당 직무에서 지속적인 성과를 창출할 수 있는가?
- 베스트 프랙티스를 이끌며 세계적 세미나 등에서 발표하고 후배 전문가를 육성할 품성과 역량을 보유하고 있는가?

인재의 정의

구분		정의
경영성 인재	사업가 후보	• 경영자(임원) 및 그 후보자 • 비즈니스를 이끌어갈 잠재력과 리더십을 갖춘 인재
	리더 후보	• 부(팀)장 및 그 후보자 • 기초 단위 조직(부·팀)의 리더로서 잠재력과 리더십을 갖춘 인재
전문성 인재	전문가	• 분야별 핵심 인재 • 사업 경쟁력의 핵심이 되는 분야의 핵심 역량을 보유하고 있는 전문가
잠재 인재		• 향후 경영·전문성 인재로 선발 가능성이 있는 전 사원

2단계 핵심 직무 전문가 선발·유지 관리 프로세스 구축

핵심 직무 전문가 제도를 운용하려는 회사는 다음과 같이 선발과 유지 관리 프로세스를 진행하는 것이 효과적이다.

첫째, 핵심 직무를 선정하고 세부 직무를 규명한다.

둘째, 핵심 직무 단계별 역량 수준을 정의한다. 역량의 수준은 통상 3~5단계로 규정할 수 있다. 5단계의 예를 보면, 1단계 수준은 기초 인력 그룹으로 전공 서적을 읽고 이해하며 아이디어를 낼 수 있으며 기초 업무를 처리할 수 있는 3년 차 미만의 육성 후보군이다. 2단계 수준은 주니어 그룹으로 자신의 직무를 개선할 수 있는 기초 역량을 보유하고 있다. 사내 직무 교육에서 업무를 소개할 수 있는 7년 차까지의 인력이다. 3단계 수준은 시니어 그룹으로 자신의 업무에 대해서는 사내 강사일 뿐 아니라 외부 세미나에서 발표를 이끌 수 있는 선진 기업의 업무 담당자와 비교해도 부족하지 않는 역량을 보유한 인재로 해당 직무 경력 15년 차까지의 인재다. 4단계 수준은 전문가 그룹으로 자신의 직무에 대해서는 새로운 방식이나 프로세스를 변화시킬 수 있는 역량이 있으며 특허를 출원하고 그 분야 대학교수와의 네트워크뿐 아니라 국내 기업에서 권위를 가지고 있는 인력이다. 마지막 5단계 수준은 마스터 그룹으로 해당 직무의 구루와 같은 존재로서 후배를 육성하고 해당 직무뿐 아니라 관련 직무에 대해 전문가 수준을 보유한 세계적 인재다.

셋째, 핵심 직무 전문가 필요 인력을 산정한다. 5~10년의 핵심 직무와 역량을 고려하여 필요 인력과 보유 인력으로 구분한다.

넷째, 현 보유 인력의 핵심 직무별 역량 수준을 파악한다. 현 인력의 직무 내용과 역량 수준에 대해 다면 평가를 시행하여 5단계 중 어느 단계에 있는지 판단한다. 이는 가능하다면 외부 전문가와 공동으로 추진하는 것이 바람직하다.

다섯째, 핵심 직무 전문가 선발 기준에 맞는 인력의 선발 또는 외부 영입 계획을 수립한다. 현재 인력이 미래 핵심 직무와 필요 역량에 비추어 충분히 경쟁력이 있다고 판단하면 체계적이고 지속적인 교육 체계로 육성하면 된다. 그러나 내부 인력으로는 경쟁력이 없는 경우, 적극적으로 외부 영입을 고려해야 한다.

여섯째, 핵심 직무와 직무 전문가의 유지 관리 방안을 수립하고 시행한다. '내부 인력 육성 방안' 표에서 보는 것처럼 선발된 핵심 직무 전문가에 대해서는 경력 개발, 교육 기회 부여, 주요 과제 수행 등을

내부 인력 육성 방안

경력 개발	• 핵심 직무 수행(불가피한 경우를 제외하고 직무 순환 제외) • 연속 계획 운영 • 멘토 수행: 후계자 양성과 매뉴얼 정비
교육	• 핵심 직무 관련 국내외 세미나 및 교육 지원(맞춤형 지원) • 핵심 직무 강좌: 1회 이상, 월별 자체 OJT 실시 • 학습 COP 운영
주요 과제 수행	• 도전 과제: 핵심 직무 관련 프로젝트 수행(2건/1년) • 업무 개선 아이디어 제출(1건/1주)

* 육성 진행 상황에 대해서는 분기 1회 점검 (2년 후 유지·퇴출 결정)

통해 더욱 유능한 인재로 성장시켜 나간다.

일곱째, 핵심 직무 전문가에 대한 평가를 시행한다. 핵심 직무 전문가는 프로젝트 중심으로 평가하되, 별도 평가 등급을 적용(절대 평가)하는 것도 한 방법이다. 다만, 2년 연속 성과 이하(평균 B)일 때에는 전문가에서 퇴출을 고려할 수 있다.

여덟째, 보상 방안을 마련하고 시행한다. 여기에는 핵심 직무 전문가로 선정됨과 동시에 일정 금액의 특별 인센티브를 지급하는 방안과 성과와 연계된 성과급을 지급하는 방안이 있다. 핵심 직무 전문가 보유 차원에서 성과급 이외의 별도 핵심 직무 전문가 인센티브를 신설하여 운영하는 것도 고려해볼 수 있다. 전문가 이상의 등급자가 임원이 아닌 경우 임원급 복리후생 지원을 고려하는 것도 효과적이다.

3단계 핵심 직무 전문가 운영 시 고려 사항

핵심 직무 전문가 선발과 육성 주체는 기본적으로 현업 본부장이 맡는 게 좋다. 현업 본부장 중심으로 핵심 직무 선정과 핵심 직무 전문가 선발, 육성, 평가, 보상 활동이 이루어지는 게 효과적이다. 인사

현업 본부장과 인사 부서의 역할

현업 본부장	• 핵심 직무 및 직무 전문가 선정 • 핵심 직무 전문가 육성 계획 수립 및 후속 업무 • 핵심 직무 전문가 인센티브 지급 추천 • 핵심 직무 전문가 후계자 육성과 개선 활동 추진
인사 부서	• 핵심 직무, 직무 전문가 발굴·등록·관리(유지, 탈락) • 핵심 직무 전문가 개별 관리 프로그램 적용 • 핵심 직무 육성의 지원·모니터링·종합 보고(분기)

부서는 현업 본부장에게 인재 관리를 지원하고 핵심 직무와 핵심 직무 전문가의 육성 지원과 모니터링을 맡는 게 효과적이다.

중요 직무 전문성 강화도 병행

중요 직무는 핵심 직무는 아니지만, 그 직무의 경쟁력이 떨어지면 회사 경쟁력에 큰 영향을 미치는 전사적 성격의 직무다. HR, 재무, 전략 등이 주요 직무로 분류된다. 이러한 중요 직무에 대해서 육성 경로를 마련하여 시행하는 것이 회사 경쟁력 강화의 토대가 된다. 따라서 해당 조직장에게 단계별 육성 방안을 제시하도록 가이드라인을 주는 것이 바람직하다.

가능한 한 소분류 직무에 5년 이상 근무하지 못하게 경력 경로를 작성하는 것이 좋다. 예를 들어 HR 직무는 현재 채용 직무를 담당하는 직원이 5년 이내에 보상이나 평가 직무로 이동하도록 해야 한다. 조직장이 되기 위해서는 최소 3개 소분류 직무의 담당 경력을 쌓고 중요 직무의 우수 인재들은 과장 이전에 팀장이 되어 타 분야 직무를 경험할 수 있는 전략적 직무 순환을 두 차례 추진하도록 제도를 수립하는 것도 한 방안이다.

자신의 분야에서 전문가가 되기 위해서는 타 분야를 이해하는 전사적 마인드가 중요하기 때문이다. 기간은 2년 정도로 하고 해당 분야의 중요 직무와 도전 과제를 수행하도록 한다. 이때 멘토를 정해주는 것이 좋다. 중요 직무는 철저하게 직책 중심의 육성 전략을 수행하는 게 바람직하다. 이는 직무 담당자 중 가장 역량이 뛰어난 구성원을 조직장으로 선임하고 그 조직장 중에서 가장 뛰어난 사람을 해당 직무의 임원으로 선임하는 방안이다.

07

07

10년 후 HRD를 위한 제언

●　　　　　　　　　기업은 늘 위기를 강조한다. 새해를 맞을 때도 긴박하고 위험한 환경에 관해 이야기한다. 올해는 호황이며 최고의 해가 될 것이라고 장밋빛 전망을 내놓는 일은 거의 없다. 그 대신 매년 올해의 경영 환경이 최악이라고 말한다. 실제로 최근 경영 환경은 불확실한 위기로 가득 차 있다. 국제 유가와 환율은 불안정성이 심화되었고 국내외 경기는 침체 국면이다. 그리고 정치 불안정과 비정규적 문제 등 진한 먹구름이 가득한 상황이다.

회사는 거듭 위기의식을 강조하지만, 직원들은 여기에 대해 부정적 반응을 보이는 경향이 강하다. "내가 무엇을 해야 할지 잘 모르겠다." "회의는 많으나 의견은 없다." "복지부동의 조직 분위기가 흐를 듯하다." "채용 감소와 성장 정체가 심화되면 계층 조직 간 갈등이 깊어질 것 같다." "리더의 일방적 지시와 영향력이 강화될 것이다." 등의 목소리를 내곤 한다.

생존은 기업의 **영원한 화두**

국내 경제와 기업의 저성장세는 기업 투자를 위축시켰다. 기업들은 대부분 교육 투자 관련 비용을 감축했으며 국내외 장기 연수를 유보하는 경향이 두드러지게 나타난다. 그러다 보니 정말 중요한 교육 위주로만 진행한다. 외부 위탁 교육에 보내기보다는 자체 개발한 내부 교육으로 전환한다. 또 외부 강사보다 내부 전문가를 활용하려는 시도가 많다.

하지만 이렇게 위축된 상황에서 돋보이는 일부 기업들도 있다. 그들은 위기를 기회로 전환하기 위해 과감히 투자한다. 지금이야말로 조직과 개인의 경쟁력을 강화할 때라고 간주하고 교육 비용을 증가시킨다. 그 결과 구성원이 생각하는 회사에 대한 로열티를 높이고 있다.

생존에 초점을 맞추고 10년 후를 내다본
HRD 주요 특징 다섯 가지

첫째, 위기에 맞는 HRD 전략 재조명이다. 즉 교육 전반에 걸쳐 성과주의를 실천한다. 교육 과정과 내용, 대상자 선정, 운영 효율성 등 전반에 걸쳐 '이 교육을 통해 얻고자 하는 것'을 분명히 하고 '교육의 성과에 대한 평가'를 더욱 폭넓고 객관적으로 한다. 교육 만족도를 평가하는 대신 교육 내용의 현업 적용도와 성과를 평가하는 경향이 강해졌으며 여기에 대한 경영층의 요구도 늘어났다.

둘째, 자사 특성을 맞춘 리더십 모델 개발과 교육 강화다. 어려울수록 리더에 의존하게 되고 리더의 의사 결정, 변화 주도, 실행력이 성과 창출에 큰 기여를 하게 된다. 따라서 일반 구성원에 대한 계층별 교육(승진자 교육 등)보다는 임원 등 조직장에 대한 교육이 늘어났다.

셋째, 직무 전문성 교육 강화다. 본업에 대한 전문성은 생존의 토대다. 직원들이 맡은 분야에서 전문가가 되기 위한 직무 진단과 수준별교육 등은 부단히 이루어져왔다. GS칼텍스의 직무 분류, 교육 체계구축, LG전자의 마케팅 관련 교육 강화 등이 그 예라 하겠다.

넷째, 조직 역량 강화를 위한 구체적 실행이다. 구성원의 사기 저하, 조직의 침체 등을 끌어올리기 위한 워크 아웃, 액션 이슈 선정과 추진, 조직 활성화 프로그램의 지속적 운영 등이 시행되고 있다.

다섯째, 노사 상생을 위한 가치 교육 강화다. 비정규직 노조와 복수노조 시대를 대비하고 상생하는 노사 관계를 유지하기 위해 여러 회사에서 제도를 정비하고 구성원 핵심 가치 교육 등이 이루어졌다.

사외 교육 기관도 큰 변화를 맞았다. 중소 교육 기관이 침체되면서잘나가는 교육 기관이나 강사는 더 잘 나가게 되는 부익부 빈익빈 현상이 심화되었다. 그리고 저가 혹은 무료 교육이 늘었다. 한국경영자총협회나 한국능률협회의 경영자 세미나와 비슷한 형식의 교육을 노동부나 산업인력관리공단 등과 연계하여 시행하는 모습도 많이 보인다. 즉 지명도 높은 강사를 초청하여 핵심 이슈를 발표하는 형태의 교육 운영이 눈에 띈다.

10년 후의 기업 교육의 방향은 지금과 비교하여 크게 달라지지 않을 듯 보인다. 조직과 개인의 경쟁력 강화를 통한 성과 창출이 변함없는 기업 교육의 핵심 목적이기 때문이다. 주력 분야는 다음과 같다.

- 도전적이고 실행력 강한 조직 만들기

- 선도적인 조직과 개인 변화 관리
- 전사적 관점을 가진 글로벌 리더의 지속적 육성
- 우수·핵심 인재 육성과 획기적 사고의 전환
- 직무 전문성 강화

교육을 통해 경쟁력을 높이고 성과를 창출하도록 실천하는 사람은 리더다. 리더는 구성원에게 꿈을 주고 제대로 가르치며 올바른 방향으로 가고 있는지 부단히 점검해줘야 한다. 이를 통해 "내가 이곳에 머물면 머물수록 성장한다." "내가 이곳에 근무하는 게 자랑스럽다." "선배에 의한 후배 육성이 실천되는 우리 회사가 좋다"고 말하는 구성원들을 늘려야 한다. 이는 또한 리더 육성이 중요한 이유기도 하다.

6장

승진과
인력 운영

HUMAN
RESOURCE

누구를 승진시킬 것인가

승진하는 사람을 보며 **처신을 배우다**

　매년 12월이 되면 임원들은 초긴
장 상태다. 승진하는 사람도 있지만 퇴직하는 사람도 적지 않기 때문
이다. 퇴직하는 임원에 대해서는 공표하지 않기에 사원들에게는 당장
큰 충격이 되지는 않는다. 그러나 승진하는 임원은 전 직원에게 공유
된다. 따라서 누가 신규 임원이 되고 누가 승진했느냐는 조직 문화와
구성원들의 인식에 많은 영향을 끼친다.

　더 넓은 사고를 바탕으로 큰 그림을 그릴 줄 아는 팀장이 임원이 되
면 당연히 될 사람이 되었다고 생각한다. 합리적이며 전략적인 의사
결정을 하며 자신의 결정에는 책임을 지고 솔선수범하는 팀장이 임원
이 되면 회사의 사람 보는 눈이 정확하다고 한다. 넓은 외부 네트워크
를 보유하고 소신 있게 자사의 제품을 소개하며 자신의 분야에서 최
고의 경지에 오른 팀장이 임원이 되면 상사 눈치 보기에 연연하기보

다는 성과 중심의 문화를 구축해나갈 것이다. 반면, 자신이 의사 결정을 하지 못하고 상사 눈치 보기에 급급한 사람이 임원이 되면 회사는 특별한 사유가 없는 한 갈수록 어려워질 것이다.

사례 1. 정 상무가 전무가 되다니……

정 상무의 별명은 무 대리다. 아무 생각이 없어서 붙여진 별명이다. 사장에게서 받은 지시 사항은 곧바로 팀장에게 전해주며 언제까지 보고하라고 한다. 단 한 번도 자신의 입으로 방향을 제시해주거나 함께 작성해보자고 말한 적이 없다. 오죽하면 조직 내에서 징검다리라고 불릴 정도겠는가. 정 상무가 가장 잘하는 것은 사내 정치다. 정 상무는 임원들의 회식에 빠진 적이 없다. 특히 회장이 참석하는 모임에 배석하기 위해 많은 노력을 했다. 직원들 앞에서는 웃음이 없는 정 상무지만, 임원 모임이나 사장과의 미팅에서는 큰소리로 웃는다. 속을 모르는 타 부서 사람들은 저렇게 호탕한 분과 함께 근무하니 얼마나 행복하냐고 부러워한다.

정 상무는 철저하게 혼자 보고를 담당한다. 다른 사람들은 그가 무슨 말을 어떻게 전했는지 전혀 알 수 없다. 결과 통보를 하지 않는 경우도 많다. 상황이 이렇다 보니 부하 직원들은 보고를 올리고 이틀 정도 지나면 반드시 확인한다. 정 상무는 그때마다 조금 더 기다리라고 한다. 직원들은 무엇을 얼마나 더 기다려야 할지조차 모른다. 그러다 결정해야 할 순간이 임박하여 정 상무에게 부탁하면 그 보고서를 다시 가져오라고 해서 사람들을 아연실색하게 한다.

이러한 정 상무가 이번 인사에서 상무 중 가장 빨리 전무로 승진했다. 직원들은 당혹감을 금치 못했다. 이제 전무가 되었으니 얼마나 거만

해질지 또 업무 수행이 더 힘들어질지 걱정이다. 그리고 조직 내에는 업무만 잘해서는 절대 승진할 수 없다는 문화가 싹트기 시작했다.

사례 2. 아니 임원이 맞긴 한 거야?

A회사 제조 공장에서는 이번에 새로 공장장으로 승진 발령이 난 엄 전무 때문에 시끌시끌하다. 엄 전무는 부임하자마자 3대 혁신안을 발표했다. 모든 서류는 1페이지로 보고하고 매일 아침 출근 시간 1시간 전인 8시에 관리자 미팅을 하며 저녁 회식은 각자 비용으로 한다고 선언했다.

실제로 1페이지가 넘는 서류는 그대로 바닥에 던져버렸다. 엄 전무는 이때 결재를 받으러 온 관리자가 당혹한 모습을 보며 1페이지로 작성하라는 말만 던진다. 8시 미팅에서는 온갖 질문이 쏟아진다. 평소 현황을 모르는 관리자에게는 "그것도 모르고 무슨 관리자냐?"는 호통이 이어진다. 관리자들은 직원의 인적 사항을 필수적으로 꿰고 있어야 한다. 예를 들어 엄 전무가 어제 김철수 사원을 만났다면, 오늘 부서장에게 김철수 사원에 대해 묻는다. 엄 전무가 김철수 사원에 대해 알고 있는 것은 그가 홀어머니를 모시고 살고 있다는 사실 하나다. 관리자가 이 대답을 하지 않으면 그는 무능한 관리자가 된다. 또 엄 전무가 현장을 방문하여 어떤 표어나 사진을 봤다면 이에 대해서 반드시 물어본다. 관리자가 즉답을 못하면 그는 현장 경영을 못 하는 관리자로 낙인 찍힌다.

이런 상황에서 공장장이 어제 어디에 갔고 누구를 만났느냐는 관리자들의 주 관심사가 되었다. 자신의 돈으로 저녁을 먹거나 소주를 한잔해야 하기에 공장 내에서는 정 문화가 어느 순간 사라졌다. 회사일로 저녁 식사를 하는데 자기 호주머니에서 돈을 꺼내놓기에는 어려움이 있기 때문이다.

어느 날 엄 전무가 한 관리자에게 어제 현장에서 일어난 주요 이슈 세 가지를 대라고 했다. 특별한 이슈가 없다고 하자 엄 전무는 그에게 생각과 고민을 하지 않는다며 불호령을 내렸다. 이날 이후로 공장의 모든 관리자는 일일 보고를 받게 되었다. 현장의 주요 분위기와 누가 무슨 이야기를 하고 있는지를 모두 일일 보고에 적게 하였다. 한 부서에서 이렇게 실시하자 모든 부서가 이를 따라 하게 되었고 모든 부서가 자연스럽게 일일 보고를 하게 된 것이다. 누가 휴게실에서 회사에 관해 무언가 이야기하면 그 내용이 일일 보고에 기록되었다. 그러자 공장에서는 급속히 대화가 줄었다. 다들 업무에만 몰입하게 되었다. 공장에는 웃음을 사라진 지 오래고 직원들은 자신이 신뢰할 수 있는 한두 명 이외에는 절대 만나지 않게 되었다.

공장장이 무슨 이야기를 하든 그것은 바로 실행된다. 아무도 안 된다는 말을 할 수가 없다. 엄 전무는 자신은 새벽까지 술을 마시고도 사무실에 들어가 못다 한 일을 처리했는데, 요즘 사원들은 일을 끝내지도 않고 일과 생활의 조화를 주장하며 퇴근해버린다며 한심해한다. 그리고 자신은 임원이 되기 전에는 휴가라는 것을 가본 적이 없다며 휴가 가는 관리자를 압박한다.

이러한 엄 전무가 1년 후 부사장으로 승진했다. 그는 공장의 조직 문화를 공포 분위기로 만들었지만, 그것을 불만불평 없이 업무에 매진했다고 보고했다. 공장 구성원들은 그것을 자신들의 업보라고 생각하며 엄 부사장이 다른 조직으로 발령 나기를 속으로 기원한다.

공정성과 **일관성 확보**

두 사례는 많은 회사에서 흔하게 볼 수 있는 풍경이다. CEO는 자신의 지시를 최우선적으로 실행하고 성과를 내는 사람이면 충분하다고 생각할 수 있다. 하지만 조직 구성원이 모두 힘들어하는 임원은 조직을 멍들게 하고 나아가 회사를 어려움에 빠뜨릴 수 있다. 하물며 이들을 승진시킨다면 어떤 일이 일어나겠는가. 회사 내에서는 역량이나 성과에 의한 인사 운영이 아닌 인간관계가 중시되고 자연스럽게 패거리 문화가 형성된다. 회사가 망하는 길로 서서히 접어드는 것이다.

모든 사람을 만족시키는 승진 제도는 없다. 하지만 전 구성원들이 우리 회사의 승진자들은 마땅히 될 사람이 되었다고 말할 정도로 승진의 기준이나 프로세스를 명확하게 공유해야 한다. 또 자신이 언제 승진할 것인가를 예측하고 준비할 수 있어야 한다. 조직장은 누가 승진 대상자며 어느 정도 가능성이 있는지 알며 인력 운영을 해야 한다. 승진 절차 역시 매우 공정해야 한다. 사람에 의한 의사 결정을 최소화하고 제도나 시스템에 의한 승진이 이루어지도록 해야 한다. 될 사람이 안 되고 안 될 사람이 되는 일은 철저하게 막아야 한다.

회사를 둘러싼 경영 환경과 회사 성과 등의 요인으로 매년 승진율이 달라질 수 있다. 회사 인력 구조에 따라 어느 직급은 승진율이 높고 어느 직급은 승진율이 낮을 수 있다. 승진율 결정은 회사 몫이다. 하지만 일관성이 있어야 한다. 직장인의 꿈은 승진과 보상에 있다고 해도 과언이 아니다. 경영층이 승진 대상자가 아닌 사람을 승진시킨다면 승진 예정자의 실망은 걷잡을 수 없을 것이며 인사 제도에 대한 구성원의 신뢰는 크게 하락할 것이다.

최근 승진 트렌드

도대체 승진 기준이 **무엇입니까?**

● 　　　　　　　　사내에서 소위 한직이라는 총무
업무를 담당하며 매번 평가에서 B등급만 받던 이 과장이 승진율
30퍼센트밖에 되지 않는 차장 승진이 되었다.

　회사는 현장 조직장의 권한과 책임을 강조하는 사업본부제를 운영
하고 있었다. 본부 내 직원 채용부터 퇴직까지 사업본부장이 책임을
지고 실행하는 제도다. 본부 인사팀은 전사 기본 원칙을 정해주고 모
니터링하는 수준이다. 승진 역시 본사에서 각 사업본부의 승진율만
정해주고 사업본부장이 승진자를 결정하는 체제로 되어 있었다.

　이 과장은 성실하였지만, 뚜렷한 성과는 없는 과장으로 5년 동안
총무 업무만 수행하여 사람들에게 차장 승진은 어렵다는 인식이 높
았다. 하지만 이번에 새로 A사업본부장을 맡게 된 이 전무는 오래 근
무한 사람이 먼저 승진해야 한다는 철학을 갖고 있었다. 이 전무는 조

직 내 한 직급에서 가장 오래된 사람을 파악하여 평균 B등급 이상이면 승진시켰다. 평가 등급이 매우 높더라도 직급 근속 연수가 낮으면 다음 승진을 기다릴 수밖에 없게 되었다.

그러나 B사업본부는 철저하게 승진 포인트 제도를 운용했다. 일정 점수를 얻은 사람 중에 최근 2년의 포인트가 높은 사람을 승진시켰다. 이 과장이 만약 B사업본부에서 근무했다면 그는 이번 인사에서도 승진하지 못했을 것이다.

최근 승진 트렌드는 **성과 중심**

승진은 현재 수행하고 있는 직위에서 더 가치가 높은 직무와 더 많은 책임과 권한을 가진 상위의 직위를 부여하는 제도다. 즉 과장에서 차장으로 또는 팀원에서 팀장으로 등과 같이 '직위나 직책의 상승'을 의미한다. 승진은 능력 향상과 자아실현 욕구를 충족시키는 동기 부여의 중요한 수단으로 활용되어왔다. 이에 반해, 승격은 현재 받고 있는 직급의 단계에서 일정 자격 요건에 따라 상급의 직급으로 상승하는 제도다. 일정한 자격 요건은 근속 연수, 학력, 성별 등 일반적인 능력 요소로 지식과 경험, 직무 및 직능 요건 등의 종합적 판단을 하는 경우가 많다.

승진은 모든 직장인의 꿈이다. 승진한 사람은 모든 이의 축하를 받고 금전·비금전적인 혜택을 더 많이 누리게 된다. 무엇보다도 성취했다는 자부심이 본인을 더욱 기쁘게 한다. 그러나 승진에서 떨어진 사람은 힘들다. 누구와 비교되어 낮게 평가받는 것을 원하는 사람이 없다. 직장인 대부분은 '나는 잘하고 있다'고 생각하고 '나는 보통 이상이다'라는 자부심을 품고 일에 임한다. 그런데 승진에서 탈락하면 자존심이 무너진다. 더구나 주위 사람들에게 비추어지는 부분에서 더욱더 마음의 상처가 크다. 체면이 구겨진다. 가족에게 무슨 말을 할지, 다른 사람들이 자신을 무능하게 여기지 않을지 걱정이 앞선다. 그래서 승진 발표가 있는 날 승진자 축하연에 참석하지 않기도 한다. 심한 경우 다음 날 결근하는 사람도 있다.

한국경영자총협회가 전국 100인 이상 396개 기업을 대상으로 승진 관리 실태 조사를 한 적이 있다. 이에 따르면 대졸 신입 사원이 임원이 되기까지 평균 22.4년 소요된다고 한다. 일반적 직위 체계라면 사원-주임-대리-과장-차장-부장(팀장)-임원 순으로 6번의 승진 과정을 거치게 된다. 삼성그룹은 사원부터 부장까지 18년이라는 특정 기간을 명시해서 운영한다. 하지만 대부분의 기업은 직위별로 승진 기한이나 승진율을 자사 특성과 경쟁사 현황을 비교하며 운영한다.

최근 기업의 승진 트렌드 열 가지

트렌드 1. 승진 포인트 제도

승진 포인트 제도는 성과·역량 평가가 중심이 되는 포인트로 승진이 결정되는 제도다. 과거 근무 연수 중심의 연공서열식 승진 제도를 폐지하고 철저히 포인트에 의해 자격을 부여하고, 승진 풀에 들어온 사람 가운데서 승진시키는 방법이다. 승진 풀은 과거 근무 기간을 토대로 평가 결과와 연계하여 설계한다.

예를 들어 대리에서 과장의 기간이 4년이었다면, 승진 포인트 제도는 20점 이상으로 제도를 운용한다. 이때 평가는 S(10점), A(8점),

B(5점), C(3점), D(1점)로 포인트를 설정된다. 그러면 2년 연속 S를 받으면 대상자가 되고 3년 연속 A를 받으면 대상자가 된다. C만 받았다면, 7년이 지나야 대상자가 된다. 대상자 승진은 승진율에 의해 결정되는데 대부분 회사는 최근 2년간의 포인트로 승진자를 결정한다. 점수를 채웠더라도 최근 고과가 좋지 않으면 승진할 수 없는 구조로 설계한 것이다.

트렌드 2. 성과·역량 중심의 승진 심사

과거 연공서열 중심의 승진은 점차 사라지고 있다. 물론 근속 연수는 승진의 중요한 고려 요인으로 작용하고 있다. 하지만 승진되는 사람 대부분과 비교하여 평균 1~2년 정도 벗어난 수준에서 의미가 있을 뿐이다. 성과주의 인사가 확산되면서 성과가 없는 고참이 승진하는 경우는 찾아보기 어렵게 되었다. 기업들은 성과 평가와 역량 평가가 승진의 가장 중요한 요인이라고 인식하고 있으며 이에 따라 평가와 승진의 연계를 지속적으로 강화하고 있다.

트렌드 3. 승진 권한의 조직장 위양

일부 대기업을 중심으로 현장 조직장에 의한 책임 경영을 목적으로 현업 조직장에게 직원의 채용부터 이동, 승진, 퇴직까지의 권한과 책임을 주는 경향이 늘고 있다. 이 경우 인사 부서에서는 전사 가이드라인만 제시한다. 따라서 조직장이 승진율을 정하며 승진 대상자 풀에 들어온 직원에 대해서도 본인의 승진 철학과 기준에 따라 승진을 결정한다.

트렌드 4. 고위직일수록 낮은 승진율

대부분 기업은 직위가 올라갈수록 승진율을 더 엄격하게 운영한다. 한국경영자총협회 자료를 보면 대졸 신입→대리 57.4퍼센트, 대리→과장 45.4퍼센트, 차장→부장 33.6퍼센트로 직위가 높을수록 승진율이 낮아짐을 확인할 수 있다. 대기업에서 최초 승진은 100퍼센트로 하는 사례도 있다. 그러나 통상적으로 과장-차장-부장으로 갈수록 승진율이 급격하게 낮아진다.

팀제를 운용하는 회사에서는 과장 승진을 했다고 해서 직무가 달라지지 않는다. 물론 사회적 통념으로 과장은 관리자로 인식되고 있다. 실제로 팀장이 될 기회가 부여되기도 한다. 따라서 과장은 사원의 신분이 아닌 관리자로서의 역할과 마음가짐으로 업무에 임해야 한다. 다른 의미에서는 과장 승진이 안 될 경우, 냉정하게 현실을 보며 직장이나 직무를 옮기는 기회로 삼아야 한다. 부장은 경영층으로 갈 수 있는가를 판단하는 단계다. 임원이 될 수 있는 충분한 역량과 성과를 창출한 차장은 조기 발탁시킨다. 그렇지 못한 사람은 부장 승진율을 매우 낮게 하여 경영층이 될 가능성을 단념하게 하는 방법으로도 사용한다.

트렌드 5. 발탁 승진제 도입

평등 의식이 강한 노사 문화 관점에서는 연공서열에 의해 승진이 이루어지는 것이 가장 이상적이다. 그러나 모든 사람이 최선의 노력을 다하지만, 역량과 성과가 똑같지는 않다. 무능한 경영자 한 사람이 조직과 구성원의 장래에 미치는 악영향은 매우 크다. 그러므로 역량과 성과가 뛰어난 사람이 조직장이 되어 올바른 방향에서 전략적 의사 결정을 하여 조직과 구성원의 역량을 강화하고 성과를 극대화해야 한다. 조직장이 파이를 나누는 역할이 아니라 파이를 키우는 역할을 하게 하기 위해서는 역량과 성과가 뛰어난 사람이 조기에 선정되어 승진하는 시스템을 구축해야 한다. 최근 승진 포인트 제도도 이러한 발탁 승진의 한 수단으로 활용되고 있다.

트렌드 6. 직위 정년제 도입

공공 조직 등에서는 연령 정년과 계급 정년이 존재하지만, 민간 기업에서 직위 정년을 채택하는 사례는 드물다. 임원에 대해서만 직위별 정년을 정해 퇴임 사유로 삼곤 한다. 그러나 기업의 성장 정체, 낮은 승진율, 정년퇴직까지 근무하려는 직원들로 승진 병목현상이 일어남에 따라 사원까지 직위 정년제를 확대하는 경향이 나타나고 있다. 또한 계속 승진에 떨어진 직원에게 불필요한 기대 심리와 실망감을 주는 것도 바람직하지 않다. 삼진 아웃제 등을 채택한 회사도 있다. 극히 일부이기는 하지만 직위 간 직위 정년제를 도입하여 운용하는 사례도 있다.

트렌드 7. 자동 승진제 도입

퇴직이 거의 없는 안정적인 직장에서는 승진 탈락이 개인과 조직에 미치는 영향이 크다. 따라서 조직장 승진은 매우 엄격하게 하고 기타 직원에 대해서는 일정 기간만 충족하면 100퍼센트 승진시키는 회사도 있다.

트렌드 8. 임원 승진 기간의 축소

내가 입사할 당시에 대기업 임원의 평균 연령은 50대였다. 그러나 최근 이것이 40대로 낮아지고 있다. 젊은 임원으로 조직의 추진력을 높이고 성과 지향의 문화를 구축하려는 것이다. 이렇듯 성과가 좋은 직원을 발탁 승진시키다 보니 표준보다 훨씬 이른 시점에 임원이 되는 경향이 늘고 있다.

트렌드 9. 승진 가급의 조정

많은 회사에서는 과장, 차장, 부장이 되면 급여 밴드를 달리하여 호봉제와 갭을 맞추고 승진에 따른 동기 부여를 하고 있다. 사무·영업직의 연봉제와 생산직의 호봉제가 병존하는 회사의 경우, 이러한 승진 가급이 없으면 임금 역전 현상이 발생한다. 따라서 승진 시 충분한 승진 가급을 줌으로써 연봉제군과 호봉제군의 급여 균형을 맞추고 있다.

트렌드 10. 직책 중심의 엄격한 승진

기업 대부분은 조직장 승진에 대해서는 매우 엄격한 절차를 밟는다. 사전 예비 조직장 후보자를 선발하고 일정 기간 육성과 점검을 한 후 조직장으로 임명한다. 매년 후계자 제도를 운용하는 회사도 있다. 연초에 조직장 후계자를 선정하여 코칭, 도전 과제 부여, 관리자 교육, 리더십 진단 등을 실시하여 철저하게 자격 여부를 검증하는 것이다.

승진 포인트 제도

왜 승진 포인트 제도인가?

● 　　　　　　　　　우리나라 제조 대기업 직원들의 평균 연령은 40세 수준이다. 2016년 대기업 정년 60세 제도가 시행되면, 생산직은 차치하더라도 사무직에서는 고직급 저생산성이 예상된다. 현재 한국 경제와 기업은 저성장 시대에 처했다. 이런 형국에 회사의 출구가 꽉 막혀 있으니 신규 인력을 적극 채용하기 어려운 상황이다. 회사가 성장하지 못하니 조직 확장은 고사하고 현상 유지도 버겁다. 높은 직책을 차지한 사람들이 퇴직하지 않고 버티기에 급격히 고직급 저생산성 현상이 대두된다.

승진 포인트 제도는 이러한 고직급화를 예방하고 회사의 인력 경쟁력을 확보하기 위해 연간 승진 규모를 적절하게 조절하는 수단으로 사용된다. 또한 승진에 대한 구성원의 수용도와 예측 가능성을 높임으로써 더욱 공정한 승진 제도를 이끌어갈 수 있다. 직원에게 승진은 회사 생활의 전부라 해도 과언이 아니다. 승진을 위해서라면 못할 일이 없다고 말하는 직원이 있을 정도다. 이처럼 전 직원이 기대하는 승진이 일부 조직장의 입김에 의해 좌지우지된다면 그 여파가 크다. 성과를 냈지만 승진에 탈락한 직원을 중심으로 불만과 갈등을 조장한다. 따라서 조직장 개인의 영향력보다는 승진 포인트 제도를 통해 제도의 틀 속에서 승진이 이루어지게 함으로써 구성원의 만족도와 수용도를 높일 수 있다.

평가와 어떻게 **연계할 것인가?**

승진 포인트 제도에서 승진 절차는 대략 다음과 같다. 현 직급 승진 이후의 누적 업적 고과 점수(고과 포인트)를 일정 점수 이상 취득 한 사람이 차직급 승진 대상자가 된다. 그리고 이렇게 승진 대상자로 선발된 사람에 한해서 심사를 하고 티오에 따른 승진율에 의해 승진자를

승격 대상자 선발 누적 업적 고과 포인트 기준 예

승진 단계	사원 → 과장	과장 → 차장	차장 → 부장
승격 대상자 선발 커트라인	J5-01 직급 이후 누적업적고과 30점 이상 예) 2.6년: CC CC C 2.0년: BB B+B 1.6년: AA A	S3-01 직급 이후 누적 업적고과 34점 이상 예) 2.6년: CC CB B 2.0년: BB B+B+ 1.6년: A+A+ A+	M1-01 직급 이후 누적 업적 고과 36점 이상 예) 3.0년: CC CC CC 2.6년: CC CB+ B+ 2.0년: B+B+ B+B+
승진자 결정	T/O에 따른 승격률에 의해 승격자 결정		

고과 환산 점수

구분	S	A+	A	B+	B	C+	C	C-	D
배점	12	11	10	9	8	7	6	4	0

결정한다.

즉 승진 대상자는 현 직급 승진 후 누적 업무 고과가 일정 점수 이상인 사람이다. 일정 점수는 보통 회사 인사위원회에서 결정하며, 고과 우수자에 대한 조기 승진 기회를 부여하기도 한다. 고과 반영 기준은 현 직급 승진 후 취득한 누적 업적 고과 전체를 포함한다.

승격 대상자 선발 누적 업적 고과 포인트 기준 예

N고과는 장기 파견, 해외 지역 전문가, 국내외 학술 연수 대상자, 신입 또는 경력 사원으로 6개월 미만으로 업적 평가 보류자와 출산 및 육아 휴직 등 장기 휴직자에게 부여되는 고과다. 승진 시점에는 보통 수준인 C+를 부여하거나 전 3개년 평가의 평균으로 평가하기도 한다.

경력 입사자의 경우 최초 승진 시까지 부족한 업적 고과는 동일 표준 체류 기간 대상자의 고과 개수만큼 자기 고과의 평균 고과를 반영할 수도 있다. 예를 들어 금년도 고과가 B였다면, 입사 전해인 전년도와 그 이전 해의 고과를 B로 주는 형태다. 또한 특진에 따른 승진인 경우는 특진 이후 직급의 고과만 반영한다.

승진 심사 항목은 회사 성격에 따라 다르다. 승진 포인트 제도를 도입하는 회사라면 성과 평가와 역량 평가만 반영하는 단순한 형태가 바람직하다. 만약 연공을 중시하는 문화가 있다면, 항목 중에 연수를 포함할 수 있다. 고과만으로 평가하기에 평가의 공정성이 문제시된다면, 승진 예정자를 대상으로 주제 발표 등을 통한 세미나 운영을 할 수 있다. 통상적으로 업적 고과는 필수 심사 항목이며 가·감점으로 어학, 정보화 능력, 상벌, 주제 발표 등이 포함된다.

승격 심사 항목별 배점 기준

구분	필수 심사 항목			가감점		
	업적 고과	승격	인사위원회	어학	정보화	상벌
부장 승진	90	–	10	–	–	±3
차장 승진	90	–	10	–	–	±3
과장 승진	60 (최근 2년)	30	10	3급 이상 필	–	±3

승격 심사 항목별 배점 기준

　승진은 대상자별 승진 포인트를 기준으로 회사의 결정 따른 직급별 승진율에 의해 결정된다. 통상 중요 직급(직위)에 대해서는 승진율을 엄격하게 하고 하위 직급(직위)의 경우 특별한 하자가 없으면 승진시키는 형태를 취하고 있다. 즉 기업들 대부분은 상박하후의 승진율을 취하고 있다. 그러나 최근 저성장 상태에서 인력의 고직급 현상이 두드러지다 보니 일부 기업에서는 전 직급의 승진 포인트 점수와 승진율을 동일하게 하기도 한다.

승진의 이슈와 공정성

승진 결정 요인

● 　　　　　　　　　　승진 결정 요인은 회사 내 인적 구성과 직원 연령, 승진 유형, 직위별 승진 기간, 승진 기준 등인데 매년 승진율을 중심으로 승진 인원을 판단한다.

첫째, 인적 구성과 직원 평균 연령 요인은 승진을 결정할 때 어느 직위에 인원이 얼마나 집중되어 있는지를 중요하게 고려하는 것이다. 통상 기업 직원의 평균 연령이 40세쯤 되니 과장 직위에 많은 인원이 몰려 있다. 팀제를 운용하는 기업에서는 과장도 담당자에 불과하지만, 관리자로 인식되는 경향이 분명히 존재한다.

따라서 차상위 직위 승진과 인건비 부담 등을 고려하여 승진율 관리를 할 수밖에 없다. 직위별 평균 연령 관리도 매우 중요하다. 어느 직위의 평균 연령이 큰 차이가 없으면, 상위 직위가 인력을 운영할 때 애로가 발생한다. 직위별 평균 연령 차가 없을 때는 상위 직위의 승진 시기를 조정하는 것도 한 방법이 된다.

둘째는 승진 유형이다. 많은 기업이 임단협을 통해 승진 시기를 연 1회로 정하고 운영하고 있다. 그러나 특정 공로가 있는 사람이나 회사 상황에 따라 수시 승진을 시행하기도 한다. 구성원이 품는 승진에 대한 기대와 승진 후 조직과 자리를 이동하는 것을 고려한다면 임원과 사원 승진이 일정 기간(12월) 안에 종료되는 것이 바람직하다. 인수합병, 조직 개편, 대규모 경력 인원 채용, 특별 공로 등이 아니면 수시 승진도 실시하지 않는 편이 좋다.

셋째는 승진 기간이다. 승진 기간은 그 기업이 어느 단계(창업, 성장, 성숙, 쇠퇴)에 있느냐, 대기업이냐, 벤처기업이냐에 따라 다르다. 통상적으로 대졸 신입 사원에서 임원까지 승진하는 데는 20년이 소요된다. 주로 승진 기간의 직위 체계에 따라 그 시기가 결정된다. 통상적으로 대리 4년, 과장 7년, 차장 12년, 부장 15년 수준이다. 그런데 최근 정년 60세 등의 영향으로 승진 시기가 연장되는 추세다.

넷째는 승진 기준이다. 이는 승진 포인트 제도를 운용하는 회사와 그렇지 않은 회사가 판이하게 구별된다. 승진 포인트 제도를 운용하는 회사에서 승진 기준 대부분은 인사 고과다. 부수적으로 도전 과제, 자격증, 외국어 등급 등이 고려된다. 그러나 일반 승진에서 가장 우선시하는 기준은 직위 체류 연수이다. 체류 연수를 넘긴 사람에 한해 전문 지식, 인사 고과, 연령, 자격증, 승진 시험 점수, 조직 충성도, 학력 등의 요소를 감안하여 결정한다.

다섯째는 승진율이다. 승진율은 회사의 의사 결정 사항이다. 일반적으로는 직위가 높아갈수록 승진율이 낮고, 입사 후 최초 승진일 때에는 특별한 하자가 없으면 대부분 승진시키는 경향이 있다. 회사 대부분이 상박하후 방식으로 승진율을 관리하다 보니 승진 정체 현상이 발생한다.

승진 제도의 **문제점**

승진 제도의 가장 큰 문제점은 '승진은 조직장의 일이다'라는 경영층의 마인드에 있다. 그래서 객관적인 기준도 없이 승진이 결정되는 일이 있다. 승진 시기가 회사 상황에 따라 다르거나 평가와 승진이 연계되지 않고 관계에 의해 좌지우지되기도 해서 조직 갈등을 가져올 때도 있다. 많은 기업이 승진율을 50퍼센트 이하로 두어 승진 탈락에 따른 사기 저하도 큰 이슈가 된다. 잘나가는 부서와 그렇지 못한 부서의 승진 불균형에 따른 조직 갈등도 만만치 않다. 승진이 구성원의 역량과 동기 부여 수단이 되어야 하는데 구성원 퇴사를 조장하고 성과 창출의 저해 요인이 되기도 한다.

이 같은 문제의 주요 원인은 과장 이상 인사 정체의 심각함, 일정한 승진 기준이 없는 연공 중심의 승진 제도 운용, 승진 시 주어지는 승진 가급에 따른 고직급 고임금화 현상 등이다. 호봉제에서 승진은 총 인건비 상승을 초래할 가능성이 매우 높다.

이와 같은 승진 제도의 문제점을 해결하기 위하여 기업들이 도입하는 제도는 크게 두 가지다. 하나는 승진 포인트 제도다. 평가와 철저하게 연계하여 기존 연공 중심의 승진을 성과 중심으로 전환함으로써 승진 제도의 합리화를 꾀하고 있다.

다른 하나는 팀장 제도의 운용이다. 직책 중심의 인사를 통해 능력과 성과가 있는 사람만이 승진할 수 있도록 하는 것이다. 직위 승진은 자동 승진의 개념으로 함으로써 승진에 대한 동기 부여를 충족시키되 직위 승진에 따른 승진 가급을 없애는 방법을 사용한다. 단, 팀장 승진한 사람에 대해서는 팀장 수당을 크게 책정함으로써 고정성 급여가 아닌 변동 급여 형태로 기업 인건비 부담을 줄이고 있다.

또한 우수 인재에 대한 발탁 승진 제도, 고용 형태 다양화로 유형별 차별화된 승진 제도 운용, 파견 근무 제도와 명예퇴직 제도 등을 통해서도 승진 정체를 탈피하려고 한다. 일부 기업은 임원들에 대해서는 연령 정년 제도, 직급 정년 제도를 도입하여 일정 기간을 초과한 사람은 승진 자체가 제한되도록 엄격하게 운영하고 있다.

승진의 공정성을 높이기 위한 **방안**

우리나라 기업 직원들에게 승진이 공정하냐고 질문하면 대부분 그렇지 않다고 응답한다. 그 이유는 무엇일까? 첫째, 승진의 기준이 되는 평가에 대한 불신이 크다. 평가가 공정하지 못하니 그 결과인 승진의 공정성도 인정할 수 없다고 하는 것이다. 둘째, 승진 대상자의 성과나 역량보다는 상사와의 관계가 승진에 더 큰 영향을 미친다고 생각한다. 안정적이고 오래된 기업일수록 이러한 경향은 더욱 심하다. 셋째, 승진 제도의 설계와 운영이다. 승진 제도가 구체적으로 설계되어 시스템에 의해 운영되지 않고 현장 조직장 영향력에 의해 좌우되는 경우에 불공정하다고 생각한다. 그래서 모든 구성원이 일정 연수만 지나면 자신을 승진 대상자라고 여기고 승진이 발표되면 떨어졌다고 생각한다. 승진 시기나 제도에 대한 비공개도 큰 이슈다.

이런 상황에서 승진의 공정성을 높이기 위해서는 다음 네 가지 사항이 개선되어야 한다.

첫째, 평가의 공정성을 높이고 승진과 연계가 잘되도록 해야 한다. 승진의 공정성을 높이기 위해서는 먼저 평가 제도가 잘 정립되어야 한다. 모든 사람을 다 만족시킬 수 있는 평가 제도는 없다. 그러나 평가의 공정성을 위해 노력하고 평가 결과가 승진에 가감 없이 반영되어야 한다. 직위·직책 승진에서는 대상자에 따라 역량과 성과 평가의 반영 비율이 달라도 관계없지만, 이러한 평가·승진 제도에 대해 전 구성원이 잘 이해할 수 있어야 한다. 그러므로 지속적인 설명회 등을 통해 평가와 승진 제도에 대한 이해를 높여야 한다.

둘째, 조직장의 공정한 승진을 위한 노력이다. 결국 조직장의 역할이 가장 중요하다. 특히 보직 스카우트나 드래프트Draft 제도를 운용하는 회사의 조직장들은 승진에서도 본인과의 관계를 중시하는 경향을 보인다. 그런데 이런 관행이 이어지면 조직 내에서 조직장 중심의 끼리끼리 문화가 형성된다. 승진에서 떨어진 사람은 어느 순간 승진을 위해서는 조직장에게 잘 보여야 한다고 생각하게 된다. 즉 성과보다는 관계에 더 치중하게 된다. 이는 회사가 점차 망해감을 의미한다.

무능한 직원을 승진시켜 관리자로 임명하면, 그는 낮은 수준의 의사 결정 능력과 조직 운영으로 무능한 직원을 양산한다. 이 가운데 유능한 직원은 떠나게 된다. 이런 악순환은 피해야 한다. 따라서 제도에 의한 승진을 강화하되 평가와 승진에 대해서는 지속적 교육과 조직장 경고 제도를 도입하여 3회 경고를 받으면 보직 해임하도록 제도를 운용해야 한다.

셋째, 승진 제도의 설계다. 최근 승진 트렌드를 소개하며 설명했듯이 성과·역량 중심의 승진을 위해 많은 기업이 승진 포인트 제도를 도입하여 운용하고 있다. 승진 포인트 제도는 기존 호봉제를 획기적으로 개선할 뿐 아니라 자신이 지금 승진 대상자인지 아닌지를 알게 하는 투명 인사를 실현하는 효과가 있다. 따라서 성과 지향의 승진 문화를 이루는 초석으로 삼을 수 있다. 승진 심사 기준은 성과 평가와 역량 평가를 기준으로 한 포인트를 90퍼센트 수준으로 반영하고 어학 등급, 포상 또는 징계, 자격증, 교육 이수 점수, 직무 등급 등을 포인트로 반영할 수 있게 한다. 승진 기준은 포인트에 따라 발탁 승진이 가능하도록 설계한다. 승진율은 최근 2개년 포인트를 기준으로 하고 구체적 비율은 인사위원회에서 결정한다.

넷째, 인사 부서의 지속적인 모니터링과 피드백이다. 승진 대상자 평가 결과와 승진 후 첫해 평가 결과를 분석하면 흥미로운 모습을 보인다. 대부분 회사에서 승진 대상자의 평가 결과는 관대하고 승진 후 첫 평가는 평균 대비 떨어지는 경향이 있다. 따라서 승진 탈락자에 대한 조직장의 면담 강화, 승진자에 대한 일정 기간 후의 성과 측정, 승진 제도의 직군(영업, 제조, 사무관리, R&D)별 운영에 대한 현장의 의견 청취, 제도 시행 전의 현장 설명회 등의 활동을 지속적으로 실시하여 제도가 문화로 정착되도록 노력해야 한다.

신규 임원과 팀장의 승진

팀장과 임원은 **회사의 핵심 경쟁력**

●   사람의 경쟁력이 회사의 경쟁력이
라면 조직장으로서의 팀장과 임원의 경쟁력이 바로 사람 경쟁력의 핵
심이다. 조직의 장이 사업에 대한 이해가 부족하고 목표와 열정이 없
으며 담당 조직의 CEO 역할을 감당하지 못할 뿐 아니라 그 회사는
망할 수밖에 없다. 중간관리자와 경영자가 올바른 주관과 명확한 의
사 결정을 내린다면 그 회사는 어떠한 나쁜 상황이 도래한다 해도 극
복해나갈 것이다.

초일류 기업에서 이루어지는 인사를 연구하다 보면 공통적으로 눈
에 띄는 것이 하나 있다. 바로 팀장과 경영자의 선발과 의도된 육성이
다. 일류 기업들은 비교적 이른 시기에 핵심 인재인 관리자 후보자를
선발해놓는다. GE의 전설적 CEO 잭 웰치는 과장 시절에 핵심 인재
군에 편성되어 혹독한 과정을 이겨냈다. 그때의 경험이 선진적 관리

자 양성의 밑거름이 되었다. 또한 잭 웰치는 자신의 퇴임이 일으킬 파장에 대해 깊게 고민했다. 그래서 충분한 시간적 여유를 두고 자신의 후계자 3명을 선발하고 강하게 교육했다. 이 3명 중 한 사람이 바로 현 CEO 이멜트다.

궁극적으로 회사의 성과를 높이는 팀장과 임원 승진을 위해서는 제대로 된 프로세스가 존재해야 한다. 첫째, 어떤 기준으로 대상자를 선발할 것인가? 둘째, 언제 선발을 하고 어떻게 검증할 것인가? 셋째, 검증 후 승진까지의 프로세스는 어떻게 진행할 것인가? 넷째, 승진 후 관리를 어떻게 할 것인가?

임원 승진의 첫걸음은 **프로세스**

직장의 별이라는 임원 승진을 바라지 않는 사람은 거의 없다. 대부분 직장인은 입사하여 20년 이상 근무해야 임원 승진 대상자 후보에 오른다. 이때부터 치열한 경쟁이 시작된다. 임원 선발은 회사마다 그 기준이나 프로세스가 다르다. 그러나 다음의 단계를 거쳐 임원으로 선발하는 것이 더욱 효과적이다.

첫째, 매년 2월쯤 임원 후보자를 선발한다. 이때 선발 기준은 3개년 고과(평균 A 이상), 팀장 직책 수행자, 회사 특수 자격증 또는 과정 이수자, 사업본부장 추천자 중에서 배치될 곳의 티오를 고려하여 사업부별 인원을 정한다.

둘째, 1년 동안의 도전 과제를 부여한다. 통상 담당 업무 개선 방안 발표를 하게 된다. 하지만 임원으로서 갖추어야 할 역량에 초점을 두고 과제를 부여할 수 있다. A회사는 주제 발표, 영어 회화 3등급 이상,

외부 교수에 의한 다면 평가, 고과, CEO와의 면담, 예비 경영자 과정 이수라는 허들을 두어 임원 후보자를 평가한다.

셋째, 조직 개편에 따른 적임자 선발이다. 조직 개편은 당해 연도 임원의 수 확정, 조직 개편, 기존 임원의 배치, 빈 조직장에 가장 적합한 임원 후보자 선정, 조직 개편 및 신규 임원 발령, 퇴직 임원 조치의 순으로 이루어진다. 조직 개편과 임원의 선임은 기업에 따라 그 시기가 다르다. 많은 대기업이 12월 초 조직 개편과 임원 인사를 하고 팀장 인사를 12월에 마침으로써 조직장 인사로 빚어진 공백을 최소화하는 경향이 있다.

팀장 승진은 임원 승진 이후에

신규 임원 승진 과정에서 임원 후보자 제도를 운용하는 것처럼 팀장 승진 때 팀장 후보자 제도를 운용하는 회사는 그리 많지 않다. 팀장은 보통 부장 직위이며 인원도 많기에 후보자로 선정하여 관리하다가 승진되지 않으면 역으로 불만 세력으로 될 가능성도 높고 딱히 효율적인 관리 방안이 없기 때문이다. 그렇다고 역량이 떨어지는 사람이 팀장이 되는 일이 발생한다면 곤란하다. 팀장 승진에서는 자격 기준을 강하게 둠으로써 일정 자격을 갖춘 사람들 사이의 경쟁으로 진행함이 바람직하다.

팀장 승진의 자격은 크게 네 가지로 정리할 수 있다.

첫째, 최근 3개년 인사 고과다. 팀장은 조직의 장이며 최초로 의사 결정을 하는 실무와 전략을 어우르는 자리다. 그러므로 팀장부터 잘못된 의사 결정이 올라오면 임원은 초안의 함정에 빠져 문제에 대한 원인 분석과 새로운 대안 마련에 더 큰 혼란과 불필요한 시간을 낭비하게 된다. 처음부터 제대로 된 보고서가 작성되고 조직이 안정을 바탕으로 성과를 창출하기 위해서는 팀장의 역할과 결정이 매우 중요하다. 최근 3개년 인사 고과는 완벽할 수는 없지만, 업무를 수행하는 데 필요한 역량을 갖추고 있는가를 바라보는 하나의 기준이 된다. 통상 3개년 인사 고과 상위 30퍼센트 안에 있는 사람만이 팀장이 될 수 있다. 기준으로는 3개년 인사 고과 평균 A 또는 B 초과로 정할 수 있다.

둘째, 회사가 필요로 하는 기본 자격의 이수다. 내가 예전에 근무하던 회사에서는 6시그마 BB\ :sub:`Black Belt` 자격을 가지고 있어야만 팀장이 될 수 있었다. BB 자격은 업무를 벗어나 6시그마팀에서 1년 동안 근무하면서 프로젝트를 6시그마 기법에 따라 수행하고 이 성과를 인정받아야만 주어진다. 이렇듯 회사가 필요로 하는 자격을 이수하지 못한 사람에게는 승진 기회 자체를 주지 않는 것도 한 방법이다.

셋째, 필수 교육 과정의 이수다. 한 대기업은 사내 아카데미라는 미니 MBA 과정을 운영하면서 팀장이 되고자 하는 사람은 이 과정을 꼭 수료하도록 제한을 두었다. 이 과정은 전략, 마케팅, 인사, 재무 등의 필수 교육 과정을 사례 중심으로 구성하여 매주 시험을 보며 매우 엄격하게 운영되는 것이 특징이다.

넷째, 사업본부장 추천이다. 이는 팀장 승진 대상자가 제반 조건을 다 만족했다 하더라도 사업본부장의 추천이 없으면 선임될 수 없도록 한 제도다. 보통은 추천해주지 않는 경우가 없다. 그러나 함께 근무하면서 대상자의 품성이나 회사와 일에 임하는 마음가짐을 잘 아는 상사의 의지와 책임을 묻기 위한 수단으로 이용된다.

팀장 인사는 대개 임원 인사 이후에 하고 팀장 인사가 이루어진 이후에 사원 인사를 한다. 어떤 기업은 경영자나 관리자가 구성원을 알아야 한다며 사원 인사의 시기를 하반기에 두기도 한다. 그러나 이는 조직의 안정을 저해하는 요인으로 작용한다. 임원 인사에서 팀장 인사 그리고 사원 인사까지 이르는 과정이 가능한 짧은 시점에 이루어져 목표한 바가 안정적으로 추진되도록 하는 것이 바람직하다.

인력 유형별 이동 계획

구성원의 부서 이동은 크게 세 가지 타입으로 구분할 수 있다.

첫째, 일정한 기간이 지나면 모든 구성원을 일괄적으로 이동시키는 방식이다. 이때 조직과 개인의 니즈를 취합한다. 이는 대부분 정부 조직과 공기업에서 취하고 있는 부서 이동 방식이다. 전 구성원이 폭넓게 업무를 이해하게 하고 장기간 한 직무에 머물 때 생길 수 있는 태만과 부정의 소지 등을 원천적으로 봉쇄하려는 목적이다.

둘째, 직군 중심의 배치 이동으로 한 직무 또는 유사 직무로의 이동만을 원칙으로 하고 가능한 직무의 전문성을 유지하려는 방식이다. 무한 글로벌 경쟁 환경에서 기업 구성원이 회사 인간이 아닌 직무 전문가로서 경쟁 우위를 높이도록 하려는 취지다. 이 방식에서 타 부서, 타 직무로의 이동은 특별한 경우가 아니면 억제한다. 이러한 회사에서는 특정 직책(예를 들어 팀장이나 임원으로 승진하려는 사람이나 직책자)을 중심으로 경영자로 육성할 만한 사람에 한하여 전략적 이동을 추진하기도 한다.

셋째, 인재 유형별 이동 계획이다. 회사의 모든 사람을 이동시키는 것은 말처럼 쉽지가 않다. 그러면 직무의 수준이 어느 정도 올라가다가 다시 하위 단계로 떨어지는 악순환이 반복될 가능성이 높다. 물론 외부 전문가를 중심으로 위원회 같은 조직을 통해 전문성을 확보할 수도 있다. 하지만 이는 정부 조직에서나 가능하지 기업에서는 요원한 일이다. 그렇다고 자신의 시장 가치와 역량은 자신이 강화해야 한다며 부서 이동마저도 자기 주도형으로 하도록 맡겨두기에는 한계가 있다. 따라서 인력 유형별로 이동 계획을 세워 치밀하게 진행해야 한다.

인력 유형별 이동 계획은 인력 유형별로 세 가지 형태로 이루어진다.

첫째, 핵심 인재 배치 이동 계획은 그 사람이 경영 핵심 인재인지 핵심 직무 전문가인지에 따라 다르다. 경영 핵심 인재는 회사마다 차이가 있다. 팀장 중에서 핵심 인재를 선정하는 회사와 팀원(차장급 이상) 중에서 핵심 인재를 선정하는 회사가 있다. 이렇게 후보자(후계자) 풀에 들어온 인력에 대해서 앞으로 경영자가 되는 데 필요한 폭넓은 업무를 사전에 경험하게 해준다. 글로벌 기업이라면 다른 지역, 다른 직무를 경험하게 하며 도전 과제를 부여하고 그 성과로써 선발을 이어간다. 국내 기업에서는 완전히 다른 중요 직무를 경험하게 하며 동시에 도전 과제를 주어 평가한다. 대부분의 후보자 인력들은 본업의 경영자로 선발된다. 하지만 특정 직무의 역량이 뛰어난 사람이나 회사의 필요가 있을 때는 신규 사업이나 특정 직무를 책임지기도 한다.

핵심 직무 전문가의 이동에 대해서는 대부분 회사가 엄격한 제한을 두고 있다. 핵심 직무는 그 회사 경쟁력의 원천이며 전문성의 깊이에 따라 제품이나 서비스의 품질이 달라지기 때문에 핵심 직무의 단계별 경험이나 지식, 스킬을 강화하는 방향으로 운영한다. 핵심 직무 전문가는 단계별(예. 주니어-시니어-엑스퍼트-마스터)로 나누어진 스펙을 심사받고 전문가로 육성된다. 이들은 핵심 직무의 전문가로 성장하기 때문에 회사는 경영 연구 위원, 전문 임원 등의 명칭을 붙여 경영 임원과의 차이를 없애는 노력을 하고 있다.

둘째, 유지 인재의 부서 이동은 대부분 기업에서는 직군·직종 중심의 이동으로 제한된다. 인사 직종에서는 인사 기획 직무, 인사 운영 직무, 인재 개발 직무, 노사 직무, 조직 문화 직무로 크게 나눌 수 있다. 인사 담당자는 이러한 직무를 수행하면서 조직장으로서의 자신의 경력 개발을 해나간다. 직무가 자신의 성격에 맞지 않거나 다른 직무에서 근무하고 싶을 때에는 회사가 추진하는 사내 공모에 응시하거나 부서장 면담 등을 통해 이동할 수 있지만 이런 제도를 활발하게 추진하는 회사는 많지 않다. 개인 경력 개발을 촉진하는 기업들은 팀 간 직무 이동이 활발하다. 그뿐 아니라 직책자(팀장이나 실장)가 되기 위해서는 2~3개의 직무를 수행하거나 직무 등급이 높은 직무를 수행해야 한다는 내부 규정을 두기도 한다.

셋째, 저성과 인재의 이동은 매우 힘들고 유의해야 할 사항이 많다. 회사 직원들은 누가 저성과자인지를 알고 있다. 그래서 심각한 경우, 저성과 인재가 자신의 조직에 배치되면 다른 부서로 가거나 퇴직하겠다는 직원도 있다. 저성과 인재를 단지 업무 역량이 떨어지기 때문에 조금만 도와주면 되는 직원이라고 생각하면 큰 오산이다. 저성과 인재의 공통점은 업무 능력이 떨어질 뿐 아니라 열정이 없어 조직의 활력을 낮추는 원인이 된다는 것이다. 저성과 인재들은 끊임없이 자신은 잘못이 없는데 조직과 주위에서 자신을 색안경 끼고 본다고 불평한다.

일이 잘못되면 자신의 탓이 아닌 남이나 환경의 탓으로 돌리며 문제를 은폐하려 하기에 조직에 더 많은 폐단을 가져오는 경우가 많다.

저성과 인재들을 강제적으로 부서 이동하려 하면 노사 쟁점이 될 수 있다. 그러므로 신중을 기해야 한다. 저성과 인재 부서 이동은 크게 세 가지를 고려해야 한다.

첫째, 선 육성 후 이동의 원칙을 유지해야 한다. 육성을 통해 충분히 자신의 현 위치를 알게 하고 현 조직에서 재기의 기회를 주는 것이 바람직하다. 현재 조직장이 관심을 두고 지도와 코칭을 강화하여 유지 인재로 육성시키는 과정이 선행되어야 한다.

둘째, 현 조직장과의 갈등이 지속되고 변화의 모습이 엿보이지 않으면 타 부서로 이동을 고려할 수 있다. 이 경우 저성과자를 맡게 될 부서장에게 충분히 설명해주어야 한다. 저성과 인재에게도 퇴직 기회 부여와 타 부서 이동에 대한 조건 등을 분명히 알려주어 본인이 선택할 수 있도록 함이 바람직하다. 타 부서 이동 시 새로운 업무에 대한 교육과 부서장의 주기적인 지도 및 면담이 이루어져야 한다. 타 부서를 선정할 때는 퇴직을 전제로 지금까지 수행한 업무와 동떨어진 일이나 먼 지역을 선정하는 것은 바람직하지 않다.

셋째, 타 부서에서마저 적응하지 못하고 열정도 없고 동료와의 갈등이 깊어진다면 희망퇴직을 시키거나 법적 부담이 크지만 해고를 결정해야 한다.

7장

노사

한국 기업의 노사 관계 변천과 시사점

한국 노동 운동의 **변천**

●　　　　　　　　　　우리나라 노동 운동의 변천은 크게 세 가지 관점에서 4시기로 구분할 수 있다. 세 가지 관점은 정치·경제에 따른 노동 환경 변화, 국가 노동 정책 변화, 노동 운동의 내적 변화다. 4시기는 1960~1987년 태동기, 1987~1989년 성장기, 1990~1995년 성숙기, 1996년에서 현재까지의 정착기로 정리할 수 있다.

사실 1960년까지는 일제 강점기와 6·25전쟁의 폐허에서 먹고살기 급급하여 노동 운동이라는 것은 생각할 수조차 없었다. 그리고 1960년 이후부터 1987년 이전까지는 정부의 성장 중심 경제 개발 계획에 의한 중화학 공업 육성 정책으로 노동 운동은 크게 제약받았다. 이 시대의 주요 노동 이슈는 임금 체불 해결, 임금 인상, 노동 조건 개선, 휴·폐업, 해고 등이었다.

1987년 6·29선언은 사회 운동의 주류를 학생 운동에서 노동 운동으로 전환하게 한 결정적 원인이 되었다. 임금 인상, 근로 조건 개선, 노조 결성, 노조 민주화 등 기본권 확보를 위한 격렬한 노동 운동이 중화학 공업 지역의 대기업 중심에서 경공업과 기타 지역으로 번져나갔다. 1990년 전국노동조합협의회 결성으로 대규모로 장기적 연대 투쟁이 시작되었고 공장 중심에서 사무직으로 노동조합 기반이 확대되었다.

1990년 경기 둔화와 정부의 노동조합 압박, 삼성그룹에서 촉발된 신인사 제도, 정보화 등의 시장 변화로 투쟁은 급격히 감소했다. 이 시기의 주요 이슈는 여전히 임금 인상과 단체 협약 갱신이었고, 무노동 무임금 문제가 거론되고 정부가 임금 억제 정책을 시행하였다.

1996년 노사관계개혁위원회 출범과 노동법 개정을 놓고 한국노총과 민주노총이 공동 투쟁을 하는 등 과격한 양상이 빚어졌고,

우리나라 노동 운동의 시기별 특징

시기	성장기	성숙기		정착기	
	1987~1989	1990~1992	1993~1995	1996~1997	1998~현재
특징	대중 운동의 폭발 노동 운동의 조직화	노동 운동의 분화와 경쟁	경쟁적 노동 운동	노동법 개정 협상과 총파업	구조조정과 고용 안정 투쟁 노사 상생 추구
노사 환경	6월 항쟁 경기 호황, 여소야대	경기침체 3당 합당	경기 호황 문민정부	경기 침체 정권 말기 개혁	공황, 대량 실업 여야 정권 교체
노동 운동	노동조합 결성	전노협과 변혁적 노동 운동의 좌절	전노대와 한국 노총의 고립화	민주노총 설립 한국노총 개혁	양대 노총의 경쟁과 협력
쟁점	임금 인상, 노조 결성 노조 활동 보장	임금 인상 전투적 조합주의	신인사 제도	노동법 개정	사회 협약 고용 안정

1997년 IMF 구제 금융에 따른 정부의 구조조정 정책으로 투쟁의 강도가 더욱 높아갔다. 그러나 2000년 들어 저성장 기조가 진행되면서 고용 안정에 대한 욕구가 증대되었다. 그리고 노사 상생의 기조하에 노동 운동은 점차 안정적으로 정착되어간다고 볼 수 있다.

최근 노사 관계 **동향**

저성장이 지속되는 최근의 노사 관계 쟁점은 통상 임금, 근로 시간 단축, 60세 정년 연장, 비정규직 이슈 등이다. 제조업을 중심으로 정치적 상징성이 큰 비정규직 차별 금지, 2016년부터 시행되는 정년 연장, GM대우의 노사 합의로 더욱 쟁점화된 통상 임금 이슈는 부작용에 대한 우려가 크다. 또한 근로 시간 단축은 국회에 계류된 상황으로 정치적 논리에 좌우되는 만큼 노동 시장은 급격한 변화를 앞둔 불확실성 속에 있다고 볼 수 있다.

통상 임금, 60세 정년 연장, 근로 시간 단축에 따른 초과 근로 및 휴일 수당 확대 등으로 임금과 생산성을 고려한 임금 경쟁력 강화 방안들이 모색되고 있다. 정년이 55세인 한 대기업은 발 빠르게 임금 피크제를 도입하고 56세부터 10퍼센트씩 삭감해가는 방안을 검토하고 있다. 많은 기업이 호봉제나 복잡한 임금 구조로는 경쟁력이 없다고 판단하여 임금 구조 단순화 등 임금 체계 개편을 서두르고 있다. 공무원 연금 개혁으로 공무원 노조와 정부 사이 마찰도 큰 이슈 중 하나다. 정부가 임금 피크제와 직무급 도입 등 임금 제도 개선 방향을 주도하고 기업도 임금 체계 개편과 생산성 증대 방안을 모색하는 상황이다.

향후 노사 관계 **전망**

세계화, 지식 경영화, 정보화가 노사 관계에 미칠 영향은 크게 고용 형태, 근로자 의식, 노동 운동의 변화로 요약된다. 이는 기존의 노사 관계의 틀을 바꾸며 앞으로 노사 관계가 유연하고도 협력적인 방향으로 전환되게 할 것이다.

아웃소싱이 활성화되고 직원의 직장 이동이 잦아지며 경력 채용이 증가하고 여성·비정규 인력 고용이 증가하는 등 한국 노동 시장의 큰 변화가 예상된다. 따라서 기존의 평등 추구 사상에서 벗어나 성과와 직무 중시의 사고로 전환될 것이다. 제조업 중심에서 서비스업으로 산업 구조 변환과 구성원 개인주의화 등의 영향으로 노동조합 조직률의 저하가 예상된다.

기업이 살아남아야 노사 관계도 존재한다는 노사 관계에 관한 기본 인식의 형성이 무엇보다 중요하다. 현재는 첨단 부문이 지배하는 개별적 노사 관계와 전통 산업이 지배하는 집단적 노사 관계가 혼재되어 있다. 그런데 절대 우위 개념이 설득력을 얻고 세계가 단일 시장화되는 현실에서는 총체적 경쟁력 1위 기업만이 생존한다. 따라서 노사가 경쟁력 확보를 위해 공동의 목표를 설정하고 한 방향으로 나아가야만 한다. 이를 위해서는 기술 개발과 생산성 향상을 기본으로 노사 상호 의욕과 사기가 앙양되어 생산적 노사 관계에 대한 인식이 토대를 이루어야 한다. 또한 노사 합의를 통한 협력적 한국형 노사 관계 모델을 연구하고 추진해야 한다.

과거에는 법과 제도가 갖추어진 후 관행이 생기고 의식이 변화되었으나, 이제는 의식이 달라져 좋은 관행이 생기고 법과 제도가 이를 수용하는 협력적 한국 노사 관계 체제를 이루어야 한다. 그 모델의 기초에는 생산성을 올리고 창출된 성과를 나눈다는 의식이 깔려야 한다. 단체 협약과 임금 협약 같은 개별 기업 차원에서는 가능한 노사 간 상호 신뢰·존중을 바탕으로 자율과 책임하에 현실적 합의를 도출해야 한다. 노동법과 같은 중앙 차원의 노사 협상은 각자 입장 차이로 완전 협의가 어려운 만큼 정부가 고민하고 의견을 수렴하여 정부 주도로 과감한 개혁을 추진할 필요가 있다.

토요타자동차 사례를 통해 본
노사 안정 성공 요인

대립에서 **상생으로**

토요타자동차에서는 1946년 노동 조합이 설립되었다. 그리고 전후 혼란과 경제 불황과 맞물리는 가운데 파업과 강경 투쟁이 연례행사처럼 계속되었다. 1950년 노조는 회사의 1,500명 인력 감축에 대항하는 대규모 쟁의를 감행하여 노사 양측에 심대한 피해를 불러왔다. 그리고 1955년부터 대형 쟁의와 혼란기를 거치며 노사 갈등과 대립을 통해서는 아무것도 얻을 수 없다는 반성의 목소리가 나오기 시작했다. 이러한 인식 변화는 1962년 노사 선언으로 이어졌다. 이를 통해 인간 존중의 경영 철학, 장기적 고용 안정과 유지, 현장 완결형 노사 관리라는 3대 기본 방향을 정하고 지금까지 안정적인 노사 관계를 유지하고 있다.

토요타자동차는 1962년 승용차 무역 자유화를 앞두고 노사가 공동으로 3개 조항의 노사 선언을 체결했다. 이 선언은 회사 성장 기반

토요타자동차의 노사 발전 단계

대립·갈등기	변화 모색기	안정·협력기
• 창립~1954년 • 1946년 노동조합 설립 • 1950년 대규모 감원과 이에 대항하는 대쟁의 • 1953년 총평에 가입하고 투쟁 지속	• 1955년~1962년 • 노사 간 상호 반성 • 1955년 전국자동차산업노조 탈퇴와 정치 투쟁의 지양 • 1956년 노사 강령 채택 (자주적 노동 운동 지향) • 1958년 생산성 향상 운동 참가	• 1962년~현재 • 1962년 노사 선언을 계기로 안정적인 노사 관계로 돌입 • 1992년 신노사 선언 상호 신뢰에 상호 책임 정신 추가 • 2002년 토요타 웨이 선언

이 되었으며, 한 번에 임금 교섭이 결정되는 협력적 노사 관계를 유지
시키는 토대가 되었다. 노사 선언은 "첫째, 자동차 산업을 번영시켜 국
민 경제 발달에 기여한다. 둘째, 노사 관계는 상호 신뢰를 기반으로 한
다. 셋째, 생산성 향상을 통해서 기업 번영과 노동 조건 유지 개선을
도모한다"는 내용을 담았다. 이후 1996년 신노사 선언을 통해 노사
신뢰의 기반 위에 상호 책임을 추가하여 상호 협력을 강조하고 있다.

성공적 노사 관계의 다섯 가지 요인

토요타자동차의 노사 성공 요인은 크게 다섯 가지로 정리할 수 있다.
첫째, 고용 안정이다. 1950년 이후부터 현재까지 인위적인 구조조
정을 하지 않고 연공서열 중시를 유지하면서도 성과를 향상시키며 업
계 최고의 보상 제도로 안정적 노사 관계를 유지해가고 있다.
둘째, 최고경영자의 관심과 참여다. 사람을 중시하는 경영은 토요
타 경영층의 기본 덕목이다. 회사 경영 정보의 공유, 상호 신뢰에 기반
을 둔 현장의 고충 처리 제도, 동호회 활동 등에 경영층이 관심을 갖

고 참여하며 토요타를 열린 커뮤니케이션 회사로 이끌고 있다.

셋째, 상생의 노사 관계를 이루는 노동조합이다. 토요타 노동조합은 파이를 키우는 노사 협의회와 노사 간담회 위주의 협력적 채널을 운영하고 있다. 1973년에 최초로 체결된 단체 협약에는 "임금 등 근로 조건에 관한 모든 사항을 노사 협의회에서 교섭한다"고 명기했다. 토요타자동차는 1950년 대쟁의(75일간 파업) 경험을 토대로 1956년 토요타 노동조합 강령 채택, 1962년 노사 선언 체결, 1982년 노사 선언 20주년 기념 조인서, 1996년 21세기를 향한 결의문 등 경영상 주요 전환점마다 노사 관계 성격을 규정하는 선언을 채택하여 노사 상호 신뢰와 노사 협력 정신을 강조하고 있다.

넷째, 노사 안정을 가능하게 한 체계적인 시스템이다. 종적·횡적인 다양한 소통 체계를 구축하여 최고경영자가 지향하는 가치 체계와 비전을 직원들이 공감할 수 있도록 그물망같이 다양하게 커뮤니케이션했다. 또한 현장 사원 등 각 계층에서 다양한 형태의 비공식적 모임을 활성화하여 의사소통 기능은 물론 회사 정책에 대한 우호적 여론을 형성하는 기회로도 활용하고 있다. 반장, 조장을 대상으로 하는 삼층회, 각종 향우회 등이 그 예다. 또한 현장 관리자의 적절한 활용과 권한 이양을 통해 개선 활동과 의사소통 체계를 확립하고 있다.

다섯째, 일본 고유의 전통적인 문화·정서적 특징이다. 기업이 국가에 보은하는 것을 최우선으로 생각하는 사상적 영향을 기반으로 구성원도 회사에 도움이 되어야 한다는 사고를 강조하고 있다. 이러한 애국과 애사심이 궁극적으로 국가나 사회 이익에 반하는 쟁의 행위를 자제하는 등 노사 관계에 긍정적 영향을 준다. 또한 우직함과 개선으로 대표되는 토요타 정신도 같은 맥락에서 긍정적 요인이 되고 있다.

03

삼성그룹 비노조 경영의 비결

비노조 경영이란?

●   삼성그룹은 창업 이래 인간 존중
과 공존공영의 정신하에 비노조 경영을 일관되게 표방해오고 있다.
비노조 경영Union-free Management은 종업원 스스로 노동조합의 필요성을
느끼지 않도록 하는 경영이다. 경영자의 뚜렷한 경영 철학과 지원, 임
직원들의 상생 정신과 화합에 근간을 두고 있다. 이는 노동조합을 반
대한다는 의미의 무노조 경영Non-union Management, 반노조 경영Anti-union
Management과는 본질적으로 다르다.

삼성은 노와 사는 대립적 존재가 아니라 공동의 목표를 추구하는
협력자이며 한가족이라는 노사 철학으로 노사가 대립이나 분규를 통
해 작은 것에 연연하기보다는 생산성을 올리는 것이 회사나 직원 모
두에게 이익이라는 사고가 확고하게 자리 잡고 있다.

비노조 경영의 **성공 요인**

삼성이 오늘날 한국을 넘어 세계적 우량 기업으로 성장하게 된 배경에는 개인 존중 정신, 청결한 조직, 공정한 인사, 화합과 협력, 상호 신뢰에 기반을 둔 커뮤니케이션 활성화, 인재 제일의 강한 교육, 최고 경영자의 확고한 노사 철학, 실천이 담보된 비노조 경영, 삼성인이라는 자부심과 강한 로열티 등이 있다. 이러한 삼성그룹의 비노조 경영 성공 요인을 다음과 같이 살펴볼 수 있다.

강한 로열티

삼성은 창업 이래 일관되게 인간 존중의 가치와 공존공영의 이념을 기업 활동을 통해 구현하고 있다. 한 예로 한 달 동안 합숙하는 신입 사원 교육부터 철저히 "종업원과 회사가 대립과 갈등의 관계가 아닌 노와 사가 기업이라는 공동운명체적 조직 속에서 공존하고 상호 발전을 도모할 수 있다"고 강조하고 신뢰를 준다. 이렇듯 신입 사원부터 지니게 되는 삼성인이라는 자부심과 강한 충성심이 궁극적으로 회사 발전의 원동력이 되고 있다.

최고경영층의 확고한 노사 철학과 솔선적 실천

최고경영층은 '공장을 지을 때 기숙사를 먼저 고려'하는 현장 중심의 마인드와 동등 대우, 동일 기준을 원칙으로 직원과 밀접한 접촉을 몸소 실천하고 있다.

공정하고 공평한 인사 제도 운용

우수한 인재를 공개 경쟁을 통해 채용한다. 그리고 이들이 지닌 잠재적 능력과 의욕을 업무를 통해 발휘할 수 있도록 능력에 따른 공정한 인사를 실현하고 있다. 또한 조직의 관리자들이 편견과 같은 비합리적 요인을 배제하고 공정한 평가와 보상을 할 수 있도록 제도적 틀을 확립해 시행하고 있다.

편견과 차별이 없고 참여와 자율을 중시하는 조직 풍토

제일모직의 1960년대 파업 원인이 사무직과 현장직의 차별(호칭, 식당 운영 시간 등)에 있음을 알고, 직장 내 차별과 부당 대우에 대한 조치를 강화했다. 그리고 발빠른 예방을 통해 청결한 조직을 만들어갔다. 업무와 관련해 직원에게 직접적 의견과 제안을 서면, 이메일 등을 통해 적극 수렴하는 제안 제도를 활성화하고 있다. 또한 관심 분야 연구 지원, 사내 공모 제도 등으로 직원의 의사나 적성을 적극적으로 지원하고 있다.

적정 보상과 복리후생 지원

삼성그룹은 직원들에게 지급하는 급여와 복지가 동종 업체 최고 수준이거나 적어도 경쟁상 우위를 가져야 한다는 점을 가장 우선적인 처우 원칙으로 삼고 있다. 삼성그룹은 업적과 능력, 숙련을 반영한 성과 중시형 임금 체계, 인센티브제를 통해 성과(평가)가 좋으면 당연히 보상도 좋다는 인식을 정착시켰다.

효율적인 피드백 메커니즘(의사소통 프로그램)

삼성그룹은 신뢰와 상호 존중의 가치 실현을 위해서는 효율적인 피드백 메커니즘과 의사소통 프로그램이 무엇보다 중요하다고 생각하고 있다. 이는 뛰어난 지도 선배들이 주도하는 1개월 간의 신입 사원 교육, 정기적인 개인 면담, 사내 방송과 현장 인터뷰, 자기 신고제, 건의함, 핫 라인 시스템Hot Line System, 모럴 서베이Moral Survey(근로 의욕 조사), 노사 간담회, 그룹 인트라넷 '싱글'을 통한 사이버 의사소통 등을 통해 엿볼 수 있다.

임직원의 능력 개발을 위한 다양한 교육 훈련 프로그램

삼성은 인재 육성을 위한 경력 개발을 위해 신입 사원에서 전문 경영인에 이르기까지 양질의 다양한 교육 프로그램을 운용한다. 입사와 더불어 시작되는 계층별 교육, 직무 교육, 외국어 교육 등이 10여 곳의 그룹 시설과 치밀한 교육 프로그램 속에서 효과적으로 이루어진다.

효율적이고 신속한 고충 처리 절차

직원의 고충을 10일 내 처리하는 오픈 도어Open Door 제도, 핫 라인 시스템, 고충처리위원회 운영, 현장 관리자에 의한 고충 처리를 대원칙으로 삼고 있다.

참여와 협력을 위한 효율적 노사 협의회 운영

삼성그룹의 노사 협의회는 각 사업장 단위로 노와 사를 대표하는 20명 내외의 3년 임기의 노사 동수 위원으로 구성하며 문제 해결에 중점을 두고 운영 중이다.

현장 관리자의 솔선수범하는 종업원 존중 실천

삼성그룹이 개인 존중과 상호 신뢰의 전통을 지금껏 유지할 수 있었던 비결은 최고경영자의 일관된 신념과 경영자와 관리자의 솔선수범하는 실천에서 찾을 수 있다.

생산적 노사 관계를 위한
다섯 가지 제언

상처와 손실을 부르는 대립

파업을 경험하지 않은 인사 담당자는 노사 갈등에 관해 이야기하지 말라는 이야기가 있다. 임단협 부결 후 노동조합원의 선거 결과 파업이 결정되면 모든 것이 정상이 아닌 듯 보인다. 그렇게 순수해 보였던 현장의 선배가 갑자기 과격해지고 협상에 응하자고 한 사측도 돌연 표정을 바꾼다. 서로 상대를 비방하며 돌이킬 수 없는 마음의 상처를 주고받는다. 제3세력들이 달려들어 남의 공장 앞에서 시위를 펼친다. 공권력 투입이나 극적인 타협으로 파업을 철회하고 현장에 돌아온 근로자와 회사 양측의 표정은 비장하기 이를 데 없다. 서로가 승자라고 주장한다. 사 측은 파업에 따른 후속 조치를 하겠다고 하고 노 측은 재파업을 추진한다.

이런 일이 지속되다 보면 기업의 경쟁력은 갈수록 떨어질 수밖에 없다. 누가 걸핏하면 파업하는 회사와 계약하겠는가? 회사가 망한 다음에는 아무것도 없다는 것을 알고 회사의 지속적 성장이 우선이며 서로 상생해야 한다는 것을 알면서도 순간적인 감정 탓에 회사가 망하도록 내버려둔다는 생각이 들게 된다. 창업자 입장에서는 속이 타는 일이다.

생산적 노사 관계를 유지하는 회사들의 공통점은 노사를 떠나 '회사의 성장과 이익이 우선'이라는 사고가 강한 것이다. 아무리 노사 간 의견이 첨예하게 다를지라도 회사 성장에 저해된다면 협상을 중지하고 현장으로 달려간다. 이들에게는 원칙이 있다. 그리고 사 측은 노 측을, 노 측은 사 측을 배려하는 마음이 있고 그 중심에 최고경영자가 있다.

생산적 노사 관계를 위한 **제언**

생산적 노사 관계를 이끌어가는 회사의 노무 담당 임원과 노동 전문가들이 이야기하는 노사 관계를 위한 다섯 가지 제언은 다음과 같다.

제언 1. 생산적 노사 관계를 조직 문화로 형성

생산적 노사 관계가 강한 기업의 노사 관리 강점은 교육이다. 신입 사원부터 관리자, 경영자에 이르기까지 노사 철학과 기업관 교육을 꾸준히 하고 있다. 경제 환경, 선진국으로 가는 길, 회사의 현황, 직업관과 윤리, 직장인의 자세 등 의식 교육을 의무 과정으로 정해 끊임없이 하고 있다. 종업원이자 조합원들은 자신에게 궁극적으로 유리한 방향의 선택을 한다. 따라서 조직장이 '영혼이 깃든 리더십'을 발휘해야만 현장의 문제들이 현장에서 해결된다. 노사 관계가 좋은 기업들은 현장 관리자에게 힘을 실어줘서 실천적 노사 관리가 굳건한 조직 문화로 자리 잡도록 많은 투자를 하고 있다.

제언 2. 노사 문제는 99퍼센트 최고경영자의 책임

노조가 강성인 회사의 특성은 '노사 문제는 노조가 잘못하고 있으며 노동자의 생각이 잘못되어 있다'는 의식이 팽배하다는 것이다. 그리고 '노사 문제는 노조 관리 부서 책임이며 우리 회사는 노조가 강성이라 안 된다'는 경영자의 사고방식이 확고하다. 최고경영자가 노사 관계의 본질을 이해하지 못하면 방법이 없다. 기본적으로 구성원을 인정하고 존중하는 신뢰가 바탕이 되어야 한다. 그런데 최고경영자가 구성원을 하나의 기계 부속처럼 생각하고 근로자가 개인 이익만 추구하는 존재라고 인식하고 있다면 생산적 노사 관계는 이룰 수 없다.

노동조합 간부들이 하는 일을 보면 그 회사 최고경영자의 노조에 대한 인식을 알 수 있다. 그러므로 노동조합은 경영의 거울이라는 생각으로 대해야 한다. 만일 노조가 비합리적으로 운영된다면 그 이유는 노사 간 신뢰가 구축되지 않았고 회사가 노조 간부 중심의 노무 관리를 해온 탓이 크다. 최고경영자부터 구성원을 믿고 전 구성원을 대상으로 노무 관리를 해야 한다. 최고경영자가 문제 해결을 위해 최선의 노력을 해야 한다. 1주일에 한 번 이상 현장에 내려가 현장 관리자와 노조 위원장을 만나 의견을 듣고 "내가 잘못하고 있는 것 말해 달라, 고치겠다"라고 말하며 고개를 숙이는 노력이 필요하다.

제언 3. 중장기 플랜을 세워 단계적으로 추진

5년 정도의 중장기 플랜을 세워 현 인력, 채용, 평가, 보상, 승진 등에 대해 전반적으로 검토하여 총체적 관점에서 노사 관리를 추진해야 한다. 신입 사원부터 인성을 갖춘 사람을 뽑아 교육하며 현재 직·반장 수준의 사람 중 회사에 충성심이 강한 사람을 선정하여 회사와 직무에 대한 로열티를 높이는 것이 좋다.

노사 관계는 회사 혼자만으로는 해결하기 어렵다. 노조원들은 노조원이기 전에 회사의 직원이다. 회사가 대립적이라고 느끼면 노조도 대립적으로 생각한다. 생산적 관계가 되기 위해서는 회사도 노조도 머리를 맞대고 한 단계 상승할 방법을 논의해야 한다. 회사는 최대한 노조를 생산적 노사 관계 형성에 동참시키기 위해 노조가 공감할 수 있는 사람을 선정하여 공동 과제를 추진하는 등의 활동으로 공감대를 넓혀나가야 한다.

생산적 노사 관계를 위한 중장기 플랜을 세울 때는 노조를 상대하는 대신 전 직원을 대상으로 의견을 수렴하는 것이 바람직하다. 회사가 합리적이고 생산적 노사 관계를 위해 중장기적으로 프로젝트를 실시한다고 공표한 후에 이에 대한 의견을 수렴하고 노조에도 공문으로 보내 동참을 유도하는 것이 옳다. 이때 노조가 반대하더라도 노사 공동으로 하지 못한 책임에 대한 부담감을 회사가 갖지 않을 수 있다.

제언 4. 노사 업무를 담당하는 부서와 인력에 확실한 동기 부여

노사 관계는 면역이 되는 일이 아니므로 사람이 중요하다. 노사 이슈가 될 사항들을 끊임없이 보완해나가야 하며 취지를 아는 사람이 계승해야 한다. 노사 담당자는 회사 내 인력 중 가장 로열티가 높다. 첨예한 갈등 관계를 해결하기 위해 여러 궂은일을 하면서도 일이 끝나면 노사 양쪽에서 좋지 못한 평가를 받거나 심한 경우에는 내쳐질 수도 있다. 삼성그룹은 노사 담당자에게 해외 연수의 특권을 주며, 직무 전환 시에도 유리하게 대우해주고 있다. 전폭적인 경비 지원은 물론 최고경영자가 직접 집으로 불러 함께 식사하는 등 여러 방법으로 동기를 부여한다. 이런 과정을 통해 노사 담당자들은 끝까지 회사를 신뢰하고 따르게 된다.

제언 5. 현장 이슈는 현장 관리자를 통해 현장에서 해결

삼성그룹 현장 관리자와 경영자에게는 '노사 관리는 인사(노사관리팀)에서 하는 일이고 우리는 우리 목표와 업무에만 집중하면 된다'는 사고는 전혀 없다. 일 관리, 사람 관리에 같은 비중을 두어 목표를 설정한다. 경영자와 관리자가 부하의 집을 방문하도록 경비를 지원하고 수시로 면담을 통해 개인의 고충이나 문제점을 파악한다. 그래서 누가 어떤 상태라는 것을 잘 알도록 하고 있다.

삼성자동차는 매주 2회씩 경영자들이 미팅하면서 인력에 대해서만 논의한다. 따라서 현장에서 경영자와 관리자들이 모이면 자연스럽게 사람에 관해 이야기하게 된다. 그 결과 현장 직원들은 노조보다 관리자를 신뢰하고, 관리자를 통해 자신의 문제가 해결될 수 있도록 체계가 구축되어 있다.

05

파업 이후의 노사 관계

파업 후 **상처와 갈등**

●   A기업에 근무하던 중의 일이다. 그
누구도 예상하지 못한 현장 직원들의 외부 파업이 감행되었다. 신뢰
를 기반으로 한 경영을 강조한 기업에서 발생한 일인데다 내부가 아닌
외부로 뛰어나간 사건이었기에 그 충격은 더욱 컸다. 공장의 불은 꺼
졌고 회사는 굳어져가는 원료들을 걷어내고 기계를 재가동해야 하
는 난관에 봉착하게 되었다.

    사무직으로 근무하는 직원들이 현장 실습했던 부서로 투입되었고
퇴직한 선배들과 파업에 동참하지 않은 일부 직원들을 중심으로 이
어려움을 극복해나갔다. 그 결과 기계들이 하나둘 가동되고 공장 굴
뚝에서 하얀 수증기가 피어나 하늘을 수놓기 시작했다. 가장 어렵다
는 공정의 공장 굴뚝에서 수증기가 피어오르던 날, 최고경영자를 욕
되게 하고 자신이 근무하는 회사와 직무를 궁지로 몰아간 노조원들

이 한두 명씩 복귀하기 시작했다.

10여 일의 파업 기간 동안 회사와 구성원이 얻은 것은 없었고 마음속에 상처만 남았다. 노사 갈등이 노노 갈등으로 변모했고 현장에는 불신과 반목이 자리 잡게 되었다. 피해가 더 발생해서는 안 되는 상황이었다. 노사는 다시 신뢰와 상생을 부르짖으며 하나가 되어갔다.

파업이라는 아픈 경험을 겪고 난 다음 파업 이전으로 가기는 매우 어렵다. 회사는 회사대로 파업 주동자와 기물 파손자 등에 대한 처벌을 강조하고 노조는 잘못을 인정하면서도 손실에 대한 배상 청구 취하와 무처벌을 주장한다. 적극적 파업 가담자와 파업 불참자 간의 갈등 또한 지속적으로 깊어진다. 회사는 파업 참여 정도에 따라 복귀자와 자택 대기자를 차등하여 조치함으로써 회사 문제가 가정 문제로까지 번지기도 한다.

무분별하고 즉흥적인 파업 대책은 새로운 갈등과 또 다른 파업을 낳게 되어 있다. 반복되는 갈등과 이로 말미암은 또 한 번의 파업이라는 고리를 끊기 위해서는 계기가 필요하다. 그 근본이 되는 것이 바로 원칙이다. 나는 노사 관계를 이끌어가는 원칙을 크게 다음과 같이 정리하고 있다.

노사 관계 **원칙**

자주적이며 독립적인 노사 관계

우리나라는 산별 노조의 성격이 강하고 상급 단체가 존재한다. 임단협 현장에서 내 회사의 이슈가 아닌 상급 단체의 이슈를 가지고 협상을 하고 노동조합이 협상을 위임하여 상급 단체에서 온 사람들이 협상에 참여한다. 당연히 협상은 처음부터 그들이 의도한 방향으로 진행된다. 우리 회사 사람도 아니고 우리 회사 이슈도 아닌 것을 협상하니 결론이 날 수가 없다. 그러므로 노사가 자주적이고 독립적인 주체로서 노사 관계를 이끌어가야 한다.

생산성 향상 최우선의 노사 관계

경쟁과 투쟁의 노사 관계가 아닌 회사의 지속 성장을 전제로 업무와 생산성 향상에 몰입하도록 해야 한다. 생산성을 향상시킬 수 있는 여러 실천 프로그램이 구체화하고 성공 사례를 공유하여 회사가 성장하도록 노사가 힘을 모아야 한다.

상호 신뢰가 우선

현장에서 이슈가 발생하면 노동조합을 통해 경영층에 영향력을 행사하여 해결하려는 습성을 타파해야 한다. 현장에서 발생한 문제는 현장의 조직장에 의해 현장에서 해결되어야 한다. 해결이 어려운 과제는 조직장의 보고를 통해 경영층에서 해결하면 된다. 노동조합의 위상은 상대방의 지위에 있는 것이 아니라 문제 해결 능력에 있으므로 현장 관리자와 함께 문제를 해결해나가는 것에 주력해야 한다. 노동조합과 현장 관리자는 솔직하고 일관된 대화로 신뢰 관계를 구축해가는 것이 무엇보다 바람직하다.

법과 사규 철저 준수

법과 사규에 따라 온정주의가 배제되고 신상필벌이 이루어져야 한다. 법과 사규를 적용할 때 차별이 없어야 하며 경영층이 솔선하여 준

수함으로써 타의 모범이 되어야 한다.

근로 조건의 경쟁력 유지

회사는 종업원 근로 생활의 질 향상과 고용 안정에 주력해야 한다. 또한 급여나 성과급을 지나치게 차등하여 추구하기보다는 노사가 원만한 타협점을 찾아나가도록 노력한다.

현장 중심의 예방적 노사 관계

노사 화합과 상생은 현장이 튼튼하지 않으면 사상누각에 불과하다. 노무 관리의 기본은 라인 조직이다. 예방적 노사 관계는 현장에서 예상되는 문제들을 사전에 현장에서 조치하여 쟁의가 발생되지 않도록 하는 것이다. 이러한 활동의 사례로 제안 제도와 소통 활성화를 들 수 있다.

지속 성장 견지

회사가 망하면 노동조합도 없다. 노사 관계는 회사의 지속 성장 토대 위에서 이루어져야 한다. 회사가 어려우면 임금을 동결하고 저부가 가치 업무, 조직, 나아가 인원들의 효율화에 적극 동참해야 한다. 회사도 노동조합을 동반자라 생각하고 그 의견을 존중해줘야 한다.

경영권에 대한 존중

노동조합에 의해 회사의 인사 경영권이 침해되거나 도구화되어서는 곤란하다. 회사는 공정하고 일관되고 지속적으로 노사 관계를 유지하고 사이사이 모니터링하여 잘못 운영되는 것이 없는지 점검해야 한다. 만약 그릇된 수단으로 사용되는 사례가 있다면 엄중히 처벌하여 노사가 이를 인정하고 수용할 수 있도록 한다.

열린 소통을 위한 노사의 참여가 기초를 이루도록

최고경영층이 현장 방문 시 노동조합에 들러 노동조합의 의견을 청취하는 등 상호 소통 채널을 강화하고 자유롭고 솔직한 소통 문화를 정착시켜야 한다.

노사 협력 프로그램의 지속적 운영

노사 한마음 잔치, 상생 경영, 노사 합동의 사회 공헌 활동 등과 같은 노사 협력 프로그램을 구체화하고 성공 체험을 쌓아가며 자연스럽게 내·외부의 모범이 되도록 이끄는 것이 긴요하다.

파업 후 복귀

파업 이후, 노사 갈등이 노노 갈등으로 전개되는 것을 지켜본 적이 있다. 적어도 파업 이전에는 서로 손을 잡고 소주 한 잔을 나누기도 하며 노동자들 사이에 웃음이 있었다. 파업이 결정된 후 파업에 참여와 비참여자는 확연하게 구분된다. 서로의 마음속에 응어리가 생긴다. 파업 참여자들은 비참여자들 때문에 동력을 잃었다고 여기며 동료가 아닌 배신자라는 생각하는 경향이 있다. '뜻을 함께했으면 함께 행동해야지. 비겁하다'는 마음을 갖는다.

반면에 파업에 참여하지 않은 사람들은 참여한 사람들을 '기회주의자며 애사심도 없다'고 여긴다. 돈 몇 푼 더 받기 위해 자신의 회사, 작업장, 일이 엉망이 되어도 관계없다는 식의 무책임한 행동을 이해할 수 없다고 한다. 진정 회사와 일을 소중히 생각한다면 파업 중에 회사 건물을 파괴하고 일하려는 사람을 방해하는 등의 행동을 할 수 없다고도 한다. 파업에 참여한 사람들이 참여하지 않은 동료의 가족에게 위협이나 피해를 줬다면 이러한 노노 갈등은 좀처럼 해결하기 쉽지 않다.

파업 이후, 파업에 참여했던 근로자들이 복귀를 선언하면서부터 인사 부서의 고민은 시작된다. 아무 준비도 되어 있지 않은 상태라면 복귀한 근로자들이 파업 이전에 해결되지 않은 사안을 중심으로 사내 투쟁을 전개하게 될 것이고, 조치를 제대로 하지 못하면 새로운 파업의 빌미를 주게 되기 때문이다. 이런 상황을 방지하기 위한 프로세스를 사전에 수립해두어야 한다. 파업 이후 복귀하는 근로자와 현장의 마찰을 최소화하면서 현업 배치할 방안을 충분히 준비해야 한다.

아무 조치 없이 현장에 배치한다면 파업 기간 회사를 정상화하기 위해 노력한 파업 비참여 인력과 갈등이 깊어질 가능성이 높다. 그뿐만 아니라 현장 조직장의 지시가 수용되지 않을 가능성도 높다. 따라서 현장 조기 안정화 방안을 구체적으로 마련해 추진되어야 한다. 파업 후 복귀하는 근로자를 면담하여 즉시 현업 배치가 가능한 사람과 현업 배치를 해서는 안 되는 사람을 파악하는 과정이 필요하다. 현업 배치를 할 때에도 최소한의 교육을 통해 현장 근무에 임하는 마음가짐과 자세를 새롭게 다지는 게 바람직하다. 현업 배치가 어려운 대상자는 재택근무, 개별 봉사 활동, 면담 등을 통해 현업 배치 가능성을 평가하고 불가하다고 판단될 때는 별도의 조치를 하는 것이 좋다.

복귀 후 현업 배치 프로세스 사례

파업 후 현장 복귀가 이루어진 후에 더욱 주력해야 할 부분이 현장 조직의 안정화다. 먼저 일과 원칙 중심의 조직 운영 기강이 확립되어야 한다. 노노 갈등이 심할 때에는 인력 구조를 재설계하여 팀별 조별 인원을 안배해야 한다. 그리고 현장 직책 대리와 조장들의 역할을 강화해야 한다. 이들에게 리더십, 구성원과의 갈등 관리, 협상 등에 관한 교육이 이루어져야 한다. 또한 이들에 의해 현장의 일과 규율에 원칙이 지켜지고 갈등이 봉합되는 체계가 구축되도록 한다. 직무 순환이나 평가 등 인사 제도가 공정하고 일관성을 유지하고 현장 이슈는 최대한 현장에서 해결되도록 한다.

복귀 후 현업 배치 프로세스 사례

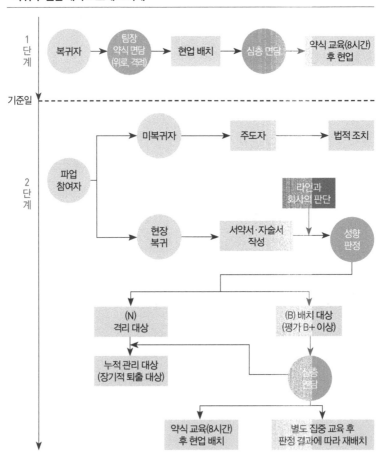

8장

조직 문화

HUMAN
RESOURCES

강한 조직 문화 구축 방안

조직 문화 구축은 **난해한 장기 과제**

●   김 과장은 오후 5시에 갑작스럽게
내려온 정 상무의 지시로 고민이 많다. 회사의 향후 강한 조직 문화
구축안을 다음 주까지 작성하라고 한다. 경영위원회에서 정 상무가
발표하도록 결정되었다며 어떻게 하면 우리 회사의 문화가 지속적으
로 발전하며 강한 경쟁력을 가질 수 있는가 고민하고 안을 만들어보
라는 것이다. 김 과장은 "예, 알겠습니다." 하고 나왔지만 도무지 가닥
을 잡을 수 없다. HRD 업무를 10년간 담당해왔지만, 조직 문화에 대해
서는 아무런 지식이 없었다. 인터넷을 통해 여러 기업의 자료를 찾아보
아도 속 시원하게 문제를 해결해줄 자료는 없었다. S사에 근무하는 선
배에게 전화를 해봤으나 그 역시 특별한 조언을 해주지는 않았다.

김 과장은 업무를 추진하기 위해 4단계를 생각해봤다. 첫째, 우리
회사의 조직 문화에 대한 구성원의 만족도와 요구 사항 파악. 둘째, 세

분화된 이슈들을 그룹핑하여 3~4개의 과제 설정. 셋째, 과제별 해결 방안의 모색. 넷째, 향후 발전 방향과 추진 일정으로 나누고 작업에 임하였다.

하지만 김 과장은 착수 사흘 만에 포기하고 말았다. 구성원들과 도통 대화가 되지 않았기 때문이다. 그들은 조직 문화가 어떤 개념인가부터 이해하기 어렵다고 했다. 김 과장은 지금 심각한 고민에 빠졌다.

사실 인사 담당 임원이나 팀장이 강한 조직 문화를 만들라는 지시를 갑작스럽게 받으면 당혹스러울 것이다. 문화라는 것은 평가나 교육 제도와는 다르기 때문이다. 문화는 단기간에 뚝딱 설계한다고 해서 실행될 수 없는 영역이다.

내가 만들고 싶은 회사 만들기

서 부장은 입사한 지 15년이 되었다. 서 부장이 현재 담당하는 업무는 신입 사원 입문 교육이다. 서 부장은 2개월에 걸친 준비, 5주간의 합숙 교육, 조기 전력화 프로그램 중 하나인 현장 실습 등을 담당하면서 신입 사원들에게 큰형님으로 불리게 되었다.

이런 서 부장을 가장 답답하게 하는 일이 바로 신입 사원 이직이다. 그는 입문 교육부터 늘 도전, 열정, 실행을 강조한다. 하지만 회사의 분위기는 상명하복의 권위 문화다. 여기에 실망하거나 마음에 상처를 입은 신입 사원들이 회사를 떠나기 전에 서 부장에게 인사하러 온다.

이런 일을 겪으면서 서 부장은 올해 자신이 해야 할 일은 신입 사원들이 회사가 원하는 진정한 경영자로 성장할 수 있도록 회사의 조직 문화를 정립하는 것이라 생각했다. 그는 조직 문화 중 버릴 것은 버리고 개선할 것은 개선해서 좀 더 경쟁력 있는 회사로 성장하기 위한 조직 문화 강화 방안을 수립하기로 했다. 서 부장은 자신이 만들고 싶은 회사의 모습을 크게 다음과 같이 정했다.

- 머물면 머물수록 정체되지 않고 성장하는 회사
- 구성원이 이 회사에 근무하는 것이 자랑스럽다고 말하는 회사
- 선배에 의한 후배 육성이 자연스럽게 정착된 회사

서 부장은 이러한 목표를 달성하기 위해 먼저 경영층을 설득했다. 왜 우리가 강한 조직 문화를 가져야 하는지를 피력하였다. 경영층에서는 실행력 있는 안을 작성하라고 했다. 서 부장은 임원·구성원 인터뷰와 설문, 전문가와의 면담, 선진기업 벤치마킹을 계획하였다. 그리고 이것은 혼자 할 수 없는 일이라 판단하고 3명으로 구성된 조직 문화 T/F를 회사에 건의하였다.

방향 설정의 중요성

몇몇 대기업을 제외하고는 팀 이상의 공식 조직으로 조직 문화를 이끌어가는 회사를 찾아보기 어렵다. 조직 문화가 회사 경쟁 우위의 원천이라는 데는 이론적으로는 공감하지만, 회사 성과에 어떻게 기여하는가에 대한 확신이 없다. 그래서 대부분 인재 육성 부서의 한 직무로 취급되거나 CEO가 말할 때 종종 언급될 뿐이다.

A회사는 10년 전에 CEO가 조직 문화의 중요성을 간파했다. CEO는 핵심 가치를 정립하여 모든 연설에 담아 지속해서 전파했다. 그리

고 조직 문화 진단과 함께 단위 조직 개선 활동을 시행했다. 그는 올바른 문화 정착의 장해 요인으로 HR 요인, 경영 시스템(의사 결정과 회의 보고 방식) 등을 파악하였다. 그래서 청년 중역 운영과 나눔 문화를 강조했다.

회사는 문화혁신팀까지 만들어 운영하였으나 10년이 되지 못해 조직을 없애고 업무를 타 부서로 이관하였다. 조직 문화의 방향 설정을 제대로 하지 못했고, 인사 담당 임원이 조직 문화의 중요성을 간과한 데서 야기된 결과였다.

일할 맛 나는 회사

홍 임원의 화이트 보드에는 이렇게 쓰여 있다. "우리 팀은 재미, 보람 그리고 자율로 일할 맛 나는 곳입니다." 즉 재미, 보람, 자율이라는 핵심 가치로 일할 맛 나는 곳으로 만들자는 목표를 분명히 표방한 것이다.

직장 생활을 하면서 항상 일할 맛이 샘솟지는 않을 것이다. 그러나 마음속에 '우리 회사는 일할 맛 나는 곳'이라는 확신이 있으면 일은 분명 더 재미있어질 것이다. 아무 생각 없이 일하는 것보다 즐기면서 일하는 것이 더 좋지 않은가?

앞의 김 과장과 서 부장의 사례를 보면 '조직 문화 구축 방안 수립'이라는 일의 프로세스 자체는 큰 차이가 없다. 하지만 결정적으로 내가 자율적으로 택해 목표를 정하고 실행하는 것이 다르다. 시켜서 하는 일은 한계가 있다. CEO가 아무리 관심을 두고 지원해준다고 해도 담당자가 열정에 불타지 않으면 용두사미가 되어버리고 만다. CEO가 중요하다고 강조해 별도 조직을 만들었어도 조직이 성과를 창출하지 못하거나 의미 있는 기여를 하지 못하면 결국 사라지게 된다.

방향 설정 단계

방향 설정은 생각의 전환이 우선이고 그 후 3단계 과정을 거친다. 초창기 기업은 회사 중심의 신뢰 구축이 가장 중요하다. 조직 문화의 핵심은 상호 신뢰다. 신뢰가 기반이 되지 않고서는 아무리 좋은 제도를 도입하여도 제대로 운용되기 어렵다. 기업 대부분이 연봉제를 채택했다고 해도 구성원들이 연봉제가 조직과 개인을 편 가르고 차별화하는 나쁜 제도라는 인식을 지니고 있다면 실행하기 어려울 것이다.

그러므로 회사가 구성원을 신뢰한다는 믿음을 주어야 한다. 구성원을 종이 아니라 함께 회사를 이끌어가는 동반자로 인정하고 있다는 신뢰를 주어야 한다. 이러한 신뢰로 탄탄한 기반을 이룬 다음에 조직 문화가 현업과 구성원 중심의 성과 창출 활동으로 변모해나가야 한다. 조직 문화가 경쟁력의 원천으로 발전하지 못하면 '좋은 것이 좋은 거야' 식의 무사안일주의에 빠질 가능성이 높다. 요컨대 조직 문화의 방향은 신뢰가 기반이 된 성과 지향의 문화로 나아가야 한다.

중장기 방향

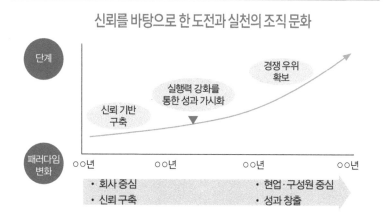

신뢰를 바탕으로 한 도전과 실천의 조직 문화

조직 문화의 **중점 영역**

조직 문화의 성과를 가시화하려면 영역을 정해 집중하는 게 더욱 효과적이다. 기존에 어떤 영역을 정해 추진해오던 과제가 있었다면, 새로운 이슈를 찾기보다는 이를 내실화하여 궁극적으로 성과가 창출되도록 실행하는 게 중요하다. 처음 이슈를 도출해야 한다면, 크게 세 가지 방법으로 이슈를 도출하고 중점 영역을 정할 수 있다.

첫째는 전 구성원을 대상으로 조직 문화 진단을 시행하는 방법이다. 설문을 구성하고 설문 문항 분석을 통해 계승할 이슈와 취약한 이슈를 도출하는 가장 기본적인 방법이다.

둘째는 경영층에 대한 심층 인터뷰다. 조직 문화는 경영층에 가장 많은 영향을 받게 되어 있다. 경영층에 대한 개별 심층 인터뷰를 통해 과제를 도출하는 방법이다.

셋째는 전문 집단에 의한 과제 도출이다. 내부 임직원을 통한 과제

A사의 조직 문화 추진 영역과 과제 사례

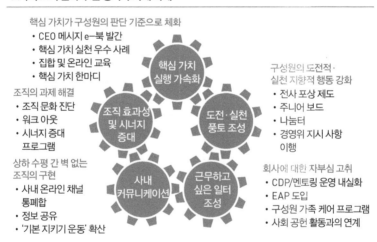

핵심 가치가 구성원의 판단 기준으로 체화
- CEO 메시지 e-북 발간
- 핵심 가치 실천 우수 사례
- 집합 및 온라인 교육
- 핵심 가치 한마디

조직의 과제 해결
- 조직 문화 진단
- 워크 아웃
- 시너지 증대 프로그램

상하 수평 간 벽 없는 조직의 구현
- 사내 온라인 채널 통폐합
- 정보 공유
- '기본 지키기 운동' 확산

구성원의 도전적·실천 지향적 행동 강화
- 전사 포상 제도
- 주니어 보드
- 나눔터
- 경영위 지시 사항 이행

회사에 대한 자부심 고취
- CDP/멘토링 운영 내실화
- EAP 도입
- 구성원 가족 케어 프로그램
- 사회 공헌 활동과의 연계

핵심 가치 실행 가속화

조직 효과성 및 시너지 증대

도전·실천 풍토 조성

사내 커뮤니케이션

근무하고 싶은 일터 조성

도출에는 분명 한계가 있다. 외부 전문가 또는 컨설팅 기관과 같은 전문 집단의 지원을 통해 과제를 도출할 수 있다. 이 프로세스를 추진하는 데 가장 중요한 요인은 추진 조직과 담당자의 구성이다. 조직 문화를 전담하는 조직이나 사람이 없다면, 부수적인 업무로 전락할 수밖에 없기 때문이다.

강한 조직 문화 구축을 위한 **성공 요인**

회사 생활을 20년 이상 한 조직장에게 어떤 문화가 강한 문화인지를 물으면, 대부분 "강한 문화는 구성원의 마음속에 성장과 도전과 자율을 심어주는 것"이라 대답할 것이다. 술 한잔 나누고 함께 어깨동무하며 노래방을 갔다 왔다고 해서 강한 문화가 형성되는 건 아니다. 외부 시장에서의 가치(경쟁력)를 키워주는 문화가 진정으로 강한 문화다. 강한 조직 문화는 한순간에 이루어지지 않는다. 강한 조직 문화를 만들기 위해서는 다음 네 가지가 제도적으로 추진되어야 한다.

첫째, 조직 문화의 방향과 전략을 명확화하고 구성원에게 내재화해야 한다. 조직 문화는 1~2년 안에 성과를 창출할 수 없는 장기 과제다. 방향을 두고 지속해서 추진해야 한다. 둘째, 조직 문화 전담 부서를 신설하고 장기적 방향에서 실행해야 한다. 셋째, 조직 문화 강화 프로그램을 통해 현업 조직장을 중심으로 실천해야 한다. 넷째, 사무국에서는 매년 조직 문화 성과를 지표 또는 평가로서 정례적으로 보고해야 한다.

조직 구성원 의식 조사

기본과 목적에 충실한 <u>의식 조사</u>

●　　　　　　　　　　기업들은 왜 구성원 의식 조사를
할까? 매년 10~11월이 되면 전사적으로 구성원 의식 조사를 한다. 구
성원 입장에서는 짜증이 날 수도 있다. 전년과 똑같은 문항이고 자신
과는 상관없다고 느껴지기 때문이다. 그들은 회사가 왜 이런 조사를
하는지 모른다. 실시하는 부서에서도 매년 하니 관행적으로 하기도
한다. 이런 회사일수록 구성원 의식 조사는 CEO 기분을 맞추는 수단
이 되어버린다.

구성원 의식 조사는 회사의 성과 창출과 구성원 변화를 이끌기 위
해 시행한다. 의식 조사 결과의 활용은 다음 세 가지에 집중되어야 한
다.

첫째, 조사 영역별 강점과 약점 파악이다. 회사 전 구성원의 의견을
기반으로 최소 3개년의 추이를 분석하여 조사 영역별 강·약점을 도

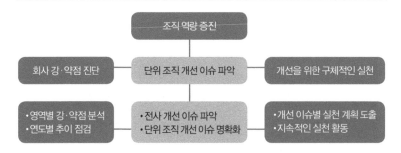

출해내야 한다.

둘째, 단위 조직(임원 단위 조직) 개선 이슈 도출이다. 전사 개선 이슈뿐 아니라 단위 조직 이슈를 도출하여 실질적인 문제 해결의 토대로 삼아야 한다.

셋째, 개선을 위한 구체적인 실행 방안 마련과 그 실천을 통한 성과 창출이다. 개선 이슈별로 분기별 실천 계획을 도출하고 홍보, 모니터링, 평가와 피드백 등 지속적인 실천 활동을 통해 소기의 성과를 창출해야 한다.

구성원 의식 조사는 시스템을 갖고 **지속해서 추진**

사람들은 대부분 본인 이야기에는 귀가 쫑긋해진다. 반대로 자신과 관련 없는 일이라면 그만큼 무관심해지게 마련이다. 그런데 무관심한 일이 많아지면 상황은 매우 형식적으로 흐르게 된다. 구성원 의식 조사가 성과 창출 수단이 되기 위해서는 바로 '내 문제'를 다루어 줘야 한다. 어떻게 이렇게 만들 것인가? 그러려면 제도적으로 접근해야 한다. CEO의 관심과 지시를 기대해서는 안 된다. CEO가 바뀌더라도 변치 않고 이 조사가 생명력을 가지고 진행되도록 만들어야 한다. 이를 위해서는 다음 네 가지가 매우 중요하다.

첫째, 진단 분석과 결과 보고서를 최대한 임원 담당 조직까지 낮추어 작성하고 피드백한다. 임원이 본인 조직의 추이와 이슈를 도출하도록 해야 한다. A회사는 20여 페이지 분량의 60여 개의 보고서를 작성하여 해당 임원과 산하 팀장을 모아 직접 피드백해주고 있다.

둘째, 임원 소속의 현장 단위 조직에서 조직별 이슈와 실천 계획을 수립하도록 해야 한다. 그 조직의 이슈는 그 조직이 가장 잘 알고 있다. 그 이슈가 본인들 힘으로 해결되도록 해야 한다.

셋째, 실천 계획의 실행 결과가 모니터링되고 평가되어야 한다. 임원 평가 항목에 이슈와 액션 계획 수립과 실행 결과가 포함되어 있어야 한다.

넷째, 활성화 방안이다. 현업에서 이슈와 실천 계획이 실천되도록 지원하고 홍보하며 교육과 시상 등을 지속해서 시행해야 한다. 그리고 이 4단계가 제도적으로 이루어져야 한다.

의식 조사와 개선 활동 진행 프로세스

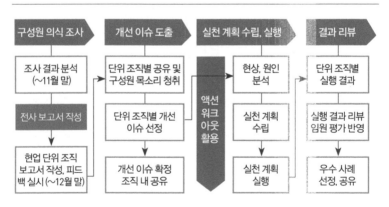

HR 수용도 높이기

구성원 의식 조사는 그것을 하는 회사와 목적에 따라 영역과 문항의 차이가 있다. 그러나 반드시 포함되는 영역이 HR이다. 구성원의 역량 수준과 육성 정도, 평가와 보상에 대한 의견, 회사와 직무 만족도, 승진과 퇴직 등 HR 항목이 포함되어 있다. 구성원 의식 조사를 HR 관점에서 활용하기 위해서는 두 가지 측면을 고려해야 한다.

첫째, 영역별로 원하는 지향점을 기준으로 문항을 정교하게 설계해야 한다. 예를 보상 수준에 관해 조사한다면 "우리 회사의 보상 수준에 대해 만족한다"라는 넓은 문항보다는 아래와 같이 세분화된 문항을 이용하는 게 좋다.

- 나는 동종 업계 대비 나의 보상 수준(급여, 상여, 수당, 복리후생 등)에 대해 만족한다.
- 내가 회사에 기여하는 정도를 고려할 때 적절한 수준의 보상을 받고 있다.
- 우리 회사에서는 좋은 성과를 낼수록 금전적 보상이 더 많아진다.

이런 정교한 문항이 보상 정책을 수립할 때 구체적으로 활용될 수 있다.

둘째는 전사 개념이 아닌 단위 조직별 개선 이슈를 조치하여 HR 수용도를 높여가야 한다. 실제로 몇 년 간 구성원 의식 조사를 하면서 전사 보고서에는 나타나지 않는 이슈들이 단위 조직별로는 큰 차이를 보이는 경우가 많음을 드러났다. 예를 들어 금융이나 법무 등 전문가 조직일수록 구성원의 역량 수준은 매우 높고 전사 차원의 보상 제도에 대한 만족도는 매우 떨어진다. 영업이나 생산 부서처럼 구성원이 많은 단위 조직에서는 승진과 육성에 대한 긍정적 응답이 타 조직보다 떨어진다. "적절한 인력을 보유하고 있느냐"는 항목은 전사적 긍정 응답률이 70퍼센트가 넘지만 단위 조직별로는 30퍼센트 이하인 조직도 있었다. 전사 차원에서는 문제없지만 단위 조직별로는 인력 부족이 심각한 곳이 있음을 알 수 있었다.

한편 구성원 의식 조사를 통해 '선택과 집중'을 할 수도 있다. HR 영역 중 집중적으로 관리할 영역을 정해 평가 지표로 삼는 방안이다. 예를 들어 평가의 공정성에 문제가 있다면 이의 개선을 선택하여 현 긍정 응답률 60퍼센트를 70퍼센트로 올리는 목표를 평가 지표로 수립하는 것이다. 해결 방안으로는 전사 고과자 훈련 강화, 면담 매뉴얼 제작과 교육, 평가 이의 제도 도입과 활성화 등이 있다. 그리고 이 항목 응답 수준이 70퍼센트 이하인 단위 조직을 파악하여 원인 규명과 개선점을 이슈로 삼아 실천 계획을 수립해 시행함으로써 개선해나갈 수 있다.

구성원 인식 조사 성공 요인

구성원 의식 조사 결과 뭔가 개선이 이루어지지 않는다면 매년 조사를 실행하는 데 부담이 크다. CEO가 조사 결과를 가지고 임원이나 조직을 비교·평가한다면 '좋은 것이 좋은 것이다'라는 생각으로 갈수록 관대화 현상이 일어난다. 결국에는 구성원 의식 조사가 회사와 구성원의 신뢰에 금이 가게 하는 업무로 전락하게 된다. 이런 구성원

의식 조사가 성공하기 위한 요인은 크게 세 가지다.

첫째, 현업 중심의 이슈와 실천 계획을 수립하여 실천해나간다. 의식 조사의 결과에는 다른 조직과의 비교가 아닌 내가 속한 조직의 현상만 제시되어야 한다. 이를 기초로 어떤 방향에서 어떤 과제를 할 것인지 고민하게 해야 한다. 또 이슈가 정해지면 이의 실행을 분기별 보고서로 사무국에 제출하도록 한다. 사무국은 분기별 실행 결과를 모니터링하고 매뉴얼 등을 제작하여 성과를 향상시키도록 한다.

둘째, 실행을 위한 구체적 지원 수단을 마련한다. 이러한 이슈와 분기별 실천은 현업의 추진 세력과 도구가 있어야 가능하다. 소속 부서장에게 맡겨놓으면 업무에 쫓겨 뒷전이 되기 일쑤다. 업무의 하나로 정해진 도구로써 누군가가 전도사가 되어야 한다. GS칼텍스에서는

액션 워크 아웃

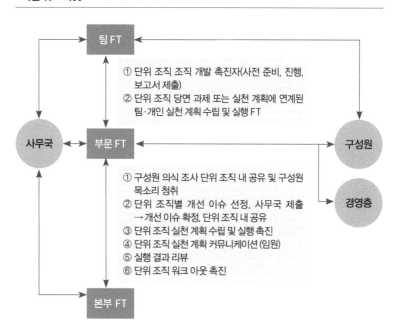

이 도구로 액션 워크 아웃을 활용한다. 단위 조직 전 구성원이 이슈와 실천 계획 수립을 과제로 통상 1박 2일 동안의 워크 아웃을 통해 이를 도출해낸다.

이러한 워크 아웃을 잘 수행하기 위해 사무국에서는 진단 자료와 도구 제공, 비용 지원, 퍼실리테이터 운영, 우수 사례에 대한 홍보 등의 활동을 한다. 추진 세력으로서 조직 개발 퍼실리테이터를 선정하고 육성한다. 단위 조직별로 퍼실리테이터를 선정하고 이들을 교육한다. 교육 이수 후에는 이들에 의해 구체적 실행이 이루어지도록 지원한다.

셋째, 경영층의 높은 관심과 참여가 필요하다. 자신의 문제는 자신이 가장 잘 알고 있고 해결도 본인 의지에 달려 있다. 즉 경영층이 관심을 두고 추진하는 업무는 잘될 수밖에 없다. 반대로 경영층의 참여를 이끌어내지 못한 과제는 수행도 어렵고 큰 성과를 기대할 수 없다.

특히 구성원 의식 조사에 의한 단위 조직별 이슈 선정과 실천 계획 실행은 조직장의 관심과 참여가 절대적이다. 이러한 조직장의 참여를 이끌기 위해서는 아래와 같은 활동이 필요하다.

- 조직장 평가에 실행 결과 반영
- 지속적인 우수 사례의 발굴과 홍보(전 임직원에게 공유)
- 조직장이 참여한 워크 아웃에 대해서만 지원
- 조직 개발 퍼실리테이터와의 정례 미팅 및 구성원 간담회 마련
- 분기별 모니터링과 결과 피드백

결론은 **성과**

CEO가 구성원 의식 조사를 하려는 당신에게 "이런 조사를 꼭 매년 해야 하는가?"라고 묻는다면 담당자인 당신은 어떻게 답할 것인가? 구성원 의식 조사는 보통 전수 조사를 하기에 엄청난 시간과 경비 그리고 노력이 들어간다. 그러니 역으로 CEO가 "매년 이 조사를 하라"고 의지를 갖고 지시할 때 제대로 이루어질 수 있다.

원점에서 구성원 의식 조사 시행을 고민할 필요가 있다. 결론은 성과다. 이를 통해 회사와 조직의 단점이 개선되고 강점이 강화되어야 한다. 매년 추이 분석을 통해 구성원의 역량이 증진되어야 한다. 조직장이 조직과 개인에 대한 세심한 관심과 배려를 하게 하는 기초가 되어야 한다. 무엇보다 일할 맛 나는 직장 분위기를 창출해야 한다. 누구를 평가하거나 어느 조직을 움츠리게 하는 수단으로 이용되어서는 안 된다. 최악의 상황은 '좋은 것이 좋은 것'이라는 관대한 시선으로 진실을 왜곡하는 것이다. 요컨대 구성원 의식 조사는 비전을 달성하고 실행을 강화하는 도구 역할을 담당해야 한다.

업무 담당자로서 당신은 이러한 관점에서 혼신을 바쳐 몰입해야 한다. 단위 조직별로 개선하거나 강화할 이슈를 찾아 쫓아다니며 피드백해주고 성과가 창출되도록 지원하고 모니터링해야 한다. 평가하고 더 나은 대안을 제시해야 한다. 최고경영층을 설득하여 참여시켜야 한다. 이러한 일을 할 수 없다면 구성원 의식 조사는 한 번의 행사로 종료될 것이고 구성원의 갈망은 어디에서도 찾기 어려울 것이다.

저성장 시대의 조직 문화

매년이 **위기**

●   2015년 현재 사람들은 지금이
1997년 말 IMF 외환위기 때보다도 더 어렵다고 말한다. 2008년 미국
발 세계 금융위기로 비롯된 전 세계 경제 침체 국면이 이어지고 있다.
이 침체의 고리를 끊을 수 있는 큰 움직임은 보이지 않는다. 미국의 성
장률은 이미 1퍼센트대로 떨어졌다. 중국도 경기 둔화가 지속되어 성장
률이 7퍼센트 초반으로 하락하였다. 유럽은 유로화의 영향으로 저성장
과 높은 실업률이 계속되어 재정적자-저성장의 악순환이 이어지고 있
다. 세계 경기의 정체에 따라 유가 등락은 지속하고 달러화의 가치 하락
에 따른 국제 원자재 가격의 상승과 원화 환율의 절상이 이어질 것으
로 보인다.

우리 경제는 수출과 설비 투자 증가율이 최근 현저하게 떨어지는
상황이다. 매년 경제 성장률은 2~3퍼센트대다. 1년에 배출되는 노동

인구를 흡수하기 위해서는 통상 6퍼센트 이상의 경제 성장을 해야 한다고 전문자는 말한다. 3퍼센트대 성장이 이어진다면, 청년 실업은 더욱 심각해지며 중산층이 갈수록 줄어들게 될 것이다.

정부의 경기 부양책에도 기업에 대한 국민의 인식 악화와 빈부 격차의 심화는 막을 수 없다. 결국 대기업 규제와 중소기업과의 동반 성장을 위한 정책들이 확대되고 복지 확대를 위한 증세가 피할 수 없는 대세를 이룬다. 이런 상황에서 기업들은 투자와 공격 경영보다는 안정을 추구할 것이다. 여기에 매년 정치적 갈등과 국내 경기 저성장이 더욱 깊어지면 기업 대부분은 생존이 급선무가 된다.

어려움 속의 기업 HR 전략

저성장이 지속되고 어려움이 가중되면 대부분 기업의 키워드는 안정과 내부 역량 강화가 된다. 안정을 취하는 기업의 HR 전략이 공격적일 수는 없다. 따라서 기존 HR 제도와 실행을 재검토하고 가치가 낮은 제도는 실행을 중지하고 선택과 집중의 논리로 효율화에 집중하게 된다. 이러한 효율화에도 단계가 있다.

1단계는 비용 효율화다. 흔히 이야기하는 비용 줄이기다. 전기 절약, 이면지 사용, 개인 컵 사용, 회식 중단 등 전반적인 사무 효율화가 이루어진다. 이에 따른 구성원들의 불편과 사기 저하는 큰 고려 사항이 되지 못한다.

2단계는 더 본격적인 절감 운동이다. 꼭 필요한 일이 아니면 연기 또는 폐지된다. 우선, 교육 경비가 대폭 줄어든다. 해외 연수, 교환 근무, 장기 연수 등이 연기되거나 폐지된다. 승격자 교육이나 계층별 교육이 연기되며 외국어 교육 등 자기계발 지원은 소리 없이 사라진다. 채용 인력의 감소로 채용 경비가 급감한다. 회사는 노사 상생과 고통 분담을 이야기하며 복리후생 비용을 대폭 줄인다. 심한 경우 식사 단가와 교통비 지원까지 줄이기도 한다.

3단계는 이른바 구조조정이다. 조직 개편이 일어나며 일정 기준에 따라 구조조정이 감행된다. 사업부가 폐지되거나 통폐합된다. 몇 세 이상은 전원 구조조정 대상이라는 흉흉한 소문이 사내에 떠돈다. 실제로 목표 인원을 정하고 구조조정을 한다. 소수의 희생을 통해 회사의 현재와 미래를 기약한다는 명분으로 인건비 절감을 통한 생존을 꾀하는 것이다.

이러한 축소 지향의 HR 전략은 어쩔 수 없는 일이라고 하지만, 구성원에게 심각한 불신과 사기 저하를 초래한다. 절감 운동은 비용의 절감 그 이상으로 구성원의 의욕 저하를 낳아 회생 불가능한 상황을 초래할 수도 있다. 전체에게 영향을 미치는 복리후생과 식사 등의 제한은 효과에 비해 폐해가 심각하다. 한번 상처를 입은 사람의 마음을 치유하고 바람직한 방향으로 이끌기 위해서는 많은 비용과 노력이 필요하므로 HR 전략은 신중하게 실행해야 한다.

사업 전략과 일치하는 **HR 전략 시행**

저성장 상황에서의 HR 전략은 현장 조직장을 통해 사업 전략과 철저히 궤를 맞추어야 한다. 전략 부서에서 결정한 회사의 방침을 철저히 지원하며 나아가 선도하는 HR이 되어야 한다. HR은 핵심 직무에 근무하는 사람들의 기를 살려줘야 하며 가장 소중한 조직장의 열정을 이끌어내야 한다. 어려운 시기에 회사를 강하게 이끄는 원동력은 사람이며 구성원의 핵심은 조직장이기 때문이다.

조직장의 역할, 결정, 실행은 어려움을 극복하고 성과를 낳는다. 이를 위해서는 사고의 전환이 요구된다. 역발상 인사가 성과를 창출할 수 있는 절호의 기회가 될 수 있다. 외부로부터 역량 있는 조직장과 직무 담당자를 선발할 수 있으며 제도 개혁을 추진할 수 있다. 사업의 비전과 전략 방향에 따라 기존에는 할 수 없는 일들을 과감히 밀어붙일 수 있다. 이는 조직장이 깨어 있어야 가능한 일이다.

위축되어서는 성장할 수 없다. 구성원 간에 "튀면 안 된다. 가만히 있는 것이 최선이다." "지금은 안정의 시기다. 새로운 도전이나 창의적 발상보다는 기존의 일에 대한 안정적 관리가 더 중요하다." "누군가는 구제해주겠지. 기다리는 것 이외에는 대안이 없다." 등 부정적이고 안일한 대화가 떠돌아서는 저성장 장벽을 뚫고 나갈 수 없다. 부단히 세계 1위 기업과 비교하며 지속적으로 성장하는 사업을 이끌어야만 한다. 그 핵심에는 사업의 본질을 파악하고 길게 멀리 보며 구성원을 자극하는 조직장이 있다.

바람직한 조직 문화의 정착

조직의 성과는 결국 사람이 만든다. 어떻게 하면 임직원이 좀 더 도전적 목표를 수립하고 철저한 목표 중심의 과정 관리를 통해 성과를 창출하도록 하느냐가 관건이다. 나는 운동 경기에서 기가 꺾인 선수들이 승리하는 것을 본 적이 없다. 행운마저도 움츠리고 겁먹은 사람을 피해 활기찬 사람에게 다가선다.

저성장기의 바람직한 조직 문화는 조직장이 중심이 되어 직원들의 기를 살려줘야 꽃핀다. 그런데 구성원의 기는 한순간의 노력으로 살아나지 않는다. 다음과 같은 차별화된 노력이 필요하다.

긍정의 비전을 심어주기

비전이란 무엇일까? 미국 FBI에 의해 사살된 오사마 빈 라덴이 이끌던 알 카에다를 추종하는 수많은 사람은 왜 목숨을 희생해가면서 투쟁하는 것일까? 그들의 마음에는 무엇이 들어 있으며 어떤 미래를 그리고 있을까?

비전은 미래 달성하고자 하는 모습을 함축적으로 표현한 것이다. 이는 조직장의 꿈이며 의지다. 비전은 조직의 바람직한 모습을 어떻게 담고 있는지, 조직장이 얼마나 간절하게 꿈꾸고 있는지에 따라 놀라운 힘을 발휘한다. 구성원들은 이것을 실천하기 위해 목숨까지 바치기도 한다.

지금은 광활한 사막이지만, 바라보는 사람에 따라 불이 꺼지지 않는 도시로 변할 수도 있고 그냥 사막으로 남을 수도 있다. 꿈꾸는 사람의 확신과 강한 믿음에 따라 그 미래 모습은 달라진다. 연세대학교 정동일 교수는 "진정한 리더십은 조직의 미래에 대한 꿈을 꾸고 이를 통해 만들어진 비전을 어떻게 부하들과 공유하고 이룰 것인가를 고민하는 과정에서 만들어진다. 꿈꾸지 않는 리더는 리더로서의 존재 가치가 없다. 꿈은 CEO가 된 후에 꾸는 것이 아니라 CEO가 되기 위해서 꾸어야 한다"고 강조한다.

침체의 시기에 조직장은 가라앉는 구성원의 사기를 비전으로 활활 불타게 해야 한다. 한 사람 한 사람에게 비전을 심어주어 그들이 신명

나는 꿈을 갖도록 해야 한다.

일관성 있는 지속적 소통

직원들이 가장 신뢰하는 상사는 업무 지시와 평가를 일관성 있게 실천하는 사람일 것이다. 방송 프로그램 시작과 동시에 엄청난 관심을 모았던 「나는 가수다」는 7위를 한 가수가 떠난다는 원칙이 깨지면서 시청자들로부터 많은 비난을 받고 담당 PD도 교체되었다. 반면, 「1박 2일」은 PD가 일관성 있게 원칙을 준수하여 독특하고 다양한 성격을 지닌 출연진을 하나로 묶는 데 성공했으며 시청자들의 마음도 사로잡을 수 있었다.

조직장은 조직을 이끌어가는 원칙(핵심 가치)을 정해 구성원과 지속적으로 공유해야 한다. 조직장의 생각과 행동이 구성원에게 전달되고 이것이 내재화될 때 비로소 업무에서 실천된다.

인생을 살면서 힘들 때 어떻게 극복했는가를 떠올려보라. 『주역』에는 "궁하면 변하고 변하면 통한다窮卽變 變卽通"고 했다. 조직장은 산이 막히면 길을 뚫고 바다가 있으면 뗏목을 만들어 건너며 역경을 이겨내는 사람이 되어야 한다. 구성원들에게 저분이라면 항상 이겨낼 수 있으리라는 인식이 깊게 자리 잡아야 한다.

평가도 마찬가지다. 상황에 따라 원칙이 변하면 구성원들이 신뢰하지 않는다. 상황을 만들고 그에 편승하려고 한다. 원칙을 정하고 공유하고 지속해서 밀어붙이면 일관성의 힘이 발동한다. 구성원들이 불필요한 생각을 하지 않는다.

조직장은 자신이 정한 원칙에 대해 시간 날 때마다 소통해야 한다. 원칙이 벽에 걸린 액자 속에서만 존재하면 안 된다. 구성원이 알지 못하거나 알면서도 실천하지 않으면 아무 소용없다. 원칙을 구성원에게 정확하게 설명하고 공유하여 실천하게 해야 한다. 실천을 통해 성과가 창출되도록 살피고 발 빠르게 조치해야 한다.

조직장이 구성원의 마음속에 들어가 고통을 헤아리고 이야기를 할 때 구성원들은 감동하고 기뻐한다. 지속적 소통의 근원에 구성원을 향한 관심과 배려가 있어야 한다.

성과를 중심으로 한 역량 개발

일하기 좋은 기업에 포함된 회사의 공통점은 성과가 높다는 것이다. 일하기 좋기에 성과가 좋은 것인지, 성과가 높아서 일하기 좋은 것인지 판단하기 어렵다. 어쨌든 전반적인 성과가 동종 기업에 비해 높다. 특히 구성원들의 회사와 직무 만족도가 매우 높다.

좋은 성과를 내기 위해서 조직장은 직원의 역량 개발과 성공에 관심을 두고 개발시켜줘야 한다. 운동선수가 한여름 운동장을 뛰어야지, 감독이 뜨거운 태양 아래 뛰어다녀서는 성과가 나지 않는다. 조직장의 성공은 직원들의 역량과 노력의 결과라는 인식으로 그들을 개발해야 한다. 모든 사람을 다 키우겠다는 욕심을 버리고 성과를 낼 수 있는 사람과 성과를 내고 있는 사람에게 더 집중해야 한다.

직원의 역량을 개발하기 위해 조직장은 적어도 네 가지 실천이 필요하다.

첫째, 직원 한 사람 한 사람의 강점, 보완점, 미래의 모습과 현재 역량의 갭을 분명히 알고 있어야 한다.

둘째, 직원의 단점을 고치기보다는 강점을 강화시켜 나가는 방안이 더 효과적이다. "너의 단점이 이것이니 이렇게 고치라"고 말하기보다는 "너는 이것을 잘하므로 이 프로젝트는 너를 더욱 강하게 할 것"
이라며 도전 과제를 주는 게 바람직하다.

셋째, 일반적인 이야기를 해주는 것이 아니라 구체적인 업무를 통해 성과를 내게 해야 한다. 어려운 시기에는 자기계발보다는 성과를 창출할 수 있는 과업을 통해 성취감을 맛보게 해야 한다.

넷째, 자신이 하는 일이 회사와 직무에 어떤 영향을 미치며 그 성과가 조직의 이익에 얼마나 공헌하고 있는지 명확하게 알려줘야 한다. 일을 통해 얻고자 하는 바가 무엇이며 성과가 무엇인가를 알고 일하는 사람이 바로 프로다.

저성장기 조직 문화를 이끄는 조직장은 직원들에게 긍정의 영향력을 발휘해야 한다. 절대 움츠리지 않도록 그들의 생각과 행동을 바꾸는 노력을 기울여야 한다. 현재의 어려움보다는 미래에 대한 꿈을 제시하고 열정과 일관성을 갖고 소통해야 한다. 회사의 성과는 구성원의 역량에 있음을 자각하여 직원의 역량 개발을 통해 더욱 좋은 시기로 도약할 힘을 비축해야 한다. 그렇지 못한 조직장은 퇴출 1순위다.

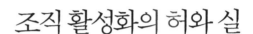

04

조직 활성화의 허와 실

당신이 원하는 **조직은?**

●   한 회사에 비상사태가 벌어졌다.
전국적 파업으로 차량도 없고 도로마저 차단되어 생산 제품을 고객
회사에 전달할 수 없게 되었다. 영업을 담당하는 오 대리는 이때 자신
의 승용차로 나흘 동안 거의 잠을 못 자가며 제품을 운반해 담당 기업
이 정상 가동하게 하였다. 같은 팀원들 모두 마찬가지였다. 폭우 속에
서도 새벽 4시에 직접 운송에 나섰다. 피로가 밀려와도 참아내며 주
문을 또 확인하고 운반하였다.

한 중견 기업의 회의실에는 정적이 흐르고 아이디어는 없다. 모두
가 고개를 숙이고 '하라면 하는' 체념한 모습으로 회의에 임한다. 이
들에게 '성장'이나 '발전'이란 단어는 이미 오래전 이야기다. 그저 어
떤 좋은 일이 생길 때까지 넋두리나 하면서 기다리는 듯하다. 활력이
라고는 찾아볼 수 없다.

당신은 두 조직 중 어느 조직에서 일하고 싶은가? 그렇다면 무엇이 두 조직의 구성원을 이렇게 만들었을까?

왜 조직 활성화인가?

2008년 말 미국의 서브프라임 모기지 사태 이후 세계로 번진 금융 위기는 우리 기업에도 큰 영향을 끼쳤다. 많은 기업이 사업 전략을 수정했다. 무엇보다도 코스트 경쟁력이란 명목으로 경비 절감에 들어갔다. 급여 반납과 복리후생 축소가 감행되었고 필수 불가결한 예산 외에는 사용이 엄격히 제한되었다. 조직과 개인이 위축될 수밖에 없었다. 한계 기업의 도산이 뒤따르고 구조조정이 회자되며 구성원의 회사에 대한 로열티와 직무 몰입에도 악영향을 미쳤다.

따지고 보면 한국 기업들이 1997년 IMF 외환위기와 2008년 금융 위기를 슬기롭게 넘긴 것은 회사가 노력하고 구성원이 희생한 결과다. 이를 바탕으로 저성장 시기에도 계속 도전에 나설 수 있게 되었다. 대기업을 중심으로 도전 경영, 공격 경영, 창의 경영을 부르짖는 목소리가 있다. 앞을 향해 미래를 향해 나아가라고 말한다. 이 기회를 발판으로 지속적 성장을 하자고 외친다.

그런데 고려할 점이 하나 있다. 꿈을 잃은 사람에게서 열정을 찾기는 어렵다는 것이다. 마음이 떠난 사람에게 과거 잘한 점을 인정하고 칭찬하며 함께 가자고 해도 떠난 마음이 돌아와 동참하지는 않는다. 그러므로 어려웠던 시절에 동참한 구성원의 마음을 달래는 작업이 선행되어야 한다. 기업 경영은 결국 사람 경영이다. 이 사람이 '자발적으로 재미를 느끼며 성과를 추구'할 수 있는 마음을 심어주어야 한다.

꿈과 열정이 살아 숨 쉬도록 이끌어야 한다.

어느 기업은 어려울 때 구성원에게서 자진 반납받은 부분을 회복되었을 때 이자까지 계산하여 돌려주었다고 한다. 결국은 신뢰다. '회사가 우리를 믿고 있구나'와 '회사가 무슨 생각을 하는 거야?'는 큰 차이다. 조직 활성화는 이렇듯 신뢰가 기반이 되어 구성원에게 꿈과 열정을 이끄는 행동을 불러일으켜야 한다.

CEO가 원하는 조직 활성화

1990년대에 접어들면서 '신바람' '한마음 되기 운동' 등 팀 빌딩 차원의 많은 조직 활성화 프로그램이 추진되었다. 산행, 게임, 단체 극기훈련 등을 통해 조직 구성원들이 업무에서 벗어나 스킨십을 느끼며 하나 되는 시간을 즐겼다.

그런데 분명한 것은 그 어떠한 조직 활성화 프로그램도 성과와 무관하게 진행되어서는 안 된다는 사실이다. 놀고 즐기며 한순간 기쁨으로 그친다면 이는 회식이 연장된 형태일 뿐이다. 진정한 조직 활성화가 아니다. CEO가 원하는 조직 활성화의 내용은 무엇일까? 당신은 조직 활성화에 대한 다음 기본 질문에 어떻게 답할 것인가?

- 조직 활성화가 왜 필요한가(명확한 문제의식이 있는가)?
- CEO가 조직 활성화를 통해 얻고자 하는 것은 무엇인가?
- 조직 활성화를 담당하는 조직과 담당자의 역할은 무엇인가?
- 조직 활성화의 성과 평가 지표는 있는가?

조직 활성화는 한순간에 이루어지지 않는다. 술 한잔 나누고 노래 한 곡 함께 불렀다고 조직이 활성화되는 일은 없다. 만약 그것을 바란다면 조직 활성화가 팀 단합 프로그램으로 전락할 가능성이 크다. 한 조직이 있다. 팀장이 팀 조직 활성화를 위해 매일 팀원들과 저녁 식사를 한다. 물론 각자 소주 한 병은 기본이다. 시간이 되면 2차도 간다. 팀장 본인은 조직을 활성화하기 위해 노력하고 있다고 생각한다.

이와는 다른 조직이 있다. 그 조직에는 되고 싶은 비전이 있다. 이러한 모습과 비전을 달성하기 위해 지금 어떤 이슈가 있으며 어떠한 로드맵으로 1년 동안 이끌어갈 것인가에 대한 방안들이 모색되어 추진되고 있다. 거기에는 조직의 바람직한 모습이 살아 숨 쉰다. 요컨대 CEO가 만들고 싶어 하는 조직 활성화의 궁극적인 모습과 방향은 성과 창출이다. 이를 위해 다음 네 가지를 실행해야 한다.

첫째, 방향이나 전략과 추진하는 프로세스가 명확해야 한다. 둘째, 조직 활성화를 단기성이 아닌 장기 프로젝트로 지속하기 위해 시스템화해야 한다. 셋째, 조직 활성화 프로그램을 통해 현장 각 단위 조직의 과제가 해결되어야 한다. 넷째, 조직 활성화 성과가 지표 또는 평가로서 매년 가시적 보고가 이루어져야 한다.

조직 활성화 추진

조직 활성화는 어느 한 부서가 담당할 사항이 아니다. 조직이 활성화되기 위해서는 CEO의 관심과 참여, 현업 조직장의 실행, 구성원의 의지가 필요하다. 또한 이를 추진하는 전담 조직원의 전략과 열정이 성공의 관건이 된다.

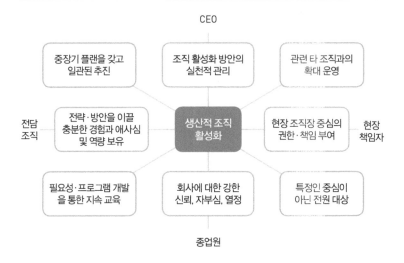

조직 활성화 프로그램은 회사가 구성원에게 그때그때 상황에 따라 제공하거나 조정해주는 시혜성 제도가 되어서는 안 된다. 그런 식으로 운영되면 구성원 사이에는 '주어졌을 때 빨리 혜택을 보아야 하므로 일단 쓰자'는 의식이 생긴다. 만약 이렇게 된다면 조직 활성화에 대한 투자가 오히려 개인과 조직의 화합을 저해하는 비용으로 전락한다.

성과 지향적이며 성공하는 조직 활성화 프로그램은 장기적 관점의 시스템으로 전 임직원에게 인식되어야 한다. 이를 위해서는 각 회사 특성에 맞는 고유의 프로그램을 보유해야 한다. 내가 권하는 가장 바람직한 추진 방안은 다음과 같다.

- 매년 초 조직의 이슈 선정
- 이슈 해결을 위한 워크숍 실시
- 연간 실천 계획 수립

- 추진 담당자 선정
- 사무국의 평가와 피드백

조직 활성화가 구성원에게 비전과 열정을 주는 시스템으로 작용해 조직은 과제를 해결하고 회사는 성과를 창출할 수 있도록 운영되어야 한다. 이를 자사 업의 특성, 회사 제도, 구성원 인식에 맞도록 잘 추진하는 방법이 최선책이다.

단위 조직 병폐

문제의 **명확한 인식**

조직 침체 원인을 모르는 정 팀장

오후 5시에 김 과장이 머뭇거리며 정 팀장에게 다가와 "팀장님, 조용히 말씀드릴 사항이 있습니다." 하고 말을 건넨다. 그들은 자리를 회의실로 옮겼다. 정 팀장이 무슨 안 좋은 일이 있느냐고 물으니 김 과장은 "아니, 그것이 아니라 사직하려고 합니다"라고 대답했다. "어디 갈 곳은 정했나요? 사직 이유는 무엇인가요?"라고 정 팀장이 되묻자 김 과장은 망설이다가 조직 분위기가 싫어 나간다는 이야기를 남겼다. 구체적인 이야기는 하기 싫다고 했다. 갈 곳을 아직 정하지는 않았지만 새로운 직장은 이곳보다는 더 일할 맛 날 것이라 덧붙였다. 정 팀장은 자신이 팀원일 때보다 더 많은 면담을 하며 인간적으로도 잘해줬다고 생각했는데 조직 분위기가 나빠 퇴직하겠다는 김 과장을 이해할 수가 없었다.

정 팀장은 김 과장이 퇴직한 후 일주일 동안 팀원들이 일하는 모습을 지켜보았다. 큰 변화는 없었다. 모두 각자 일을 진행했고 모니터를 바라보며 열중하는 모습이었다. 때때로 소곤대는 소리가 들렸고, 김 과장의 퇴직에 큰 동요는 없는 듯했다.

그리고 어느 정도 시간이 흘렀다. 연말 평가 때 팀원 대부분이 다른 부서에서 근무하고 싶다는 의견을 내놓았다. 정 팀장은 고민스러웠다. '왜 이들은 이 부서를 떠나려 할까? 나는 인간적으로 대해주고 있는데…….' 정 팀장은 상담을 위해 선배인 조직문화팀장에게 전화를 걸었다.

야근 없는 일터를 만든 심 과장

심 과장은 본부의 많은 선후배가 매일 야근하는 모습이 신기하기만 했다. 오후 6시 반이 되면 삼삼오오 식사하러 나간다. 그리고 다시 돌아와 대부분 9시까지 일하고 퇴근한다. 저녁 시간에는 자기계발을 해야 한다는 생각인 심 과장으로서는 곤혹스럽기만 했다. 매일 먼저 나가려니 왠지 미안했고 혹시 평가에 영향을 받지 않을까 하는 불안감도 들었다.

그러다 후배와 점심을 하면서 야근 때문에 스트레스가 많다는 하소연을 들었다. 굳이 야근할 이유가 없는데 모두 다 남아 있으니 자신도 남을 수밖에 없다고 했다. 저녁을 먹으며 여러 정보가 공유되므로 저녁 식사 자리에 빠지면 외톨이가 된다고도 했다. 심 과장은 어쩔 수 없는 상황이 아니면 정시에 퇴근하는 문화를 구축해보자고 결심했다. 본인의 업무는 아니지만, 사흘간 이 사람 저 사람을 만나 의견을 묻고 아이디어를 정리하여 팀장에게 방안을 제시하고 실행하였다. 그 후 열흘도 되지 않아 야근하는 사람은 한 명도 없게 되었다.

조직 병폐 해결은 **현상의 정확한 진단으로부터**

단위 조직의 병폐를 해결하기 위해서는 먼저 현상을 정확하게 진단해야 한다. 현상을 진단하는 방법은 크게 서베이를 하는 방법과 인터뷰를 하는 방법이 있다. 조직 문화 진단과 같은 서베이를 하면, 종합적인 조직의 문제점을 살필 수 있다. 이러한 서베이를 통해 개략적인 과제를 도출하고 이 과제들에 대한 개별 인터뷰를 통해 개선 과제를 선정한다.

단위 조직 병폐 개선 프로세스

현상 진단	문제 명확화	솔루션 개발	솔루션 실행	결과 리뷰
서베이, 인터뷰	개선 이슈 선정	실천 계획 수립	실천 계획 실행	실행 결과 평가

단위 조직 진단은 **성과 중심으로**

성과 중심의 단위 조직 진단은 장기적 관점의 시스템으로 전 임직원들이 같은 의식을 갖고 시행해야 한다. 진단할 때 구성원 간 관대화 현상이 나타나면 응답 결과가 나타내는 의미가 사라진다. 예를 들어 부서장의 권위 의식이 극에 달한 어느 단위 조직의 진단 설문은 긍정 응답률이 5점 만점에 5점인 경우도 있었다. 어느 단위 조직은 타 부서와의 비교 우위만을 목표로 삼은 것처럼 보였다. 경쟁 조직보다 어느 항목이 높고 어느 항목이 낮은지만 관심을 두었다. 이와 같은 진단은 의미가 없다. 성과 중심의 단위 조직이 되기 위해서는 구성원이 내 조직의 발전을 위한다는 생각으로 냉정하게 진단에 임해야 한다. 진단을 추진하는 조직도 3개년 추이와 직위별 분석 등을 통해 경쟁이나 비교가 아닌 단위 조직의 성과 향상을 목적으로 진단해야 한다. 또한 각 회사의 특성에 맞는 회사만의 프로그램을 개발하여 이를 토대로 지속적으로 실행해나가야 한다.

이러한 조직 활성화를 통해 단위 조직이 오랜 문제를 해결하고 궁극적으로 회사가 성과를 창출하는 결과가 나타나야 한다.

커뮤니케이션 활성화

커뮤니케이션 **장애 사례**

위로부터의 지시가 현장으로 전달되지 않는 경우

"왜 내 이야기가 밑에까지 전달되지 않는 거야?"

얼굴이 붉어진 사장이 사무실에 들어와 급히 경영전략본부장을 찾는다. 잠시 외출 중이라고 하니 "아니, 어떻게 연락을 했기에 지난주 그렇게 강조한 A 이슈에 대해 현장은 모르고 있지? 그 문제의 심각성에 대해 너무 경시하는 것 아냐?" 하고 목소리를 높였다. 본부장이 부랴부랴 사무실로 들어와 수첩을 들고 사장실로 들어갔다. 사장실에서는 1시간 내내 고함이 이어졌고 고개를 숙인 본부장이 나와서 자기 자리에 앉았다.

옆에서 "사장님 화 많이 나셨는데 어떻게 할까요?" 하고 조심스럽게 물어보았다. 본부장은 "부서 메모로 될 일이 아니다. 모든 팀장을 내일 아침까지 본사 대회의실에 모이게 하라"고 지시하고는 자리를 떠났다.

다음 날 아침 영문도 모르고 모든 팀장이 회의실에 모였다. 평소 없던 일이었기에 약간은 긴장감이 돌았다. 본부장은 사장 지시 사항을 전하며 소통의 중요성을 강조했다. 본부장은 회의실을 나가는 팀장들의 모습을 보면서 이번에도 아래로의 일방적 지시가 될 것 같다는 예감이 들었다. 위로부터 오는 지시는 이렇게 항상 일방적이었다.

흡연실에서 이루어지는 비공식 커뮤니케이션

인사실의 서 차장은 특별한 일이 없으면 10시 반, 점심 후, 오후 3시에 습관적으로 10층 흡연실로 향한다. 다행스럽게 금연 빌딩이 아니어서 10층에 환풍기가 달린 흡연실이 있고, 그곳은 음료수도 무료다. 피곤할 때 한 대 피우는 기분은 그 무엇과 비교할 수가 없다. 사무실에서 자유롭게 담배를 피우는 분위기가 아니다 보니 이 시간은 쌓인 스트레스를 한 모금의 담배 연기에 날려보낼 수 있는 귀한 시간이다.

이 시간에는 정기 참여 멤버가 있다. 전략실 이 차장, 재무실 김 대리, 영업기획실 홍 대리 그리고 사업추진실 황 과장, 이른바 흡연 5인방이다. 모든 정보는 이 5명만 모이면 완성된다. 이번 승진 심사에 누가 가장 유력하고 상반기 성과금은 몇 퍼센트라는 이야기가 자연스럽게 흘러나온다. 각 본부와 실의 정보들이 이곳에서 취합되고 확산된다. 오죽하면 인사 기밀 사항들이 이곳을 거치는 순간 실제 작업하는 부서보다 정확하다는 평이 있을 정도다. 직원들은 10층 흡연실이 정보의 산실이라고 한다.

커뮤니케이션이 사라진 회사

이 사장은 강압적이고 권위주의적인 스타일 때문에 회사 내에서 '이틀러'라고 불린다. 그는 매일 각 부서를 돌면서 3개 이상 정보를 모으고 이것으로 회의를 시작한다. 만약 그 부서에 관한 정보 중 부정적 내용이 있다면 그날 해당 부서는 몹시 피곤해진다. 그래서 혹시 부정적인 내용이 이 사장에게 전달될까 조심하는 분위기가 형성되었다.

조직이 이렇게 흘러가자 각 부서에서는 부정적인 이야기를 아예 꺼내지 않게 되었다. 둘 이상이 모여 나눈 대화가 와전되어 이 사장에게 흘러갈지 모른다는 걱정에 만나는 횟수도 눈에 띄게 줄었다. 그러다 보니 지시와 순종만 있고 건의나 불만은 존재하지 않게 되었다. 이 모두 이틀러가 이루어낸 문화였다.

회사의 혈관인 **커뮤니케이션**

소통은 살아 있는 회사의 혈맥이다. 소통이 잘되는 기업은 생동감이 넘치지만, 소통이 막힌 회사는 시름시름 앓게 된다. 오죽하면 GE의 전 CEO 잭 웰치가 "커뮤니케이션은 개인과 기업에게 보이지 않는 엔진이며 비즈니스 전체를 꿰뚫는 신경망이다"라고 강조했겠는가. 한국 축구를 월드컵 4강에 올려놓은 히딩크 감독도 처음에는 선수들끼리 부르는 '형' '동생' 호칭에 대해 정감을 품었다고 한다. 하지만 이 호칭이 선수들 간의 엄격한 규율 문화로 자리 잡아 커뮤니케이션 장애를 일으키고 경기에 큰 악영향을 끼치고 있다고 판단한 후에는 즉각 호칭 사용을 금지했다.

원활한 커뮤니케이션은 효과가 크다. 첫째, 구성원에게 내가 존중받고 있다는 느낌이 들게 한다. 상사와 동료들이 나의 의견을 경청하고 나의 질문에 사려 깊은 대답을 해주고 있음을 실감할 때 일할 맛이 나지 않겠는가? 반면 내 이야기를 대충 듣거나 핵심을 벗어난 지시 일변도의 대화만 오가는 회사에서는 자신의 존재에 대해 고민하게 된다.

둘째, 상사에 대한 신뢰와 친밀감을 형성하게 된다. 나의 의견에 대해 자신의 입장을 이야기하며 모든 정보를 열어놓고 옳고 그름을 분명히 해주는 상사, 그뿐만 아니라 결정이 명확하고 간결한 상사라면 상사와의 대화가 어렵게 느껴지지 않을 것이다. 오히려 상사가 편안하게 느껴지면서 다가가고 싶어질 것이다.

셋째, 업무를 추진하는 사무실 분위기가 한결 활발해진다. 출근하여 퇴근할 때까지 한마디도 못 했다는 이야기는 사라진다. 출근하면서 먼저 와 있는 동료에게 먼저 인사하고, 업무에 방해되지 않는 범위에서 의견을 공유한다. 어려운 일이 있으면 자연스럽게 도움을 요청하고 번개 미팅과 같은 갑작스러운 미팅이 다양하게 추진된다.

또한 모든 정보와 자료가 팀의 정보망에 축적된다. 무엇보다 사람을 소중히 여기는 문화가 피부로 느껴진다. 이것이 누구나 바라는 꿈의 직장이다. 그러나 현실은 암담하다. 오늘도 CEO로부터 "왜 내 이야기가 저 밑까지 전달되지 않는 거냐?"는 핀잔과 소통 활성화 방안을 가지고 오라는 지시만 있을 뿐이다.

기업 커뮤니케이션의 유형

기업 커뮤니케이션 유형은 크게 상의하달, 수평적 커뮤니케이션, 하의상달 세 가지로 구분할 수 있다.

경영 현황·방침·정책
공유
'상의하달'

사내 정보 공유
활성화
'수평적'

구성원 의견
수렴·피드백
'하의상달'

오랜 역사와 전통을 가진 제조업의 경우, 상의하달은 나름대로 잘 진행된다. 경영층 대부분에게 사장님 지시 사항이라고 하면 그 자체가 큰 영향력을 발휘한다. 상의하달의 대표적 수단이 바로 사장 지시 사항이다. 매일매일 사장 지시 사항을 기록하고 점검해서 각 본부로 하달한다. 각 본부는 언제까지 누가 일을 추진할 것인가를 정해 보고한다. 당일 완료되지 않은 업무를 맨 처음 안건으로 올린다. 이러면 기일 안에 일이 처리될 수밖에 없다.

다른 형태는 경영 현황 설명회다. CEO가 직접 경영 현황과 자신의 생각을 간담회 형식으로 진행하며 전달한다. 회사에 따라서는 CEO가 직접 사내 방송이나 메일로 자신의 철학이나 회사가 나아갈 방향을 제시하곤 한다. 상의하달의 가장 영향력 있는 채널은 사내 방송이다. 한 예로 삼성그룹이 하나 됨에는 사내 방송의 힘이 크게 작용했다.

수평적 커뮤니케이션은 경영위원회, 인사위원회, 가격결정위원회, 생산 판매 회의 등 업무 관련자들이 모여 토론하며 업무와 관련된 수평적 의사 결정을 수행하는 것이다. 수평적 커뮤니케이션의 또 다른 수단은 팀장 회의, 팀차석 회의, 실장 미팅 등이다. 이는 동일 직책이나 직위에 있는 사람들이 상호 정보를 공유하는 장을 통해 열린 문화를 이끌어가는 형태다.

하의상달의 형태로는 주니어 보드(청년 중역, 영 보드 등) 제도, 나눔터(사내 신문고 등), 제안 제도, 계층별 간담회, 캔 미팅 등을 들 수가 있다. 이 중 많은 기업이 실행하고 있는 제도가 주니어 보드다. 주니어 보드는 입사 3~7년 차 주임부터 과장 초임까지를 대상으로 6개월 또는 1년의 기간을 정해 10명 내외 인원을 선정하여 별도 과업을 수행하게 하는 제도다.

이들에게는 일정 금액(월 10만~50만 원)을 회사에서 지원하고 경영 제언이나 현장의 정서를 정리하여 CEO에게 보고하게 한다. 대부분 업무와 병행해 운영하며 주말에 자율적으로 모임을 열며 활동을 추진한다. 회사에 따라 차이가 있지만 현대중공업 같은 경우, 이들을 조기 우수 인력으로 선정해 회사의 핵심 인재 풀로 관리하기도 한다.

그밖에 나눔터도 효과적으로 사용되는 방안이다. A회사가 대표적인데 나눔터는 익명으로 자신의 제언, 의견, 불만 사항을 등록하면 담당자가 이를 해당 부서에 전달하고 그 부서에서 전달받은 후 1주일 이내에 실명으로 대답하도록 한 제도다. 이 제도는 갈등을 풀고 열린 문화를 창출하려는 목적이다. 이런 하의상달 커뮤니케이션이 성과를 거두려면 자율을 지지하는 열린 분위기가 전제되어야 한다.

커뮤니케이션 성공 요인

지금까지 커뮤니케이션이 잘된다는 기업을 본 적이 없다. 사업 특성, 신구의 인식 차이, 커뮤니케이션 전담 조직의 부재, 채널의 비효율성, CEO의 의지, 중간 관리자의 왜곡, 구성원의 높은 기대 수준 등 그 원인은 이루 말할 수 없다. 이런 현실을 바탕으로 회사의 커뮤니케이션을 활성화를 위해 세 가지 제안을 한다.

첫째, 커뮤니케이션 단절의 핵심은 CEO에게 있다. 회사의 커뮤니케이션이 차단되었다고 느낀다면 분명 CEO에게 그 원인이 있다는 말이다. CEO가 자신의 주장만 내세우고 타인의 이야기를 경청하지 않는다면 경영층도 아랫사람에게 비슷한 양상을 보이게 된다. "내 말은 곧 법이니 무조건 따라라." "시키면 시키는 대로 해라." 등의 말이 조직에 난무한다. 이렇게 아랫사람이 토를 다는 것을 인정하지 않는다면 그 회사에는 예스맨만 존재하게 된다.

A회사는 CEO에게 경영 회의에서 무조건 듣기만 하다가 마지막에 결론만 이야기해달라고 요청했다. 경영 회의가 이런 방식으로 바뀌자 처음에는 어떤 임원도 입을 떼지 않았다. 취지를 설명하고 요청했지만 한동안은 아무 대화가 없었다. 그러나 한두 명씩 자신의 입장을 토로하자 토론이 되기 시작했다. 어떤 때에는 격렬하게 논쟁하기도 했다. CEO가 몇 번이고 말을 하려 하였지만, 그때마다 인사 담당 임원이 기회를 주지 않았다. 이런 경영 회의는 CEO만 바라보는 해바라기 문화가 열린 문화로 거듭나는 계기가 되었다.

둘째, 커뮤니케이션 전담 조직과 채널의 통폐합 추진이다. 커뮤니케이션의 중요성이 갈수록 증대되고 있다. 따라서 이제 외국처럼 커뮤니케이션을 전담하는 부서를 신설할 필요가 있다. 전 구성원뿐 아니라 외부에 회사의 철학이나 전략이 일관성 있고 통일되게 전달되어야 한다. 또한 전담 부서를 통해서 수많은 채널이 통폐합되어야 한다. 만약 커뮤니케이션 전담 부서가 없으면 그 기능들이 홍보, 인사, 경영 전략, 마케팅 등에 흩어져 무엇이 회사의 전략인지 혼란스럽게 된다. 커뮤니케이션 전담 부서의 주요 역할 중 하나는 회사의 입과 귀와 눈이 되어 회사의 흐름을 한 방향으로 가게 하는 것이다. 위기 시의 대응 관리 또한 중요한 역할이다.

셋째, 열린 소통의 문화를 이끌어가는 구성원의 노력이다. 회사는 많은 정보를 사내 인트라넷, 회의, 사내 소식지 등을 통해 구성원에게 제공한다. 하지만 구성원들은 "우리 회사의 소식을 신문을 통해 알아야 하느냐?"고 불만을 토로한다. 정작 본인이 회사 바로 알기 등의 노력을 하지 않으면서 왜 손으로 밥을 떠서 먹여주지 않느냐는 투정이다. 일정 부분 구성원의 노력도 필요하다. 물론 구성원이 자유스럽게 이야기할 수 있는 토론방, 흡연실, 회의실 등의 인프라 마련도 매우 도움이 된다. 그러나 궁극적으로는 사무실에서 부담 없이 이야기하며 자기 의견을 상사 눈치 보지 않고 주장할 수 있는 열린 소통의 문화 구축이 더 중요하다.

회의 문화 개선

망하는 기업은 **회의의 연속**

결론 없이 반복되는 회의

A회사 구 팀장의 마음은 급하다. 경쟁사가 기능을 완전히 바꾼 신제품을 개발하여 3개월 후 출시를 준비하고 있다는 정보를 습득했기 때문이다. 이 제품이 나오면 시장의 판도를 바꿀 수 있기에 사태가 중대하다. 구 팀장은 급히 본부장 회의를 요청했다. 본부장들은 갑자기 소집되는 회의에 불만이 많은 듯 꾸물거리는 바람에 회의는 정시보다 10여 분 늦게 시작되었다. 이제 구 팀장의 고민은 3개월 후 출시되는 경쟁사의 제품이 아니었다. 의사 결정을 해야 하는데 의견만 분분할 뿐 결론이 나지 않았다. 이대로 가다간 시장을 잃어버리지 않을지가 염려스러울 정도였다.

회의가 시작되자 영업본부장이 간략하게 소집 이유를 이야기한 후 구 팀장이 이것이 회사에 미치는 영향과 앞으로의 대책에 대한 안을 제시하였다. 사안의 심각성을 알고 있는 듯 아무도 이야기를 하지 않고 침묵이 흘렀다. 구 팀장은 3개 안을 제시했다. 1안은 기존 기능을 더 강화한 신제품을 개발하는 내용이었다. 2안은 경쟁사보다 5개월 늦겠지만 비슷한 유형의 신제품을 개발하는 안이었다. 3안은 국내 시장은 이미 포화 상태니 기존 제품을 해외 시장으로 확대 판매하자는 내용이었다.

2~3분이 흐른 후, R&D본부장이 신기능의 제품 개발은 차별성 부각이 어렵고 후발 기업의 불리함이 있다는 이유로 난색을 보였다. 해외본부장도 지속적으로 해외 시장을 개척하겠지만, 지금 당장 해외 시장을 확대하는 건 어렵다는 입장이었다. 비용 문제가 거론되고 "경쟁사가 이런 연구를 하는 동안 무엇을 하고 있었느냐?"는 질책성 질문이 쏟아졌다. 30여 분의 시간이 흐른 후, CEO가 "급한 약속이 있으니 본부장들이 의사 결정하고 최종 결과를 알려달라"는 말을 남기고 자리를 떠났다.

본부장들을 이런저런 이야기를 하다가 각자 안을 마련하여 다시 모이자고 하며 회의를 마쳤다. 본부장들은 각각의 사업본부별로 팀장들을 모아 회의를 하자고 했다. 그런데 팀장들은 주제를 모르는 상태에서 참석하여 본부장의 이야기만 듣고는 의견을 낼 수가 없었다. 그래서 본부장은 기획팀장에게 안을 정리해 오라고 했다. 여러 본부의 사정이 모두 이런 식이었다.

매일 회의를 하고 대안을 만들고 수정을 계속한다. 월요일 경영 회의, 화요일 팀 회의, 수요일 본부장 회의, 목요일 팀장 회의, 금요일 주간 회의로 매일 회의다. 사이사이 원가 대책 회의, 안전 회의, 생산 판매 회의, 가격 결정 회의, 인사 회의 등이 열린다. 팀장과 본부장의 일과는 전부 회의의 연속이다.

다음 주 월요일 경영 회의에서 각 본부에서 가져온 안들이 발표되었지만, 전사적 입장보다는 각 본부의 의견만 있을 뿐이었다. 한 달이 지났지만, 회의만 수없이 열렸을 뿐 결정은 나지 않았다. 심지어 이 사안은 우선순위에 밀려버렸다. 3개월 후 경쟁사는 신제품을 출시하면서 언론에 대대적으로 홍보했고 시장 반응도 뜨거웠다. 그러자 이 회사는 또 대책 회의를 열기 시작했다.

수고했다는 결론의 회의

한 과장은 갑자기 원가 절감 회의에 대신 참가하라는 팀장의 지시를 받고 급히 회의장으로 향했다. 각 본부에서 참석한 팀장과 차장들이 회사의 원가 절감 방안에 대해 의견을 나누자고 한다. 회의 자료도 없었고 브레인스토밍 방식이라고 한다. 아무도 입을 열지 않자 사회자가 돌아가며 자신의 이야기를 하자고 한다. 한 사람씩 전기 절약, 이면지 사용 등의 1차적 경비 절약을 이야기했다. 그러자 회의 주관 부서인 총무팀에서 이런 내용 말고 더 근본적인 경비 절약 방안을 이야기해달라고 요청했다. 또 아무 이야기가 없다. 그러다 1시간 가까이 원칙론적인 이야기가 오갔다. 각자 절약 방안을 마련하여 다음 주에 만나자는 말을 뒤로하고 회의가 끝났다.

한 과장은 팀장에게 "회의에 다녀왔다"고 보고했다. 그러자 팀장이 "수고했다"고 말했다. 무슨 내용이었고 어떤 결론이 났는지 묻지도 않았다. 한 과장이 거기서 어떤 기여를 했는지는 더더욱 관심이 없었다. 한 과장은 자신더러 왜 회의에 참석하라고 했는지 의문이 들었다. 오후 3시가 되자, 팀장이 한 과장에게 다시 사업부 팀장 회의에 자신 대신 참석하라고 했다. 매주 사업부 기획팀장들이 모여 정보를 나누는 회의였다. 한 과장은 2시간 동안 단 한마디도 하지 못했다. 회의 자리에서는 시시콜콜한 이야기가 오갔다. 그러다 "한 과장이 왔는데 함께 식사하자"는 말이 나왔다. 모두 좋다고 하며 6시에 만나자는 결론을 내고 회의를 마쳤다. 사무실에 와서 팀장에게 다녀왔다고 하니 또 수고했다고 한다. 도대체 무엇을 수고했다는 말인지 의문이다.

한 과장은 자기 회사에서 열리는 회의에 대해 생각해보았다. 항상 3명 중 1명은 회의 중인 듯하다. 구성원 10명 중 9명은 회사에서 열리는 대부분의 회의가 시간 낭비라고 말하고 있다.

회의의 차이가 **회사의 차이**

망해가는 회사의 회의 문제점

- 회의 낭비가 많다. 참석자가 20명 이상이며 2시간 이상 회의한다.
- 논의는 많지만 결론을 내지 못한다.
- 결정했지만 누가 언제까지 실행하는지를 정하지 않는다.
- 참석자조차 자신이 왜 참석했는지 모른다.
- 사전 자료 배포도 없고 항상 예정 시간보다 늦게 시작한다.
- 불필요한 사람이 참석하는데 회의에 실무자를 대동한다.
- 불참자가 많다.
- 주관자만 이야기하고 참석자들은 침묵으로 일관한다.
- 진행자의 회의 진행 미숙으로 결론을 내지 못한다.
- 회의 중 한 이야기가 바로 회자되어 말한 사람을 난처하게 한다.

앞서 가는 기업의 회의 문화 비결

- 회의 자료는 1매로 요약한다.
- 최소 3시간 전 의제와 내용을 전달한다.
- 정시에 참석하고 정시에 시작한다.
- 종료 시간은 사전에 공표한다.
- 회의 코스트를 명시한다.
- 꼭 필요한 대상만 참여한다,
- 회의 시작 전 목적, 토의 내용, 바람직한 결과물을 설명한다.
- 회의 없는 날을 운용한다.
- 전원이 발언하며 상호 의견을 존중한다.
- 결론, 주관 부서, 향후 일정은 공유한다.

사실 이런 비결은 누구나 다 알고 있는 것이다. 중요한 것은 실천이다. 체크리스트로 만들어 회의가 끝난 다음에 그것을 점검하여 제출하도록 하면 매우 효과적이다. 이 체크리스트를 CEO가 참석하는 경영 회의부터 적용하여 시행하면 더 좋다. 곧 불필요한 회의가 사라지고 참석하지 않아도 될 사람이 시간을 뺏기는 일도 줄어들 것이다. 또한 회의에서 명확한 결론이 나며 생산성이 향상될 것이다.

세대 차이 극복을 위한
인식 전환과 조직 문화

한 지붕 3세대

기업 구성원을 크게 구분하면 경영진, 과장 이상의 관리자, 대리 이하의 사원의 셋으로 나뉜다. 오래된 기업일수록 이런 경향이 짙다. 경영진은 평균 50대, 관리자는 X세대, 대리 이하는 Y세대다.

경영진은 후진국 시절을 보냈다. 어릴 적 하루 세 끼를 다 먹은 사람이 그리 많지 않다. 교복을 입고 집안일을 도우며 학교 운동장에서 뛰어놀았다. 대가족에서 성장하여 개인보다는 가족의 개념이 강했다. 치열한 경쟁과 생존 의식이 강해 입사 때부터 철저하게 집단과 복종에 익숙하다. '한 번 회사는 영원한 회사이며 이곳에서 뼈를 묻는다'는 생각으로 일해왔다. 토요일 근무를 경험했고 1주일 근무 시간이 70시간을 넘는 것이 예사였다. 이들의 가치는 '근면과 성실'이다.

X세대인 과장 이상의 관리자들은 소득 수준 1만 달러 이상의 개발

도상국 세대다. 회사 일도 중요하게 여기지만 가족도 중요하게 생각한다. 어느 정도 외식도 즐기는 등 소비에 인색하지 않다. 그들은 대가족에서 급격하게 핵가족으로 전환되는 시기를 거쳤다. IMF와 금융위기를 겪긴 했지만, 전후 세대와 같은 위기의식은 없다. 고도성장은 아니지만 전반적으로 성장기의 기업 생활을 누렸다. 회사 내 문화는 선배와 상사의 영향으로 개인보다는 집단이 강조되었다. 또한 공채 중심에서 경력 채용의 비중이 느는 방식으로 바뀌었고 과·부제에서 팀제로 전환되고 성과주의 문화가 싹트면서 차별의 아픔을 맛보기도 했다. 토요 휴무제가 시행되었다. 이들의 가치는 '도전과 실행'이다.

Y세대인 대리 이하의 사원은 소득 2만 달러 이상의 상대적 풍족함을 누렸다. 핵가족의 영향 탓으로 자녀 수가 한두 명 수준이라 어릴 적부터 부모의 사랑을 독차지했다. 부족함이 없다 보니 가정에서부터 집단보다는 개인 중심의 사고가 굳어졌다. 자기주장이 강하며, 개인의 개성과 감성을 중시하는 반면 근면성과 강한 추진력은 부족하다. 주 40시간 근무를 당연하게 여기고 "열심히 일한 사람은 떠나라"는 카피를 설득력 있게 받아들인다. 주어진 연차를 모두 사용하는 이들의 가치는 '창의와 글로벌'이다.

이처럼 한 기업 한 사무실에 살아온 배경이 다른 3세대가 공존하고 있다. 같은 공간에서 같은 목적을 갖고 생활하고 있지만 가치관이다 다르다. 경영자는 어떻게 하면 직원들이 악착같이 실행하고 목표를 달성하여 성과를 높일 수 있을지를 고민한다. 사원들은 경영자의 잔소리를 들을 때마다 '똑같은 소리를 저렇게 반복하기도 쉽지 않을 것이다'라 생각하며 무시한다. 때로는 역량이 떨어지는 사람이 시대를 잘 만나서 저 자리에 있다고도 여긴다. 당연히 업무를 바라보며 일을 처리하는 방식도 다 다르다.

그렇다고 세대 간 단절과 불통을 내버려 두면 곤란하다. PC가 없던 시절에 신입 사원을 보낸 경영자가 신입 사원에게 "우리는 경영 계획과 중요한 보고서를 작성하기 위해 여관방에서 작업했다. 너희는 좋은 조건을 다 갖추고 있는데 이렇게밖에 일하지 못하니 한심하다"고 말한다면, 이 기업의 조직 문화는 최악이라고 보아야 한다.

후배의 **목소리**

Y세대가 생각하는 선배들의 병폐

A회사에서 'Y세대가 바라본 X세대 회사 생활의 병폐'를 조사해보았다. 조사는 병폐의 내용이 무엇이며 이에 대해 구성원들이 어느 정도 수긍하는지였다. 병폐의 내용은 업무, 관계, 조직 문화 등 다양하게 나왔다. 이런 병폐를 정리한 후 구성원 설문을 분석하여 긍정 응답률(5점 척도 중 4, 5를 체크한 비율)을 점검하는 방식을 취했다. 구성원이 절반 이상의 긍정 응답률을 보인 이슈를 순서대로 나열하면 다음과 같다.

- 팀 간 이기주의가 있다(66.1퍼센트).
- 성과·역량보다는 상사와 친한 사람이 인정받는다(64.5퍼센트).
- 보고 내용보다는 보고 장표에 더 신경을 쓴다(63.1퍼센트).
- 술자리에 의무적으로 참석해야 한다(58.6퍼센트).
- 말을 꺼낸 사람이 책임을 져야 한다(54.4퍼센트).
- 회사에서 나의 기여를 인정받지 못한다(51.5퍼센트).

그밖에 "리스크가 있는 업무를 회피하는 경향이 있다"나 "늦게까지 회사에 있어야 인정받는다"의 비중도 결코 낮은 수치는 아니었다. "인격을 모독하는 상사가 있다"나 "앞에서 한 말과 실제 행동이 다르다"는 의견도 있었다. 그리고 "자율적으로 일하고 싶으나 수동적으로 업무를 수행할 수밖에 없다"고 말하며 문화 개선을 요구하는 목소리도 존재했다.

또한 이 회사의 술 문화를 하나의 기준으로 삼아 업무 관행을 살필 수 있었다. 술에 대해 경영층, 관리자, 사원의 생각은 판이했다. 경영층은 술이 소통과 팀워크를 강화하는 데 도움이 된다고 생각하고 주량이 강한 사람이 회사 생활도 잘한다고 판단했다. 이들은 그날 당장 회식을 하자고 이야기한다. 구성원이 반대하더라도 "내가 오죽하면 오늘 하겠다고 하겠느냐?"며 회식을 강행한다. 빠져도 괜찮다고 하면서도 누가 불참했는지를 기억한다.

관리자들도 회식은 필요하다고 생각하는데 그들은 경영층과는 달리 최소 1주 이전에 약속을 정한다. 술잔을 돌리거나 2차까지 가는 것을 꺼린다. 가끔 2차 노래방 정도는 간다. 대리 이하는 친한 사람 몇몇이 술 마시는 것을 좋아하며 회식은 연극이나 영화 관람 등 다양한 형태가 좋다고 생각한다.

Y세대가 바라보는 기업 임원의 모습

나는 조직 구성원들이 느끼는 우리 회사 임원의 모습(바람직한 모습과 개선이 필요한 모습 등)을 객관적으로 파악하여 그 결과를 경영층에게 피드백함으로써 변화의 동기를 부여하고 방향을 모색하는 데 도움을 주고자 인터뷰를 해보았다. Y세대가 임원에게 바라는 목소리를 그대로 옮기면 다음과 같다.

- 최고경영층에게 본인의 소신 있는 모습을 보여주시기 바랍니다. 회장님 앞에서 자유롭게 발언하시고 윗사람을 너무 두려워하지 마세요.
- 최고경영층이 지시한 것을 법으로 알고 그 한 마디 한 마디에 너무 흔들립니다. 방향성을 잡기 위한 고민을 더 많이 해야 합니다. 직원들의 의견도 충분히 반영될 수 있도록 해주십시오.
- 팀원이 자신의 역할에 중요성을 느낄 수 있게 해줘야 합니다. 너무 쉬운 해결책만 찾지 마시기 바랍니다. 커뮤니케이션 문제가 술자리로 해결되는 것은 아닙니다.
- 내가 있는 위치에 맞게 행동하고 사고하는지에 대한 성찰이 정기적으로 이루어져야 합니다. 기본적인 리더십 항목을 스스로 평가해서 개선할 수 있는 시간을 갖고 본인 위치에 대해 고민하시기 바랍니다.
- 상사의 생각에 맞추는 것보다 회사의 이익을 위해 고민하는 임원이 되어야 합니다.
- 자기계발이 팀원에게만 해당하는 것은 아닙니다. 경쟁력 있는 임원을 모시고 싶습니다.
- 상사보다 부문원을 더 보살피고 목소리에 귀 기울여주시기 바랍니다. 그것이 회사를 위한 길입니다.
- 너무 눈앞의 자기 성과에 매달리지 말고 회사의 미래를 보시기 바랍니다.
- 시장에 나가서 성공하는 선배를 보고 싶습니다. 스스로 시장 가치를 높여 새로운 시장에서 또 다른 가능성, 다른 길로의 도전

사례가 많이 나왔으면 합니다.

- 당신들이 보여주는 모습이 우리의 미래입니다. 본인은 힘들고 어렵겠지만 당신이 밟은 발자국을 후배들이 따라온다는 생각으로 다음 세대를 위한 기업의 성장과 비전에 토대를 둔 열정을 조금 더 보여주시기 바랍니다.

조직 문화 개선 방안

세대 차이를 뛰어넘는 바람직한 조직 문화를 구축하기 위해서는 핵심 가치를 체질화하는 것에서 출발해야 한다. 기업 조직에서 세대 차가 분명히 존재하고 각자는 다양한 니즈가 있다. 모든 니즈를 다 수용할 수 없기에 기업은 갈등을 최소화하고 정열을 한 방향으로 모으기 위해 핵심 가치를 강조한다. 기업 내에 굳어진 관습의 DNA를 미래 지향적인 경쟁력 있는 DNA로 변화시켜 세대 차를 뛰어넘는 성장, 도전, 창의, 자율과 실행 등의 핵심 가치를 체질화시켜야 한다.

그리고 조직 문화 전담 부서를 신설하고 장기적 방향하에서 중장기적 조직 문화를 실행해야 한다. 세대 간 인식 차를 인정하고 업무 관행, 인간관계 관행, 과거의 관습과 미래의 변화 방향과 전략 등을 중장기적으로 이끌어가야 한다.

세대를 연구하고 해결 과제를 찾아가는 노력이 일회성 연구가 되어서는 곤란하다. 많은 국내 연구 기관에서도 신세대 연구를 필요할 때만 하는데, 세대 갈등 해결은 1~2년 안에 성과를 창출할 수 없는 장기 과제다. 지속해서 방향성을 가지고 추진해야 한다.

09
핵심 가치 실천

왜 핵심 가치인가?

기업이 비전을 달성하는 방법으로는 MBO 방식의 목표 달성과 핵심 가치 중심의 조직 문화 강화가 있다. 조직 문화란 한 조직이 외부 적용과 내부 통합 문제에 대처해나가면서 생성된 '조직의 제도와 관행, 핵심 가치, 기본적 가정' 등을 포괄하는 종합적인 개념이다.

한 회사의 조직 문화는 오랜 기간 내려온 그 회사 업의 특성, 최고경영자의 경영 철학과 원칙, 구성원의 인식 등에 큰 영향을 받는다. 좋은 문화를 보유한 기업은 '선배에 의한 후배 육성'이 계승된다. 세계적 기업인 GE, P&G, IBM, 토요타자동차, 삼성은 신입 사원을 채용하여 내부에서 선배에 의해 강하게 육성한다.

세계적 기업들에게는 이들만의 핵심 가치가 있다. 이들은 외부 환경 변화와 무관하게 조직을 지속적으로 지켜나가는 핵심 가치를 임

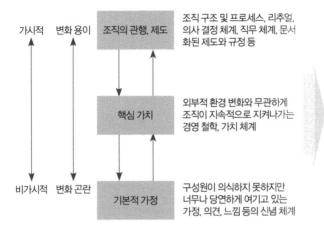

직원에게 강하게 내재화시키며 이를 업무를 통해 실천하게 한다. GE 는 핵심 가치를 인사 제도와 연계하고 아무리 성과가 높아도 핵심 가치를 실천하지 못하는 임직원은 우선 퇴출한다.

IBM도 핵심 가치를 여러 언어로 번역하여 전 국가의 구성원들이 내용을 숙지하도록 하고, 임원들은 핵심 가치 전도사로 사내 강의를 담당한다. 토요타자동차에서는 인간 존중과 지속적 개선이 현장에서 살아 숨 쉰다. 이들에게 핵심 가치는 임직원이 생각하고 행동하는 방식을 결정하고 일상 경영 활동에서의 의사 결정과 판단의 준거를 제공하며 장기적 관점의 경영 성과를 결정하는 소중한 것이다.

핵심 가치 내재화 방안

옛 직장에서 승진자들을 대상으로 하는 교육 과정의 입과 테스트로 핵심 가치에 대한 쪽지 시험을 보았다. 200여 명의 각 직위 승진자 가운데 핵심 가치와 그 내용을 정확하게 작성한 사람은 핵심 가치를 담당하는 직원 단 1명이었다. 핵심 가치가 '액자 속의 구호'로 전락한 가슴 아픈 경우다. 또 컨설팅을 해보면 회사 곳곳에 경영 철학, 경영 이념, 핵심 가치라는 이름의 액자가 걸려 있는 게 보인다. 그러나 직원들을 인터뷰하면서 물어보면 제대로 대답하지 못한다. 심지어 경영층조차 핵심 가치에 대해 설명하지 못하는 경우가 많다.

어떤 회사의 CEO는 모든 회의에서 핵심 가치인 도전과 실행을 부르짖었다고 한다. 구성원에게 악착같이 "도전하고 실행하라"며 사례도 만들었고 본인이 직접 간담회를 통해 강조도 했다. 그러나 이것은 CEO 혼자만 추진할 수는 없는 일이다. 회사 경영이 어려워지고 출장이 잦아지니 자연스럽게 핵심 가치 전파는 뒷전으로 밀려났다. 그러자 구성원들은 CEO가 무엇을 강조했는지조차 알지 못하게 되었다고 한다. 이는 핵심 가치가 CEO의 훈화 수준에 머문 경우다.

GS칼텍스는 핵심 가치를 조직 가치라고 칭한다. 이 조직 가치는 '신뢰, 유연, 도전, 탁월'이다. 줄여서 '신유도탁'이라고 부른다. CEO 허 회장은 조직 가치의 중요성을 누구보다 깊이 인식하고 이를 내재화하기 위한 많은 일을 추진했다. 실무 조직인 조직문화팀을 만들고 조직 가치 해설집, 조직 가치 실천 사례, 조직 가치 실천문을 만들었으며 사보에 조직 가치에 대한 설명과 사례를 지속적으로 실었다. 그 결과 현재 GS칼텍스 임직원은 모두 네 가지 조직 가치에 대해 설명할 수 있게 되었다. 실무를 담당하고 있는 강 차장은 업무를 하면서 조직 가치가 의사 결정의 기준이 되도록 이끌어가고 있다고 설명하기도 했다.

이처럼 핵심 가치는 내재화되고 실천되도록 해야 한다. 핵심 가치가 임직원들에게 업무의 기준일뿐만 아니라 회사와 구성원을 성장시키는 원동력이 되어야 한다. 수많은 회사가 그렇듯 정립만 하고 잊히는 구호가 되어서는 안 된다. 살아 있는 핵심 가치로 조직원들에게 내재화되기 위해서는 다음 다섯 가지의 체계적이고 지속적인 활동을 추진해야 한다.

첫째, 추진 조직을 만들어야 한다. 이 일은 CEO 혼자서는 할 수 없고 조직문화팀만으로도 불가하다. 인사 부서나 경영 혁신 조직 밑에 조직문화팀을 두고 모든 본부에 조직 문화 추진 담당을 구성하여 전사적으로 이끌어가야 한다.

둘째, 핵심 가치 해설집을 만들어 구성원에게 같은 내용을 전달해야 한다. 이 이야기를 하면 기업이 무슨 책자 발행이냐고 반대하는 경우가 많다. 하지만 핵심 가치를 그 회사에 적합하게 정의하고 사례를 실어 구성원들을 분명하게 이해시키는 일은 꼭 필요하다.

셋째, 핵심 가치 교육 과정을 개설하여 지속해서 추진해야 한다. 교육 과정은 처음에는 임원, 팀장 등을 대상으로 진행한다. 그리고 중요 포스트의 임원이나 강의 전달력이 있고 구성원들로부터 존경받는 임원이 강사로서 전파 활동을 담당하게 해야 한다. 즉 임원과 팀장들에게 핵심 가치 전파 책임을 부여하는 것이다.

임원과 팀장급 등의 조직장에게는 핵심 가치 교육을 일반 구성원보다 최소 2배 이상 해야 한다. 이들이 변하지 않는다면 구성원들의 변화는 요원하다. 또한 핵심 가치 교육을 온라인 과정으로 만들어 누구라도 언제든지 이해할 수 있도록 사내 인트라넷에 올려놓고 질문이 올라오면 답변해주는 방식을 도입하면 효과적이다.

넷째, 핵심 가치를 짧게 정의하고 사내 방송 프로그램에서 자주 노출하고 모든 회의 때마다 이를 다 함께 암기하도록 하는 방법도 매우 좋다. 처음에는 회사가 무슨 종교 집단이라도 되냐며 반발하는 사람도 있고 암기한다고 해서 무슨 효과가 있겠느냐는 부정적인 반응도 나온다. 그러나 매일 수시로 반복하다 보면 자연스럽게 행동으로 옮기게 될 것이다.

실제로 핵심 가치를 정한 지 수년이 지나도 핵심 가치가 무엇인지 모르는 구성원이 많은 회사를 흔하게 볼 수 있다. 그러나 매일 사내 방송에서 노출하고 회의 때 암기하다 보면 구성원이 핵심 가치가 무엇인지 아는 것을 넘어 그 의미를 타인에게 설명할 수 있는 수준까지 성장하게 된다. GS칼텍스는 회장이 참석하는 모든 회의에서 조직 가치 실천문을 암기하여 제창한다.

다섯째, 핵심 가치를 사보와 사내 메일을 통해 홍보하는 것이다. 그리고 퀴즈나 설문 등을 통해 구성원에게 핵심 가치가 얼마나 내재화되었는가를 수시로 점검하고 파악한다. 핵심 가치를 담당하는 조직 문화팀에서는 핵심 가치 내재화를 위한 여러 아이디어를 구상하여 실천함으로써 계속해서 내재화시켜야 한다. 특히 외부에서 채용된 구성원이 핵심 가치를 모르고서는 업무가 되지 않는다는 말을 하도록 철저하게 추진해야 한다.

핵심 가치의 **실천**

내재화보다 더 중요한 것이 실천이다. 핵심 가치가 업무 현장에서 실천되어야 한다. 구성원들이 핵심 가치가 추구하는 철학이나 정신을 바탕으로 업무를 추진하는 수준이 되어야 한다. '도전 정신'이 핵심 가치라면 높은 목표를 설정하여 악착같이 실천해야 한다. 예를 들어 현행 법률이 제약 요인이라면 "법 때문에 안 된다"고 좌절하는 대신 법을 바꿔서더라도 반드시 달성하려는 자세가 바람직하다.

'신뢰'가 핵심 가치라면 조직장은 일단 자신과 함께 근무하는 직원을 무한정 믿고 이끌어야 한다. 구성원 간에도 신뢰가 기반이 되어 서로 돕고 하나가 되어야 한다. 조직과 개인의 이기주의가 팽배하고 자신의 자료나 정보를 절대 공유하지 않는 조직에서 신뢰란 있을 수 없다.

핵심 가치를 실천하는 네 가지 방법

첫째, 핵심 가치 실천 사례 개발 및 전파다. 핵심 가치 실천 사례를 매주 개발하여 경영 회의 등에서 발표하고 그 결과를 전 구성원에게 전파함으로써 '나도 이렇게 하면 되겠다'는 생각을 계속 주입하는 방법이다. 조직문화팀에서는 각 본부의 조직 문화 추진 담당자를 통해 핵심 가치 사례를 개발하도록 독려한다.

핵심 가치 사례 개발을 조직 간의 보이지 않는 경쟁으로 이끄는 것도 한 방법이다. 매주 특정 본부만 사례를 발표하다 보면 발표를 하지 못하는 본부장의 심기가 불편해질 수밖에 없다. 그러면 경쟁이 일어난다. 본부별 사례 개발뿐 아니라 조직문화팀에서 외부 사례를 내부 상황에 맞게 개발할 수도 있다. 중요한 목표는 매주 핵심 가치 실천 사례가 개발되어 전 구성원들에게 전파되며 이를 통해 업무 성과가 높아지는 데 있다.

둘째, 핵심 가치를 잘 실천한 사람을 선정하여 인정해주는 방안이다. 한 예로 올해의 핵심 가치 실천자를 핵심 가치별로 뽑아 1년 동안 사무실, 식당 게시판, 출입문 등의 장소에 사진과 실천 내용을 전시하는 방법이 있다. 뛰어난 실천을 한 사람은 우리 회사의 핵심 가치 영웅이라며 '명예의 전당'에 영구 보전하는 방법도 있다. 다소 쉬운 방법은 핵심 가치 실천자 중에서 모범 사원을 선발하여 창립 기념일에 시상하는 경우다. 핵심 가치를 잘 실천하면 개인에게도 큰 도움이 되며 회사 성과로 이어진다는 인식을 심어주는 게 중요하다.

셋째, 핵심 가치를 인사 제도와 연계시키는 방안이다. 핵심 가치를 채용, 평가, 승진에 연계함으로써 구성원들이 확실히 실천하도록 독려해야 한다. 채용할 때는 인·적성 검사와 함께 핵심 가치 부합도 조사를 병행함으로써 회사 핵심 가치에 맞지 않는 사람을 사전에 탈락시켜야 한다. 평가에서도 핵심 가치 실천 정도를 항목에 연계시켜 평가하고 승진에도 핵심 가치 실천 리더나 수상자에 대해서는 가점을 주는 게 바람직하다.

또한 인재 육성 과정 중 모든 교육 과정에 핵심 가치 이해를 1시간 이상을 배정하여 사내 강사에 의해 핵심 가치가 전파되고 점검되도록 해야 한다. 그리고 핵심 가치 사전 테스트를 통해 일정 점수가 되지 않는 사람은 교육에 입과조차 못하게 해야 한다. 특별히 임원부터 핵심 가치 실천을 평가에 반영해야 한다.

넷째는 조직문화팀의 지속적 모니터링과 피드백이다. 핵심 가치를 전파하고 실천하게 하는 조직문화팀은 핵심 가치가 전 조직에 어느 정도 내재화되었고 실천되는지 계속 파악해야 한다. 이를 위해 설문과 인터뷰를 지속적으로 추진해야 한다. 단위 조직별로 강한 조직은 우수 사례로 전파하고 부족한 조직에 대해서는 컨설팅이나 지도를 해야 한다. 임원들에게 현상을 정확하게 제시하고 현업 중심의 실천을 강화시켜야 한다.

내부 핵심 가치 전도사를 양성하여 강사 활동을 담당하게 하는 것도 좋은 방안이다. 또한 수준을 정해 그 수준까지 갈 수 있도록 아이디어를 고민하고 연구하며 실천해나가야 한다.

핵심 가치가 중심축으로서 역할을 해나가도록 CEO와 전 조직이 관심을 두고 지원해야 한다. 만약 이런 추진 조직이 그 어떠한 이유로 사라진다면, 회사의 핵심 가치도 액자 속의 구호로 전락하게 될 것이다.

9장

임원 관리

HUMAN
RESOURCES

임원의 역할

임원의 **약한 모습**

●
　　　　　　　　　　　　임원은 조직의 어른이다. 직원들이
힘들고 지쳐 있을 때, 괴로움이 밀려와 마음이 무겁고 사무실 분위기
가 침체해 무기력에 빠져 있을 때 그들을 구제할 존재가 바로 임원이
다. 조직에 임원이 있기에 직원들로서는 도저히 불가능한 일에도 도전
하게 된다. 또한 좌절과 절망 속에서도 다시 일어난다. 임원이 있기에
직원들은 험한 길을 걷고 강인해진다. 그들은 "용장 밑에 약졸 없다"
며 자신의 임원을 롤 모델로 생각한다.

　그러나 일선 현장에서 임원은 다른 모습으로 비친다. 임원은 임시
직이기 때문에 "그만두라"는 말을 가장 두려워한다. 그래서 CEO가
반대하는 프로젝트를 뚝심 있게 밀어붙이지 못한다. 실패에 대한 부
담감으로 안정을 지향하는 의사 결정을 한다. 상급자가 동의하지 않
은 사안에는 반대하지 못한다. 전략적이고 미래 지향적인 장기 프로

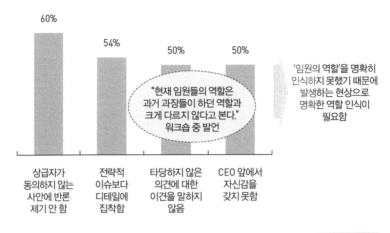

임원의 리더십 관련 내부 설문 조사 결과

60%

54%

50%

50%

"현재 임원들의 역할은
과거 과장들이 하던 역할과
크게 다르지 않다고 본다."
워크숍 중 발언

'임원의 역할'을 명확히
인식하지 못했기 때문에
발생하는 현상으로
명확한 역할 인식이
필요함

상급자가
동의하지 않는
사안에 반론
제기 안 함

전략적
이슈보다
디테일에
집착함

타당하지 않은
의견에 대한
이견을 말하지
않음

CEO 앞에서
자신감을
갖지 못함

* 주의: 응답 중 부문장 응답 부분 결과 발췌
* 자료: 조직 문화 및 전시 개선 이슈 설문, 2010

젝트는 부담을 느끼며 사소한 사안에 대해서는 세심하고 철저하다. 타당하지 않은 의견일지라도 모두가 찬성하면 안 된다고 주장하지 못한다. 이러다 보니 CEO 앞에서는 주눅이 들어 있다. 반대로 직원들 앞에서는 권위를 잃었지만 인정하지 않는다. 임원들은 부장일 때가 가장 행복했다고 이야기하곤 한다.

임원의 **역할**

회사 구성원들에게 존경하는 임원은 어떤 모습이냐고 물어보았다. 80여 개의 의견이 나왔는데 정리하면 다음과 같다.

• 비전, 변화를 제시하고 이끈다.

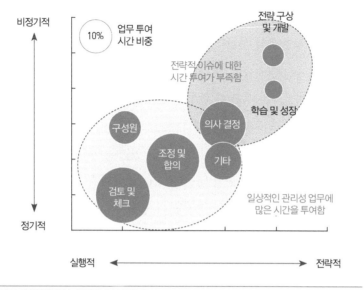

자료: 삼성경제연구소, W사 조사 분석 결과

- 의사 결정이 신속하고 일관성 있다.

- 담당 분야에 전문성이 높다.

- 매사 주도적이며 솔선수범한다.

- 성과에 대한 책임을 진다.

- 회사에 대한 로열티가 강하다.

- CEO, 동료 임원 간의 관계가 뛰어나다.

- 내·외부 네트워크가 강하다.

- 후배를 육성하며 그들의 마음을 읽는다.

- 공평하고 신뢰할 수 있는 사람이다.

GS칼텍스 김건중 상임고문은 "임원은 '나라면 어떻게 할 것인가?'

하는 물음을 갖고 회사를 이끌어 가는 사람, 세계 최고와 자신을 비교하며 최고를 지향하는 사람, 자신이 한 행동에 대해서는 책임을 지며 성과를 창출하는 사람"이라고 강조했다. 그러나 한 기업의 구성원 의식 조사에서 임원들의 업무에 대한 구성원의 인식은 우리가 바라는 임원의 역할과는 사뭇 다른 양상을 보여줬다.

국내 기업 임원들은 '검토 및 체크(27퍼센트)' '실무 추진(26퍼센트)' 등의 업무에 시간을 절반 이상 투여하고 있었다. 임원으로서 더욱 중요성이 증대되는 '전략 구상 및 개발(4퍼센트)' '학습 및 성장(3퍼센트)' 등의 업무에는 집중하지 못하고 있었다. 임원이 되면서 업무 영역과 관련 이해관계자가 확대됨에도 현재 업무 불균형은 심각한 수준이었다.

나는 존경받는 임원인가?

두 임원의 이야기를 보자.

A상무는 정기 인사가 아닌데도 서울 본사에서 지방으로 근무지를 옮기게 되었다. 부서에서 급히 환송식을 준비하였고 저녁 식사를 마치고도 그냥 보낼 수 없다는 의견이 많아 근처 노래방을 찾았다. 이 과장의 숙연한 시작 멘트 후, 첫 노래를 하러 나온 A상무를 앞에 두고 한 사람 한 사람이 눈물을 보였다. 그 자리 10여 명이 흐느끼다가 이내 노래방이 울음바다가 되었다. 한 직원이 "상무님, 저희와 1년만 더 근무하시면 안 될까요? 저희는 아직 상무님께 배울 것이 많이 남아 있습니다"라며 눈시울을 붉혔다.

B전무는 출근하여 직원들 자리를 돌다가 우연히 구 차장의 열린 서랍 안에 자신의 사진이 든 액자를 보게 되었다. 그 이유가 몹시 궁

금하였지만, 직원의 책상 속을 들여다본 것이 마음에 걸려 왜 자신의 사진을 갖고 있는지 묻지 못했다. 그러던 어느 날 구 차장 자리로 갔는데 마침 서랍이 열려 있었고 그 액자가 눈에 들어왔다. B전무는 물었다. "왜 내 사진이 구 차장 서랍 속에 있지?" 그러자 구 차장은 이렇게 대답했다. "전무님, 전무님은 저의 롤 모델이십니다. 저는 아침에 출근하여 전무님처럼 되자고 다짐하며 파이팅을 외칩니다."

원고를 쓰기 위해 아침에 직원들에게 존경하는 임원의 모습을 쓰게 했다. 그중 한 문장이 가슴에 잔잔한 여운을 남겼다. "직원의 마음을 읽고 성장을 지원하는 사람"이라는 문장이다. 임원이라면 굳이 자신이 존경을 받으려 애쓸 필요가 없다. 내 마음속에 직원들을 담고 바라는 것 없이 그들의 생각과 행동을 이해하며 먼저 배려하는 사람이 존경받는 임원이 되는 것 아닐까?

02

임원 선발과 유지 관리

원칙 없는 **임원 인사**

●   제조 회사 A기업의 임원들에게
12월은 잔인한 달이다. 누가 회사에 잔류하고 누가 보직을 받지 못하
고 퇴직하게 되는지가 결정되기 때문이다. 임직원들은 회사 임원 인사
가 가장 다이내믹하다고 한다. 대부분의 인사 결과는 예측할 수 있지
만, 임원 인사만큼은 뚜껑을 열어봐야 안다고 한다.

　그해의 임원 인사도 드라마틱했다. 가장 덕망이 높던 김 전무가 하
루아침에 지방으로 좌천되고 평소 한직에 있던 이 상무가 중용되었
다. 전략본부장이 생산본부로 이동하고 생산본부장이 영업본부장
이 된다. 조직 내 악명 높은 이 전무가 승진해서 관리본부장으로 옮기
고, 성과가 높았지만 대인관계가 약한 R&D본부장은 명단에서 보이
지 않는다. 직원들은 왜 이런 이동이 이루어졌는지 알지 못한다. 새롭
게 임원이 된 사람 중에는 생소한 이름들이 많다. 주위에서는 누구누

구 라인이라는 말이 떠돈다. 직원들 사이에서는 사장이 바뀌면 임원 대부분이 물갈이된다고 뒷이야기가 많다.

A기업은 임원 선발과 승진에 원칙이 없다. 그러다 보니 임원이 될 사람을 육성하지 않는다. 임원 승진과 퇴출에 따른 절차가 없다 보니 공정성이 떨어진다. 성과보다는 관계나 운에 따라 선발과 퇴직이 좌우된다. "내일부터 나오지 마라"는 말 한마디에 짐을 싸야 한다. 그러기에 임원이 되거나 그 자리를 오래 유지하기 위해서는 성과와 역량보다는 상사와의 관계가 더 중시된다.

이런 회사들의 공통점은 임원이 어떤 역할을 해야 하는지 제대로 알지 못하는 것이다. 여러분이 A기업의 HR 조직장이라면 어떻게 임원 인사의 틀을 구축할 것인가?

임원 역할의 자각이 **최우선**

임원이라면 임원에 맞는 역할과 과제를 수행해야 한다. 임원이 대부분의 시간을 일상적이고 정형화된 업무를 검토하고 조정하며 의사 결정을 하고 있다면, 그 회사의 미래는 암울할 수밖에 없다. 따라서 임원으로서 더욱 중요성이 높은 전략 구상, 신사업 연구, 학습과 성장 등의 업무에 집중해야 한다.

먼저 임원은 담당 조직의 CEO와 같은 역할을 담당해야 한다. 자신이 맡은 직무의 방향을 명확히 설정해주고 조직의 변화를 주도적으로 이끌어가야 한다. 성과를 창출하기 위해 전략적 의사 결정을 하며 결정 사항에 대해서는 철저하게 성과 지향으로 실행해야 한다. 임원은 업무를 수행하는 사원, 과업과 조직원을 관리하여 실행을 주도하

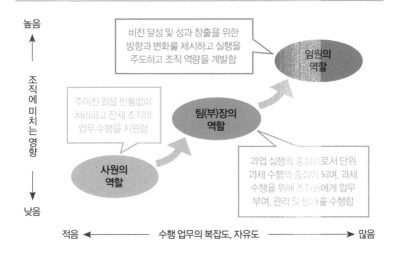

는 팀장과 다른 역할을 전개해야 한다. 임원의 중요한 역할은 비전과 성과를 달성하기 위해 방향을 제시하며 변화를 주도하고 조직과 구성원의 역량을 강화하며 전략적 실행을 추진하는 것이다.

또한 임원은 다양한 환경 변화에서 CEO를 보완하는 역할을 해야 한다. 전략적 사고에 기반을 둔 조직의 장으로서 자신의 분야에서 최고 전문가가 되어야 한다. 복잡한 과제와 대·내외 제반 여건을 고려하여 CEO에게 적극적인 제언을 할 수 있는 역량을 보유해야 한다.

임원이 자신의 역할을 인식하지 못하고 제 역할을 수행하지 못하면 그 기업의 경쟁력은 하락할 수밖에 없다. 구성원들은 그저 시키는 일만 수행하는 사람이 된다. 그리고 시간이 흐를수록 임원은 CEO의 추종자가 되며 그 속에서 회사와 구성원은 멍들어간다. 그러므로 임원 선발과 유지 관리의 첫 단계는 임원의 역할을 전 구성원이 명확하게 인지하는 것이다.

임원 선발 프로세스

B회사는 3월이면 인사 부서가 비밀 작업에 들어간다. 200여 명의 팀장을 대상으로 A, B, C 분류 작업을 한다. 분류의 척도는 두 축이다. 먼저 3개년 성과를 기준으로 점수를 책정하여 20:70:10으로 3등분한다. 다른 한 축은 역량이다. 그해 임원이 될 수 있는 사람, 2~3년 후 될 수 있는 사람, 그냥 그 자리에 머물 사람으로 구분하여 3등분한다. 이렇게 3×3 매트릭스가 완성되면, 본부별 자료를 취합하여 전사 자료를 만들어 인사위원회에서 심사를 거친다. 이때 성과도 높고 그해 임원이 될 수 있다고 판단된 소수 인원이 당해 연도 임원 선발 평가를 받게 된다.

임원 선발 프로세스 적용 사례

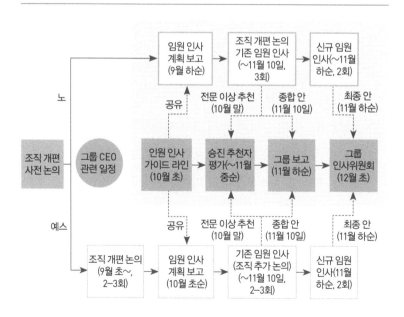

임원 선발 평가는 약 8개월에 걸쳐 진행된다. 어학 자격, 예비 경영자 과정 이수, 당해 연도 성과, 외부 교수에 의한 다면 평가, CEO와 식사 인터뷰, 경영 회의에서의 주제 발표 등의 과정을 거쳐 순위가 결정된다. 그리고 9월 말부터 시작되는 임원 인사는 크게 4단계로 실시되는데 12월 초 조직 임원 발표를 끝으로 종료된다. 임원 인사 후에는 새로운 경영진이 팀장과 사원 인사를 수행한다.

이러한 임원 선발 프로세스가 정립되면 사람에 의한 임원 인사가 아닌 더 정교하고 공정한 시스템에 의한 임원 인사를 진행할 수 있다. 사례의 B회사에서는 3월에 이미 신규 임원 예정자가 선정되기에 인성, 인적 네트워크, 회계 감사, 리더십 등 다방면에 걸쳐 검증과 평가를 할 수 있다. 임원을 선발할 때 고려할 사항은 다음과 같다.

- 당해 연도 임원 인원수의 결정
- 조직 개편
- 기존 임원 인사
- 빈 조직의 신규 임원 선정
- 임원 인사 프로세스 구축
- 당해 연도 임원 수의 결정 시 고려 사항으로 환경 변화, 5개년 추이, 경쟁사 비교 등 다양한 정보를 중심으로 인원 결정
- 조직 개편 시 현업 본부장의 의견을 존중하되 최종적으로 인사 부서의 의견을 갖고 CEO와 조율
- 기존 임원 인사 시, 조직과 사람을 분리하여 볼 수 있는 안목
- 신임 임원 인사 시, 조직의 특성과 평가된 임원 예정자와의 매칭 고려. 적합한 대상자 없으면 공석으로 하고 적극적 외부 영입이

바람직함

- 인사위원회를 거쳐 CEO 최종 결정으로 추진

임원 유지 관리 주안점

임원들이 고민하는 주요 이슈는 무엇일까? 불행히도 많은 임원이 전략적 의사 결정 이슈보다는 조직 내 정치적 이해관계에 대해 더 많이 고민하고 있다. 특히 외부에서 영입된 임원은 이러한 사내 관계 정립 실패에서 오는 고민이 심각하다. 또한 신임 임원이나 승진하여 자리를 옮긴 임원들은 기대 역할에 대한 불확실성에서 오는 고민이 클

임원 유지 관리

높은 수준의 성과 보상	임원에 대한 보상은 기본 연봉과 장단기 인센티브로 나누어볼 수 있다. 삼성은 임원이 되는 순간, 기본 연봉이 2배 가까이 상승한다. 신분의 상승을 금전을 통해 느끼게 된다. 성과에 따라 큰 차이의 인센티브가 주어지기 때문에 주어진 임기 동안 성과 향상을 위해 매진하게 된다.
승진을 통한 자부심 고양	A그룹에서 전무 제도를 없앤 적이 있다. 그래서 1년 차 상무와 10년 차 상무의 직위가 같았다. 심한 경우 팀장으로 있을 때의 과장이 승진하여 같은 상무가 되는 일도 생겼다. 성과에 의한 보상 차이도 적다 보니 같은 직위의 임원이라면 유사한 연봉을 받았다. 그러나 전무 제도를 부활시키고 직위급의 비중을 줄이고 성과급의 비중을 높이자 임원의 동기 부여와 성과가 향상되었다.
지속적인 맞춤형 교육	"임원에게 교육이라니?" 하며 당황해 하는 기업이 많다. 업무가 바빠 1년에 책 한 권 읽지 않았다는 임원도 있다. 반면 매년 꾸준하게 임원 교육과 개인 맞춤형 코칭, 자기계발 지원, 해외 연수 등을 통해 지속해서 자극받게 한 기업도 있다. 어느 기업의 성과가 높겠는가? B기업은 임원에 대해 연초에 경력 개발 계획을 받아 개인 맞춤형으로 지원하며 승계 계획에 의거 후계자를 체계적으로 육성한다. 도전 과제와 중요한 프로젝트 수행을 통해 검증을 지속해나간다.
인정과 동기 부여	전문 분야 임원의 경우 전사 리더십 교육뿐 아니라 개별 리더십 강화를 위한 경영 임원의 개인 멘토링을 실시한다. 공식·비공식적으로 임원으로서의 품격 유지에 세심한 배려를 해주며 전통적 혜택(차량 지원 등)뿐만 아니라 유연한 혜택(주택, 여행, 최신 기기 지원 등)을 제공해 준다. 특히, 반기에 한번 CEO와의 1:1 미팅과 오찬을 통해 개인적 애로 사항을 이야기할 기회를 마련해준다. 임원의 유지 관리는 결국 개별적으로 성과에 대해 인정하고 조언을 하는 CEO의 관심과 배려가 최우선 되어야 한다.

수밖에 없다. 대부분의 임원은 조직원의 동기 부여, 비전과 전략 수립, 타인(상사, 동료, 부하 등)과 소통 등을 고민하고 있다.

일반 구성원들은 상사의 지시를 수행하면 된다. 그러나 임원은 성과를 창출하기 위해 업무를 배분하고 조언하며 복잡한 사내외 변수들을 해결해야 한다. 만약 임원이 이러한 고민을 슬기롭게 해결하지 못하면 그 결과는 상위 경영자의 부담으로 전가될 수밖에 없다.

그러므로 임원이 더 복잡한 책임을 수행하며 기대 이상의 성과를 창출하도록 관리해줘야 한다. "임원을 어떻게 관리하느냐? 그들은 이미 수많은 경쟁을 뚫고 그 자리에 있는 만큼 성과를 중심으로 평가하되 자율권을 보장해줘야 한다"라는 반론을 펼칠 수도 있다. 충분히 일리 있는 주장이다. 그러나 일의 성과, 사람과의 관계에 대한 조언, 동기 부여는 더 높고 지속적인 성과를 창출하게 한다는 측면에서 임원의 유지 관리는 꼭 필요하다.

임원 교육과 코칭

임원 **교육**

●   보통 임원의 교육은 세 가지로 이루어진다. 첫째, 신임 임원이 되었을 때 받게 되는 신임 임원 과정이다. 대부분의 대기업은 신임 임원을 역할과 리더십을 중심으로 1주일 정도의 임원 교육을 진행한다. 신임 임원으로서 마음가짐과 자세를 새롭게 하고 그룹 차원에서 환영해주는 의미도 있다. 그룹의 회장이 참석하고 임원 부부가 함께하는 프로그램도 운영한다.

둘째, 전 임원을 대상으로 하는 경영자 세미나 또는 임원 교육이다. 일반적으로 핵심 가치, 회사의 사업 이슈, 위기관리 등의 주제를 중심으로 연초 또는 연말 전 임원들을 차수를 조정하여 실시한다.

초기에는 외부 강사의 특강과 토론 중심의 과정으로 1박 2일 정도로 진행하지만 몇 년 교육을 계속하다 보면 기업의 이슈를 중심으로 내부 강사가 진행하거나 문제점과 해결 방안을 찾는 액션 러닝 형태

A그룹 신임 임원 교육 과정 사례

시간	1일차 (일)	2일차 (월)	3일차 (화)	4일차 (수)	5일차 (목)	6일차 (금)	7일차 (토)
07:00~08:00		교육 준비					
08:00~09:00	과정 안내 및 아이스 브레이킹	지속적 성장과 그룹 혁신 전략	결단력 리더십	이동 (서울→제주도)	변화와 성장을 위한 조직 개발	비즈니스 스포츠 매너	재충전의 시간 (골프, 관광)
09:00~10:00							
10:00~11:00						비즈니스 이미지 매니지먼트	
11:00~12:00							
12:00~13:00		중식					
13:00~14:00	그룹 임원 인사 제도	그룹 전략과 혁신	결단력 리더십	경영자로서의 인적 자원 관리	변화와 성장을 위한 조직 개발	비즈니스 이미지 매니지먼트 (부부 동반 프로그램 포함)	과정 정리
14:00~15:00	리더십 역량 모델 (분반 운영)						이동
15:00~16:00				조직 성과 관리			현장 방문 과정 수료 6개월 후 Wrap-up 과정으로 진행
16:00~17:00	임원의 역할						
17:00~18:00							
18:00~19:00	신임 임원 축하연	클래식으로의 여행	기념 파티 (회장 만찬)	조직 성과 관리	비즈니스 윤리	기념 파티 (회장 만찬)	
19:00~20:00							
20:00~21:00							

의 세미나를 열기도 한다.

A회사의 임원 세미나 사례

셋째, 외부 교육 기관의 활용이다. 임원의 인원이 적거나 외부 네트워크의 전략적 육성 차원에서 시행한다. 임원 교육 전문 기관인 IGM(세계경영연구원)이나 주요 대학 최고경영자 과정 입과가 여기에

1일 차: 12월 6일 (목)		2일 차: 12월 7일 (금)	
08:00	08:00 본사 앞 버스 출발	도전과 실행 (1) • 임원 워크숍 결과 정리, 사람과 조직의 이슈	08:00
09:00			09:00
10:00	과정 안내		10:00
11:00	6시그마 워크숍: 변화 지원 부문	도전과 실행 (2) • 도전과 실행을 위한 변혁적 리더십	11:00
12:00			12:00
13:00	중식	중식	13:00
14:00	진단 F/B:인사부문:조직역량 서베이 리더십진단	도전과 실행 (3)	14:00
15:00	경영 방침 토의: 경영 기획 부문 • 경영 성과 공유 • 2006년 경영 방침 토의 • 조별 발표		15:00
16:00			16:00
17:00			17:00
18:00	브레이크: 만찬 장소 이동		18:00
19:00	회장님 말씀, 만찬		19:00
20:00			20:00
21:00			21:00

속한다. 참석 대상은 주로 신임 임원이지만, 기존 임원 중 승진 또는 업무 필요성에 따라 별도 심사 과정을 거쳐 확정하는 경우도 있다.

임원과 코칭

바람직한 코칭 사례

'코칭'이라는 말에서 어떤 이미지가 느껴지는가? 지원하기, 칭찬하기, 경청하기, 관심 가지기, 주인 의식 기르기, 방향 제시하기, 협조하기, 함께 일하기, 동기 부여하기 등이 떠오를 것이다. 많은 기업이 팀장이나 임원을 대상으로 코칭을 실시하고 있다.

삼성그룹은 그룹 차원의 진단을 하고 각 사 CEO의 추천을 받아 외부 코치를 통해 1년간 코칭을 진행하고 피드백을 한다. 1년 후 변화된 모습에 자신도 놀란다고 하니 코칭이 주는 효과는 분명히 있다.

A회사는 역량과 덕망이 있는 팀장과 임원을 엄선하여 코치 자격을 취득하게 하고 퇴임 후에도 사내 코치로서 역할을 맡도록 한다. 이는 퇴직 임원을 자문역이나 고문으로 임명하고 1년에서 2년의 일정 기간 동안 특별한 임무 없이 급여만 제공하는 경우와는 많은 차이가 있다. 팀장이나 팀장 후보자들이 리더십, 핵심 가치, 업무를 수행하는 데 필요한 경험과 지식을 사내 코치와의 대화를 통해 배우다 보니 우수 인력이 아니면 코칭 기회를 얻을 수 없는 상황이다.

코칭 활성화가 필요한 한국 기업

퇴직하는 직원들에게 퇴직 사유를 물으면 공식적인 대답으로 "공부를 더 하고 싶어서" "내가 원하는 직무를 할 수 있는 회사가 생겨서" "건강 문제로 쉬고 싶어서" 등이 나온다. 즉 일반적 이유를 이야기한다. 하지만 속내를 들여다보면 회사가 싫은 게 아니라 상사와의 갈등이 원인인 경우가 많다. 이제 한국 기업은 일방적이고 지시 일변도의 조직 문화를 더는 유지할 수 없다. 또한 구성원에게 회사에 대한 로열티를 강조할 수 없는 상황이다.

GE의 전 CEO 잭 웰치는 "모든 리더들은 코칭 스킬을 필수적으로 마스터해야 한다"고 강조했다. 코칭이 무엇일까? 왜 이렇게 대기업 경영자뿐 아니라 경영의 구루라는 사람들은 한결같이 코칭의 중요성을 강조할까? 코칭은 '조직 구성원에게 긍정적인 영향을 주기 위한 쌍방향 커뮤니케이션 수단으로 상대방에게 동기를 부여하고, 업무 성과를 향상시키고, 문제 해결과 역량 개발을 강화하여 지속적 성장을 추구하는 과정'이다.

코칭은 회사의 니즈와 개인의 니즈에 따라 그 방법이나 내용이 다를 수 있다. 아직은 개인이 원해서 코칭을 받는 경우는 그리 많지 않다. 물론 심각한 상황이 처해 정신과적 치료를 받는 경우는 있지만, 직장 생활을 하면서 목표를 수립하거나 업무를 수행하는 데 어려움이 있다고 코치를 찾아 개인 경비로 코칭을 받지는 않는다. 대부분 회사 차원에서 생산성 향상, 개인의 역량 개발, 조직 분위기 쇄신 등의 이유로 대상자를 선정하여 내·외부 코치를 통해 코칭을 받게 한다. 통상적으로 코칭을 하는 요인은 두 경우이다.

개인 요인	업무 요인
- 동기 부여 결여 시 - 자주 약속을 지키지 않는 경우 - 결근과 지각이 잦음 - 일에 대한 자부심 결여 - 리더십 배양 - 핵심 가치에 대한 이행 - 경력 개발 - 급여, 승진, 이동 상담 등	- 목표 수립 - 생산적 업무 수행 방법 - 생산성 저하 - 낮은 평가에 대한 피드백 - 대인관계 정립 - 방향 제시, 의사 결정 상담 - 변화를 이끄는 방안 등

코칭은 상대를 더욱 바람직한 방향으로 변화시켜 성과를 창출하게 하는 것이 근본 목적이다. 이를 위해 상대에게 변화의 필요성을 설명하고 지속해서 지도하며 격려해야 한다. 개인이 지닌 장단점을 스스로 알게 하고 목표를 설정하여 실천 약속을 이끌어내야 한다. 더 중요한 것은 코칭을 통해 개발된 역량이 모든 구성원과 전 조직에 전파될 수 있도록 확대하는 노력이다. 코칭으로 한 사람이 발전하는 것을 넘어 코칭을 통해 선배에 의한 후배 육성이 이루어져야 한다. 그리고 '이곳에 있으면 정체되지 않고 성장한다'는 인식이 조직 문화로 정착되도록 주도해야 한다.

04

임원 리더십 평가

　　　　　　　　　　　　　　임원의 리더십 평가에 대한 찬반 의견이 뜨겁게 대립하고 있다. 평가를 임원의 배치와 육성의 기초 자료로 활용하고 본인에게 피드백함으로써 강화할 점과 보완할 점을 제시할 수 있어서 찬성 의견이 많다. 즉, 평가를 통해 인정 받는 임원이 되어 조직 관리와 사람 관리를 잘하라는 취지다. 반면에 리더십이 없거나 부족한 사람은 처음부터 임원을 시키지 말았어야 하며 일단 임원이 되었다면 리더십은 검증받은 것이라는 관점에서 반대도 적지 않다.

　임원 리더십 평가는 크게 4단계로 나뉜다. 리더십 평가 설문과 시스템 정비, 평가자 선정, 리더십 평가 시행, 평가 결과 분석과 개인 피드백이다.

　리더십 평가는 전 임원(CEO 제외)을 대상으로 다면 평가 방식으로 상사 1명, 본인, 부하 5명 내외로 진행한다. 평가자 선정은 업무상 커뮤니케이션을 통해 임원의 리더십 스타일을 잘 알고 있고, 객관적으로 평가할 수 있는 사람으로 하되 개인적인 친분이 있는 사람은 제외한다. 또한 근무 기간이 3개월 미만일 때도 제외한다.

상사는 조직의 직속 상사로 하는데 평가받는 사람이 본부장일 때

임원 리더십 평가 사례

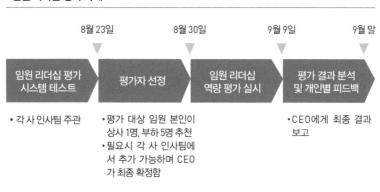

8월 23일	8월 30일	9월 9일	9월 말
임원 리더십 평가 시스템 테스트	평가자 선정	임원 리더십 역량 평가 실시	평가 결과 분석 및 개인별 피드백
• 각 사 인사팀 주관	• 평가 대상 임원 본인이 상사 1명, 부하 5명 추천 • 필요시 각 사 인사팀에서 추가 가능하며 CEO가 최종 확정함		• CEO에게 최종 결과 보고

LG그룹의 임원 리더십 평가 사례

평가 영역	평가 요소	정의	미흡 1 2 보통 3 4 5 6 탁월 7
모두가 선망하는	성실성	자신의 말과 일치되는 행동을 몸소 실천함으로써 내·외부 이해관계자들의 신뢰를 이끌어냄	미흡 1 2 보통 3 4 5 6 탁월 7 □ □ □ □ □ □ □
	존경과 배려	나이, 직위, 출신에 관계없이 모든 구성원들을 공정하게 대하고 인격적으로 존엄성 있게 대우함	미흡 1 2 보통 3 4 5 6 탁월 7 □ □ □ □ □ □ □
	투명성	고객, 투자자, 협력 업체 등 모든 이해관계자들과의 관계에서 항상 투명하고 정직한 자세로 일을 처리함	미흡 1 2 보통 3 4 5 6 탁월 7 □ □ □ □ □ □ □
가치 1등 기업	고객 지향	고객 만족을 경영의 최우선 가치로 놓고 고객의 요구를 충족시키는 제품과 서비스를 제공하기 위해 지속적으로 노력함	미흡 1 2 보통 3 4 5 6 탁월 7 □ □ □ □ □ □ □
	이노베이션	변화를 두려워하지 않고 항상 새로운 기회를 발굴하여 이를 사업과 경영에 반영하기 위해 노력함	미흡 1 2 보통 3 4 5 6 탁월 7 □ □ □ □ □ □ □
	최고를 향한 열정	자신이 맡은 사업이나 업무 분야에서 최고가 되겠다는 강한 열정과 집념을 가지고 있음	미흡 1 2 보통 3 4 5 6 탁월 7 □ □ □ □ □ □ □

는 CEO가 담당한다.

평가 항목은 핵심 가치와 리더십 특성(일, 사람, 변화, 관리)을 중심으로 5점에서 7점 척도를 활용하며 핵심 가치와 리더십 특성에 대해 잘하고 있는 것과 못하는 부분을 기술한다.

05

임원 인사 규정

모든 기업은 인사 규정 또는 취업 규칙이 있다. 그런데 그 내용은 보면 주로 직원만 해당한다. 임원에 대한 부분은 없거나 간략하게 되어 있는 경우가 많다. 상황이 이렇다 보니 임원에 대한 복리후생이나 퇴직의 조건이 그때그때 다르다. 같은 상무로 퇴임했는데도 누구는 자문역 2년을 주고 누구는 퇴직금에 약간의 명예퇴직금을 추가 지급하는 것으로 끝난다. 임원이 소수며 개별 통보로 이루어지다 보니 처음에는 문제가 되지 않지만, 퇴직 임원들의 모임 등에서 자세한 내용을 알게 되면 갈등의 원인이 되기도 한다.

나도 고문으로 있는 두 명의 부사장에 대한 고문 해지 계약을 할 때 각자 다른 처우를 제시하며 사인을 받았다가 혼이 난 경험이 있다. 문제는 위로금에서 빚어졌다. 보통 위로금은 인센티브보다도 더 비밀스럽게 추진되고 그 결정 여부와 금액에 대해서는 본인만 알아야 한다. 그런데 받은 사람이 받지 않은 사람에게 이 부분을 확인하는 과정에서 모든 것이 밝혀졌다. 결국 받지 못한 사람은 몹시 화를 내며 CEO를 만나겠다고 했다. 각자 기여도나 앞으로 문제가 될 부분 등 여러 복합적인 요인을 고려한 결정이었지만, 상대방 입장에서는 분한 일이다. 정해진 원칙이 없다 보니 CEO의 개인 판단이 갈등을 초래하고 말았다.

임원에 관한 규정은 임원의 신분, 의무, 처우 등 임원 인사 관리에 관한 기본적인 사항을 정하는 것이 목적이다. 임원 인사 규정은 크게 5개 항목으로 살펴볼 수 있다.

첫째, 임원의 선임과 퇴직이다. 통상 선임과 해임은 대표이사의 승인으로 결정되는데 퇴임 기준(사망, 정년, 사임, 해임)을 정하는 게 좋다. 기업에 따라서는 정년 규정을 포함하기도 한다. 이때 연령 정년과 직위별 재직 연수를 통한 정년을 선택할 수 있다. 다만 능력과 성과가 탁월한 임원에 대해서는 대표이사가 기간을 정해 정년을 연장할 수 있도록 하는 게 바람직하다.

둘째, 업무 수행에 관한 규정이다. 임원의 긍지와 품위를 유지하고 성실하게 업무를 수행하며 제반 사규를 준수한다는 내용이 포함된다. 세부 항목으로는 휴가, 장기 연수, 요양 휴직(기간, 내용, 처우) 등이 있다.

셋째, 보수에 관한 규정이다. 보수에 대한 정의, 고정 연봉, 특별 상여금, 주식 매수 선택권, 지급 기준, 복리후생 조건(사무실, 집기류, 건강검진, 비서, 차량, 전담 기사, 보험 등)을 구체적으로 규정하여 갈등이 생기지 않도록 해야 한다.

넷째, 퇴직금에 관한 규정이다. 퇴직금 지급 기준, 사망 시 유족에 대한 지원, 지원 대상과 내용, 퇴임 시 처우(고문·자문역 위촉 대상 및 절차,

위촉 기간, 처우, 계약 해지, 고문·자문역 사망 시 유족 지원 등) 등이 포함된다.

다섯째, 징계에 관한 규정이다. 임원의 징계에 관한 판단과 조치 기준을 정함으로써 징계의 객관성과 실효성을 확보하고 신상필벌의 원칙에 입각한 성과주의 문화를 정착시키는 것이 목적이다. 징계 종류, 효력, 권한, 징계 사유와 양정 기준, 징계의 가중, 범위, 절차, 징계 효력의 조기 해제, 사후 관리 등이 여기에 포함된다.

한편 임원 인사 규정은 임원 기본 연봉 기준, 퇴직금 지급 규정, 징계 사유 및 양정 기준, 서약서 양식, 연봉 계약서 양식 등을 별첨해서 관리하는 게 효과적이다.

10장

퇴직 관리

퇴직 관리 전략

감사하는 마음을 갖게 하는 **퇴직 관리**

● 　　　　　　　　조직에 몸담은 사람은 대개 이 직장에서 정년퇴직 때까지 근무하고 싶어 한다. 만약 회사가 매년 비약적으로 성장하고 있다면 퇴직은 고사하고 승진에 대한 불안감도 없을 것이다. 사람이 부족하여 채용하기에 급급하고 기존 인력의 이탈 방지가 인사 주요 과제가 되기 때문이다. 그러나 회사가 성장하지 못하고 점차 정체하거나 쇠퇴한다면, 기존 인력에 대한 조정을 심각하게 고민하게 된다.

여러분이 인사 담당자인데 회사가 정체되어 갈수록 경쟁력을 잃는 있는 상황에서 CEO로부터 인사 담당자로서 인력 조정을 지시받았다면, 어떠한 방법으로 이 일을 추진하겠는가? 우리나라 근로기준법이 "사용자는 근로자에 대하여 정당한 이유 없이 해고, 휴직, 정직, 감봉 기타 징벌을 하지 못한다(제23조 1항)"고 규정하고 있음을 고려해서 이것을 생각해보기 바란다.

최근 K은행, S생명, A공기업 등 국내 굴지의 회사들이 기존 인력에 대한 명예퇴직을 감행했다. 지금까지의 명예퇴직금보다 더 높은 금액을 지급하며 퇴직을 추진했고, 많은 사람이 자의 반 타의 반으로 회사를 떠났다.

모두가 언젠가는 직장을 떠난다. 하지만 떠나는 순간 회사에 고마운 감정을 갖고 언제 어디서나 자신이 몸담았던 회사를 아끼는 마음을 지니게 해야 하지 않겠는가? 물론 떠나는 사람에게는 서운함이 있을 수 있다. 자칫 머문 회사에 대한 안 좋은 감정을 가질 수 있다.

그러므로 인사 담당자는 전략적으로 퇴직 관리를 해야 한다. 구성원들에게 생애 설계를 통해 자신의 비전을 수정하고 가치를 높이는 방안을 제시해야 한다. 고연령 저역량이 되어 아무도 받아주지 않는 시점에 밀어내듯이 퇴직을 결정하는 것이 아니라 충분히 준비된 상태에서 자발적으로 새로운 도전을 하게 한다면 이상적인 퇴직 관리가 될 것이다.

저성과자 퇴직 관리

저성과자에 대해서는 퇴직에 앞서 역량 강화를 통한 성과 창출의 기회를 부여하고 지속적 관심을 보이는 것이 우선이다. 지금까지의 퇴직 관리는 고연령 인력과 저성과자가 주 대상이었다. 그런데 저성과자는 고연령 인력과는 다르다. 저성과자들이 미치는 부정적 영향은 매우 크다. 다소 극단적이지만 저성과자의 악영향을 열거하면 다음과 같다. 이것은 존 설리번John Sullivan의 「저성과자가 기업에 미치는 영향

연구」라는 논문에 수록된 내용이다.

- 10명의 저성과자가 1명의 성과 우수자만 못하다.
- 좋은 아이디어와 생산품은 저성과자에게서 나오지 못한다.
- 저성과자에 대한 조직장의 관리 부담이 커져 조직 생산성에 해악이 된다.
- 저성과자의 아이디어와 일 처리가 엉뚱한 방향으로 흘러 회사 이미지가 실추되고 고객에게 부정적 이미지를 줄 수 있다.
- 저성과자의 감정을 다치지 않도록 노력하느라 다른 팀원들이 시간과 에너지를 허비하게 된다.
- 성과 우수자들은 한계 인력과 같은 팀에 있는 것을 힘들어한다.
- 저성과자 유지 결과는 그동안 쌓아온 신뢰를 잃게 하고 나쁜 이미지가 타 팀원에게 전파된다.

사정이 이렇다 보니 경영층에서는 가능한 저성과자의 퇴출을 언급한다. 그러나 막상 저성과자로 선정된 사람들과 만나 이야기하다 보면 당혹스럽다. 대부분 자신이 저성과자라는 사실을 인정하지 못하며 자신의 업무 능력이 평균 수준은 된다고 생각한다. 내가 버티면 되는데 굳이 나갈 이유가 없고, 회사를 퇴직하고 나가더라도 특별히 할 수 있는 일이 없다고 말한다. 무엇보다도 가족들이 걱정되며, 그 자녀는 아버지가 이 회사에 근무하는 것이 커다란 자랑거리라고 한다.

이런 상황인데도 무리하게 퇴직을 종용하다 보면, 다른 임직원의 근로 의욕과 로열티가 떨어진다. 노조의 저항도 우려스럽다. 조직장 입장에서는 조직 관리의 어려움이 가중되며 회사가 구조조정에 나섰

저성과자 퇴직이 가져오는 장단점

장점
- 조직 운영의 효율성 증대
- 갈등 제거를 통한 조직의 팀워크 강화
- 회사의 활력 향상
- 구성원의 성과주의에 대한 인식 강화
- 회사 내에 건전한 긴장감 제고

저성과자 관리 → 생산성 향상과 장기적인 인적 경쟁력 강화

단점
- 추가 지급에 대한 부담
- 명예 퇴직 대상자의 퇴직 거부 및 비퇴직자에 대한 관리의 어려움
- 노조 조직화 및 산별 노조 가입 우려
- 구성원의 사기 및 로열티 저하
- 향후 명예퇴직자의 동일한 적용 요구 우려
- 회사 이미지 저하

다는 등의 부정적 이미지를 낳게 된다. 인사 담당자도 특별한 퇴직 수단이 없다 보니 본의 아니게 수치감을 유발하는 대책을 마련하거나 개인적으로 사정하는 모습을 보인다.

저성과자에 대한 전략적 퇴직 관리에 앞서 역량 강화가 선행되어야 한다. 본인이 저성과자임을 명확하게 인식하고 성과 향상을 위해 매진할 기회를 부여해야 한다는 의미다. 최소한 2회 정도의 기회를 준 후에 본인의 자발적 퇴직을 유도해야 한다. 직무를 통해 성과를 창출하도록 조직장이나 멘토가 관심을 갖고 관리해야 한다. 1년 동안의 목

지성과자 관리 프로세스

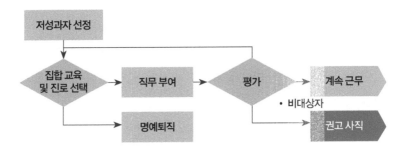

표를 주고 면담과 멘토링을 체계적으로 실시하며 그 성과를 지속적으로 피드백하며 기록해야 한다. 회사 상황에 따라서는 저성과자로 선정되어 관리되는 인력에 대해서는 임금 동결 또는 성과급 미지급과 같은 금전적 불이익을 병행할 수 있다.

그러나 저성과자 중에서 개선 의지가 없거나 조직에 적응하지 못하고 계속 저성과를 내거나 조직에 해가 되는 인력에 대해서는 경고와 함께 자발적 퇴직을 유도해야 한다. 전직과 창업 지원으로 개인의 미래에 대해 더 긍정적인 선택을 할 수 있도록 적극 지원해줘야 한다.

고령 인력 퇴직 관리

고령화는 누구나 겪는 불가항력의 자연법칙이다. 고령 인력에 퇴직 관리는 중·장년 계층에 대한 현실 파악을 바탕으로 제 역할을 다하도록 제도를 개선하고 역량을 강화해가는 것이 바람직하다.

고령 인력의 전략적 퇴직 관리는 해당 인력의 조직과 직무에 대한 만족도를 제고시키고 회사 내에 '선배에 의한 후배 육성'의 건전한 문화를 정착시켜야 한다. 또한 생산성 향상과 장기적인 인적 경쟁력을 도모하는 방향으로 진행해야 한다.

고령 인력에 대한 특별한 대책이 없다면 이들이 자연스럽게 저성과 인력으로 인식되어 퇴출 대상이 된다. 이렇게 되는 것보다는 더 긍정적 측면에서 그들이 가진 강점을 살리는 방안이 모색해야 한다. 즉 '나도 저런 선배와 같이 되겠다'는 문화를 만드는 게 바람직하다. 고령 인력에 대한 전략적 퇴직 관리는 크게 다섯 가지 측면에서 살펴볼 수 있다.

첫째, 성과를 바탕으로 한 보상 체제의 정비를 통해 성과가 있는 곳에 반드시 보상이 있는 제 역할에 맞는 보상 제도의 수립으로 구성원들의 보상에 대한 공정성을 높여나가야 한다. '성과에 따른 차등 확대 → 임금 피크제 도입 → 직무 가치를 반영한 직무급 도입'의 순서로 보상 제도를 설계할 수 있다.

둘째, 직무 전문성 강화다. 매년 직무 전문성에 대한 진단과 피드백을 통해 수준을 알려주고 부족한 역량을 스스로 끌어올리도록 지원하는 제도를 운용하는 것이다. 전문성이 우수한 인력에 대해서는 전문가로 대우하고 그들이 직무 개선, 사내 강사, 후배 지도, 매뉴얼 작성 등 업무를 할 수 있도록 지원해준다.

셋째, 생애 설계 과정의 운영이다. 일정 연령이 되면 전원 생애 설계 프로그램에 입과하여 자신의 위치를 파악하고 미래 설계와 재무 설계 강의를 듣고 실습을 하며 평생에 걸친 자신의 플랜을 설계하여 마음속으로 퇴직을 준비하도록 해야 한다.

넷째, 고연령 인력에게 적합한 직무를 찾아 지원하는 방안이다. 한

고령 인력에 대한 견해와 관리 방안

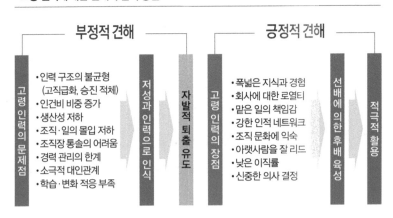

예로 프로젝트성 업무 부여 방안을 들 수 있다. 고연령 인력이 보유하고 있는 경험과 지식이 최대한 발휘하도록 사내 제안위원회 등을 신설하여 운영한다. 이곳에서는 다양한 아이디어를 수집·분석하고, 본인들이 아이디어를 갖고 직접 프로젝트나 사내 컨설팅을 수행하게 한다.

다섯째, 고연령이며 저성과자로서 버티려고만 하는 인력에 대해서는 전직·창업 교육을 지원해주고 최종적으로는 자발적 퇴직을 추진해야 한다. 이들에 대해서는 보상의 차별화, 직무 전환, 법적 대응 준비, 전직 교육, 희망 퇴직금, 복리후생 지원 차별화 등을 고려할 수 있다.

퇴직 관리 개선 방향

전략적 퇴직 관리는 더 효율적 관리를 통해 성과와 역량 강화하여 조직과 개인의 경쟁력을 키우고 개인에게는 새로운 기회를 제공한다는 측면에서 사전에 체계적이고 적극적으로 검토해야 한다.

현재의 퇴직 관리는 퇴직에 임박해서 급작스럽게 진행하여 구성원의 마음에 상처를 주는 경향이 많다. 많은 사람이 미래를 잃고 꿈을 포기하게 한다. 설령 퇴직이 유보되었다 하더라도 한번 마음에 상처를 입은 구성원에게 다시 힘을 내어 즐겁게 성취해가자고 이야기하기란 어렵다.

전략적 퇴직 관리의 초점은 '나도 언젠가는 겪을 수 있다는 생각을 바탕으로 사람을 사랑하는 마음이 기초'가 되어야 한다. 각자 위치에서 현재와 미래에 더 성장하고 인정받고 성취할 수 있도록 하는 세심한 배려와 지원이 필요하다. 그 이후에 조직에 진정 부담이 되는 사람에 대해서는 적극적인 자발적 퇴직을 유도해야 한다.

저성과자 퇴직 유형

최근 많은 국내 기업이 저성과자에 대한 조치 문제로 골머리를 앓고 있다. 성장기인 1980년대만 하더라도 기업의 화두는 우수 핵심 인력의 선확보였다. 해외 석학들의 몸값은 하늘 높은 줄 모르고 치솟았고 2000년대 IT 기술의 눈부신 성장으로 이어지면서 이러한 경향은 더욱 강화되었다. 핵심 인력에게는 금전적 보상뿐 아니라 비금전적인 보상에도 기업의 세심한 관심과 배려가 돋보였다.

하지만 2000년대 후반부터 급격한 저성장 시대가 도래하고 3퍼센트 수준의 경제 성장률을 유지하면서 기업의 인력에 대한 관심은 핵심 인력이 아닌 저성과 인력으로 초점이 옮겨졌다. 저성장에 따른 인건비 부담이 가중되면서 인력 효율화가 기업의 큰 이슈가 되었다. 문제는 우리나라의 현실이다. 인력 시장이 유연하지 않고 강력한 노동조합의 영향 탓으로 퇴직이 자유롭지 못하다. 그래서 저성과 인력에 대한 선정과 조치는 기업의 화두가 되었다.

저성과자와 면담을 해보면, 대부분 자신이 저성과자라는 점을 인식하지 못한다. 조직장과 코드가 안 맞아 자신의 역량을 펼치지 못하고 있다거나 동료와 직무가 맞지 않는다는 등의 이유를 댄다. 나는 잘하려고 하고 있고 노력하는데, 남들이 이를 알아주지 않고 왕따시킨다고도 이야기한다. 한마디로 억울하다는 것이다. 조직장과 단 한 번도 면담하지 않았다는 사람도 있다. 저성과자로 인식되어 회사 사람들과 점심 식사를 함께하기도 싫고, 미팅이나 모임에 참석하기가 꺼려진다고 말하는 이도 있다. 모두가 색안경을 끼고 자신을 바라보는 것이 거북하다고 하며, 일이 주어진다면 잘해낼 자신이 있다고 말하는 사람도 있다.

대부분이 현 직장에서 계속 근무하기를 희망한다. 그러나 저성과 인력을 언제까지 이끌고 갈 수는 없다. 자발적 퇴직이 이루어진다면 바람직하겠지만 이런 인력일수록 자신이 퇴직하면 할 수 있는 게 없다는 불안감으로 퇴직하려 하지 않는다. 그런데 어느 날 갑자기 당신이 저성과자로 꼽혔으니 며칠 이내로 퇴직하라고 한다면 엄청난 충격을 받을 것이다. 충격을 넘어 분노와 배신감을 느끼게 된다. 그러므로 저성과자는 퇴직에 앞서 역량 강화를 통한 성과 창출 기회를 부여하고 지속적 관심을 보이는 과정을 선행해야 한다.

저성과자 육성과 퇴직 유형

일반적으로 국내 기업의 저성과자에 대한 육성과 퇴직은 4단계로 실행된다.

첫 단계는 근로 의욕 재충전이다. 서울시와 공기업 중심으로 저성과자들에 대해 강한 역량 교육을 실시하고 있다. 이들에게는 직무 교육과 정신 교육을 병행하여 비교적 장기간에 걸쳐 역량을 강화하고 수시 평가를 통해 그 수준을 판단한다. 교육을 이수하는 과정에서 변화가 없고 변화 욕구도 없는 사람에게는 퇴직을 종용하는 경향이 있으나 대부분은 교육받은 직무를 중심으로 다른 부서에 배치한다. 이 유형은 근로자 정년이 보장된 안정적 조직에 적합하다. 대부분이 정년까지 근무하는 정부기관과 공기업에서 대표적으로 볼 수 있다.

두 번째는 고용 조건의 변화다. 지점장으로 근무한 사람의 전문성을 살려 심사역을 맡기는 등의 보직 변경이나 이동을 통해 더 낮은 수준의 업무를 수행하도록 하고 급여를 일정 부분 낮추는 방안이다. 이것은 금융권 기업에서 대규모 구조조정에 앞서 실행하는 제도다.

세 번째는 재취업이나 자회사 전배 등이다. 현 기업에서는 퇴직시키고 전문성을 살릴 수 있는 기업으로의 취업을 지원하는 방안이다. S전자나 K기업은 자체경력개발센터Career Development Center를 만들어 인사 부서와 함께 저성과 인력의 재취업 알선, 평생 학습 지원, 자회사 전배 등을 추진한다. 이 단계는 대기업이 주로 채택하는 유형인데 중소·중견 기업이 일정 수준의 직무 전문성이나 네트워크를 보유한 인력을 활용할 수 있다는 측면에서 이루어지고 있다. 중소·중견 기업은 사실상 선택할 수 없는 유형이다.

네 번째는 퇴직이다. 대부분의 기업은 일정 금액의 명예퇴직금을 주며 일정 직위와 연령이 된 직원들에 대해 명예퇴직을 강요한다. 명예퇴직금은 근무 기간과 회사 규모에 따라 천차만별이다. 이러한 명예퇴직은 회사와 조직의 분위기를 급속하게 위축시키고 팀워크를 크게 떨어트리므로 신속하면서도 신중하게 조치해야 한다.

근무 의욕 상실자 관리 프레임워크

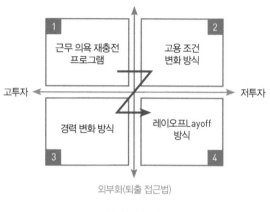

유형별 특징

유형	레이오프	경력 변화	근무 의욕 재충전 프로그램	고용 조건 변화 방식
방식	정리해고, 권고 사직 등	재취업 알선, 관계사 전배 등	사내 프로그램 개발, 활용	급여 삭감, 배치, 전환 등
목적	비효율성 즉시 제거	실업 요인 최소화	지속 근무를 위한 근무 의욕 재충전	자발적 퇴직 유도
대상	평가 결과 저성과자	전 사원 (단, 저성과자 중점 관리)	보직 해임자, 고령자	저성과자, 보직 해임자, 고령자
기업 유형	대부분 기업	삼성전자, 포스코	서울시, 한전 등 공기업	국민은행 등 금융권 중심
고려 사항	• 노동법 제약 • 타 구성원에 미치는 여향 • 대상자의 수용도 • 경영층의 의지	장기적인 회사의 성과 향상		

한계 인력 산정 기준과 관리 방안

한계 인력 **산정 이유**

●　　　　　　　　　　성장률 3퍼센트 이하의 저성장 상
황에서는 기업 경영을 둘러싼 주변 여건이 앞으로 더욱 심각해질 수
밖에 없다. 기업은 적극적인 투자를 통해 글로벌 진출이나 사업 다각
화를 추진해나가야 하지만 여건이 만만치 않다. 기존 사업의 효율화
를 통한 수익 창출도 어렵고 글로벌 진출이나 신사업을 추진할 역량
도 부족하다. 마케팅과 제조 경쟁력은 한계 수준이며 총체적 어려움
속에 매출과 이익 규모는 갈수록 줄어들기만 한다.

전반적으로 어려운 상황에서 발 빠르게 경쟁 업체들이 몸집 줄이
기 식의 구조조정을 단행하면 상대적으로 시기나 규모를 놓친 기업의
경쟁력은 곤두박질칠 가능성이 높다. 현재는 생존의 시대라고도 한
다. 경쟁에서 일단 살아남는 기업이 강한 기업이라고 말한다. 따라서
생존을 위한 불가피한 수단으로 한계 인력 정리가 필요하다.

한계 인력 **산정 절차**

한계 인력은 HR 부서가 주관으로 전사 같은 기준에 의해 선정하고 선정된 인원에 대하여 현업 임원과 협의를 거쳐 최종 확정한다.

선정 인원 조정을 할 때는 원칙적으로 해당 임원 산하에 선정된 인원수의 추가와 감소는 불가능하게 해야 한다. 특히 감소 인력은 불가가 원칙이다. 개별 인원에 대해서는 현업 임원과 미합의 시 선정 기준에 따라 조정한다. 선정 절차는 9단계로 나눌 수 있다. 이 일을 추진하면서 가장 중요한 것은 현업 조직장과의 협의다. 실시 목적과 진정성이 현업 조직장에게 전달되어 잡음 없이 진행되는 것이 관건이다.

인원 선정(HR)

▼

사업장별 임원 회의

▼

선정 기준 설명 및 임원별 명단 통보

▼

조정된 인원 재협의(현업 조직장 + HR)

▼

인원 확정(HR)

▼

희망퇴직 공고(HR)

▼

대기 발령 및 순환 근무 실시

▼

희망 휴직 공모

▼

추가 희망퇴직 모집

한계 인력 선정 기준은 회사의 상황에 따라 다르나 보통은 다음과 같은 기준을 적용한다.

- 최근 3년 고과 평균 하위 10퍼센트 이하인 자
- 최근 5개년 이내 징계자(부정행위)
- 3년 이상 승진 누락 또는 승진 포기자
- 연봉제의 경우, 연봉 하위 등급 조직장
- 최근 3년 고과 B(평균) 2회 이하 조직장
- 연령 57세 이상자(60세 정년)
- 고직급
- 경쟁력 없는 업무 종사자(직무급 도입 회사의 경우 최하위 직무 수행자)
- 잉여 인력
- 사업 구조조정 부서 근무자

한계 인력의 **관리**

한계 인력으로 선정된 직원이 자발적 사직원을 제출하고 소정의 명예퇴직금을 수령한 영수증을 제출하고 퇴사했다면 법적인 문제가 없다. 그러나 한계 인력으로 퇴직 통보받은 직원이 자발적 퇴직을 하지 않는 경우, 업무에 적응하여 성과를 낼 수 있도록 교육과 면담 등 각별한 관심과 배려를 해야 한다.

한시적 명예퇴직

기업이 한시적 명예퇴직을 진행하는 이유는 두 가지다. 하나는 지속되지 않을 것으로 판단되지만 갑작스럽게 경영 상황이 악화된 경우다. 다른 하나는 저성과 인력에 대한 퇴직 조치다. 후자의 경우 대상자 선정 기준이 매우 중요하다. 한계 인력 선정 기준과 유사하나, 한시적 명예퇴직을 진행할 때는 대상 인원이 비교적 많을 가능성이 크다. 상시적 명예퇴직 제도를 운영하는 회사에서는 자발적 퇴직자 신청이 대부분이다.

회사에 따라 다르지만 특별한 상황 변화가 없다면 대기업에서는 그 인원은 매우 적은 편이다. 반면 한시적 명예퇴직은 회사가 목적을 가지고 한시적으로 추진하는 제도기 때문에 대상자 선정, 명예퇴직금의

상시적 명예퇴직 프로세스

대상자 선정 및 본부장 통보	개인별 면담 퇴직 조건 협의	명퇴금 지급 퇴사	전직 및 창업 교육 지원	퇴직자 충원

수준, 대상자의 퇴직 유도, 남은 인력에 대한 정서 관리는 매우 조심스럽게 추진되어야 한다.

첫째, 대상자 선정 단계다. 대상자 선정은 인사 부서가 기준에 따라 본부별 가능 인력을 정하여 해당 본부장에게 통보하여 그 수준과 인원을 확정한다. 인사 부서에서 고려해야 할 점은 조직 운영에 필요한 인력 운영 계획과 재원을 고려하여 목표 인원을 산정하여 본부장과 상의하여 인력 규모를 어느 수준까지 구체화하는 것이다.

둘째, 개인별 면담과 퇴직 조건에 대한 협의 단계다. 모든 대상자는 자신이 왜 면담을 하느냐며 그 상황에 당황한다. 한시적 명예퇴직을 해야 하는 회사 상황은 이해하지만, 그 대상이 자신인 것에 큰 충격을 받는다. 면담은 현업 조직장이 추진해야 하며 사전 퇴직에 따른 조건에 대해서는 일정 가이드라인을 제시해줘야 한다. 현업 조직장은 확정 내용과 향후 일정, 명예퇴직금의 수준, 퇴직 후 회사가 지원해줄 사항 등을 진정성 있게 설명해야 한다. 구성원의 충격이 큰 만큼 강요하는 분위기를 형성해서는 안 된다. 장황하게 설명하거나 인사 부서에서 정해 나도 할 수 없다는 식의 회피성 면담을 하는 것도 바람직하지 못하다. 단호하면서도 간결한 면담이 되도록 한다. 또한 면담 한 번으로 마무리하려 하기보다는 생각할 시간을 주되 시간과 기회가 적음을 제시하는 게 효과적이다. 개별 면담을 통하여 불미스런 일이나 단체 행동이 발생하지 않도록 주의한다.

셋째, 명예퇴직금 지급과 퇴직이다. 철저하게 개인의 자발적 선택에 따라 자필 사직원에 직접 서명하고 퇴직할 수 있도록 조치해야 한다. 일부 사직원을 받지 않거나 대리로 사인하는 경우가 있는데 이는 법적 쟁점이 될 우려가 있다. 명예퇴직금을 지급할 때는 반드시 자필 사인이 된 영수증을 확보해야 한다. 퇴직이 결정된 사람에 대해서는 즉시 모든 회사 관련 시설에 접근하지 못하도록 조치한다. 개인 용품에 대해서는 보안 검사를 하여 회사 보안 문서나 제품이 유출되지 않도록 한다.

넷째, 전직과 창업 교육 지원이다. 전직과 창업 교육 지원은 최대한 퇴직 후 지원해주는 것이 바람직하다. 일부 퇴직자가 전직과 창업 교육을 받지 않고 현금을 요청하는 사례도 있다. 가능한 퇴직자의 의견을 존중해주는 것이 좋다.

다섯째, 퇴직자 충원은 내부 충원과 외부 충원으로 이루어지며, 외부 충원은 경력 채용으로 즉시 실행하기보다는 가능한 신입 사원 중심으로 진행하는 것이 효과적이다.

한시적 명예퇴직은 조직에 건전한 수준의 긴장감을 불어넣을 수 있고, 조직에 피해를 주는 사람에 대해서 상황에 맞는 퇴출을 유도하는 장점이 있는 반면에 미퇴직자가 생기면 '버티면 된다'는 인식이 확산될 수 있다. 또한 한시적 명예퇴직금 부담이 앞으로 부정적 영향을 줄 가능성이 있다.

퇴직 프로세스 개선

국내 기업의 **퇴직 현황**

●   국내의 많은 기업에서 아직도 퇴직
이 매끄럽게 이루어지지 않는다. 구성원이 퇴직을 결심한 후 소속 부
서장에게 퇴직하겠다고 하면 그때부터 "왜 퇴직하려고 하느냐?" "어
디 갈 곳이 있느냐?" "무엇을 할 것이냐?" 등 질책성 질문을 쏟아낸다.
퇴직 희망자가 "집에서 조금 쉬다가 다음에 무엇을 할 것이다"라고 대
답하면 "밖이 얼마나 추운데 그런 쓸데없는 생각을 하느냐"며 면박을
준다. 심한 경우, 직원의 퇴직이 자신에게 미칠 영향을 생각하여 퇴직
이야기 자체도 꺼내지 못하게 하는 관리자도 있다.

상황이 이렇다 보니 인사 부서로 퇴직 의사를 밝히는 직원은 떠나
는 날을 불과 1~2일 남기고 통보하듯이 말하고 그대로 떠난다. 그러
면 인사 부서는 퇴직에 필요한 사직서와 퇴직금 지급에만 급급하다.
정작 챙겨야 할 퇴직 사유 파악, 퇴직 후 실업 급여, 퇴직 후 제 증명 서

류 발급, 법정 보험 및 비밀 유지를 위한 조치를 할 경황이 없다. 대개는 현업 부서장이 알아서 충분히 면담했겠지 하는 마음으로 행정 처리를 하고 보내곤 한다.

퇴직하는 사람의 불만도 크다. 이미 마음이 떠나 잠시라도 머물고 싶지 않은데, 이곳저곳을 불려다니며 면담을 해야 한다. 인사 부서에 가서 퇴직과 관련한 각종 서류를 작성하고, 이해되지 않는 이유로 퇴직금 지급이 늦추어진다는 이야기를 듣기도 한다. 정보 보안 때문이라며 아직 떠나지도 않았는데 사내 메일이 차단되기도 한다. 자신의 자리를 점검하러 온 윤리실 직원들을 보면, 퇴직하는 아쉬움보다는 이곳을 떠날 결심을 하길 잘했다는 생각까지 든다.

회사 입장에서는 퇴직에 따른 인적·물적 손해가 막심하다. 퇴직 예정자와의 실질적인 면담이 이루어지지 않으니 퇴직 사유 파악이 어려워 향후 퇴직자 예방을 위한 참고 자료 기능을 하기 어렵기도 하다.

사내 e-HR 상 퇴직 시스템 구축을 통한 효율적인 퇴직 관리

사내 e-HR에 퇴직 시스템을 구축하여 퇴직 의사가 있는 직원에게 퇴직 구분(명예퇴직, 정년퇴직, 수시 자발 퇴직)에 따른 안내를 하고 작성 서류를 알려준다. 또한 퇴직금 계정과 연계하여 본인의 퇴직금 계산 방법, 지급 절차, 퇴직 소득세 계산 절차, 현재 예상퇴직금 등을 알려준다. 4대 보험과 개인연금, 실업급여 지급 대상 여부와 신청 방법, 사직서 작성법 등을 안내해서 사전에 지원할 수 있다. 복잡한 근로소득세 정산 신고는 퇴직자가 직접 하지 않고 업무 담당자가 입력하여 계산함으로써 퇴직자의 부담을 덜어줄 수 있다.

퇴직 시스템 도입의 전·후 비교

구분	개선 전	개선 후	비고
퇴직 안내	퇴직 구분별 안내가 없었음 •퇴직 안내 서류(하드 카피) 메일 자켓 송부	•구분하여 안내(명예, 정년 등) •퇴직 안내 서류 e-HR에 게시	•안내 자료 메일 자켓 송부 및 수취 시간 2일 절감(퇴직자 및 업무 담당자)
퇴직금	•계산, 지급 방법 등 구체적 안내가 없었음	•퇴직금 정산 내용 안내 −평균 임금 산입 임금 항목 − 계산 방법 및 계산 (예) − 퇴직금 지급 절차 − 퇴직소득세 계산 절차 등	•퇴직금의 규모, 지급 시기 등의 사전 안내를 통하여 자금 계획에 어려움이 없도록 함
4대 보험, 개인연금	•실업 급여 지급 대상 여부 및 신청하는 곳 안내 없음	•사직서 작성 시 퇴직자가 퇴직 사유를 기술 •HRMS에 법정 보험별 공단 홈페이지 주소 링크	•퇴직 사유 불일치로 인한 수정 신고 리스크(과태료) 감소 •주거지 관할 공단 위치 및 문의처, 상세 내용 안내 → 퇴직자 편의 증대
기타	•근로소득세 정산 신고 −업무 담당자가 입력, 계산 •사직서 서면 제출	•근로소득세 정산 신고 − 퇴직자가 입력 •사직서 전산 작성, 제출 − 퇴직 사유 등 코드화	•저부가가치 업무 개선 •퇴직 사유 등 데이터베이스화

퇴직예정자 면담 강화

퇴직 예정자에 대한 면담 절차를 구축하여 체계적인 커뮤니케이션을 수립하고 핵심 인재의 이탈 징후를 감지할 수 있다. 퇴직 사유를 축적함으로써 향후 인사에서 불공정한 제도를 개선하며 근무하고 싶은 회사로 변신을 꾀할 수도 있다. 인재 개발 파트에서는 교육과 유지 관리를 위한 교육 자료로 활용할 수 있다. 또한 퇴직 원인별 조직장의 대처 방안 등을 코칭하여 이직에 따른 비용을 절감할 수 있을 뿐 아니라 핵심 인재의 유출을 막을 수 있다.

퇴직 예정자는 e-HR 시스템에서 퇴직 의사를 밝히고, 1단계로 퇴직 희망일과 퇴직 사유를 기술하고 부서장 면담 신청 일시를 정하면 된다. 부서장이 면담을 끝내고 그 결과를 체크하고 퇴직 결정 시 인사 부서에 퇴직 사유를 밝히고 면담을 신청한다. 인사 부서는 면담 후 관련 조치를 한다. 이 과정에서 축적된 자료는 향후 활용하는 방식으로 시스템을 설계하고 운영하면 된다.

e-HR 상의 퇴직자 면담 시스템

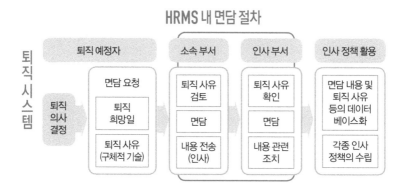

면담 시 중요 내용으로는 다음 사항을 간략하게 포함할 수 있다.

- ○○○ 님께서는 현재 어떤 상태이십니까? (타사 취업 확정 중, 휴식 예정 등)

- ○○○ 님께서 퇴사하는 직접적인 사유는 무엇입니까?

  (급여 불만, 상사와의 인간관계, 동료와의 인간관계, 회사 비전 부재, 본인 성장 한계, 업무 과중, 직무 및 역할 부정확 등)

- 직접적인 사유별 후속 질문
  - 상사 또는 동료와의 인간관계라면 구체적으로 어떤 문제였습니까?

- 업무 과중이라면 어떤 부분이 문제였습니까?

- 급여 불만이라면 현재 연봉 상승률을 확인

• 입사 후 회사에 적응하는 데 어려웠던 부분은 무엇인가요?

• 입사 후 직무를 수행하는 데 힘들었던 점은 무엇입니까?

(부서 간 이기주의, 상사와 의견 충돌, 과중한 기대감 등)

• 회사에 바라는 점이나 개선해줬으면 하는 사항은 무엇입니까?

강한 회사를 만드는 인사 전략

초판 1쇄 인쇄 2015년 7월 25일
초판 1쇄 발행 2015년 7월 28일

지은이 홍석환
펴낸이 안현주

경영총괄 장치혁 **마케팅영업팀장** 안현영
기획 이규황 **편집** 최준석 **디자인** twoes

펴낸곳 클라우드나인 **출판등록** 2013년 12월 12일(제2013-101호)
주소 우) 121-898 서울시 마포구 월드컵북로 4길 82(동교동) 신흥빌딩 6층
전화 02-332-8939 **팩스** 02-6008-8938
이메일 c9book@naver.com

값 20,000원
ISBN 979-11-86269-10-7 03320